高等职业学校"十四五"规划土建类工学结合教材

建设工程法规及案例分析

主　编　王小艳　韦新丹
副主编　朱琼良　桂慧龙　曾　威　晏红江
参　编　何光灿　王贵祥　徐　明　黄雄杰
主　审　劳锦洪　印宝权

华中科技大学出版社
中国·武汉

内容简介

本书根据高等职业教育土建类专业和管理类专业的特点和要求,结合我国建筑业最新颁布实施的法律、法规、规章及相关职业资格考试的内容,以工程建设基本程序为主线,将建设工程全寿命周期不同阶段应用到的主要法律法规串联起来,以全过程案例教学的形式完成本书内容的编写。主要内容包括:建设工程法规概述、建设许可法律制度、建设工程发包与承包法律制度、建设工程招标投标法律制度、建设工程合同法律制度、建设工程监理制度、建设工程安全管理法律制度、建设工程质量管理法律制度、建设工程其他相关法律制度等。

本书可作为高等职业院校土建类相关专业的教材使用,也可作为土建类专业职业资格考试的参考书籍,还可作为工程建设管理人员的培训用书。

图书在版编目(CIP)数据

建设工程法规及案例分析/王小艳,韦新丹主编.—武汉:华中科技大学出版社,2021.1(2023.7重印)
ISBN 978-7-5680-6819-2

Ⅰ.①建… Ⅱ.①王… ②韦… Ⅲ.①建筑法-中国-高等学校-教材 Ⅳ.①D922.297

中国版本图书馆 CIP 数据核字(2021)第 012529 号

建设工程法规及案例分析 王小艳 韦新丹 主编
Jianshe Gongcheng Fagui ji Anli Fenxi

策划编辑:金 紫	
责任编辑:陈 骏	
封面设计:原色设计	
责任校对:周怡露	
责任监印:朱 玢	
出版发行:华中科技大学出版社(中国•武汉)	电话:(027)81321913
武汉市东湖新技术开发区华工科技园	邮编:430223
录 排:华中科技大学惠友文印中心	
印 刷:武汉邮科印务有限公司	
开 本:787mm×1092mm 1/16	
印 张:16	
字 数:400 千字	
版 次:2023 年 7 月第 1 版第 5 次印刷	
定 价:49.80 元	

本书若有印装质量问题,请向出版社营销中心调换
全国免费服务热线:400-6679-118 竭诚为您服务
版权所有 侵权必究

前　言

随着我国建筑产业的快速发展与转型升级,国家对建设工程领域《建筑法》、《招标投标法》等一大批法律法规进行了修订和完善。这些法律、法规等条文将对国家建筑业发展产生深远的影响,也引导工程建设更加正规化、法制化开展。《国家职业教育改革实施方案》明确提出建设一大批校企"双元"合作开发的国家规划教材,并配套开发信息化资源。本书为落实该指示精神,适应一级、二级注册建造师的岗位需求,校企合作共同将建设工程法规课程学习内容进行了重构,运用现代信息技术打造立体化教材。

《建设工程法规及案例分析》按照国家最新颁布的法律法规来编写,内容上贴近土建类职业岗位的上岗要求,知识讲解通过全过程案例分析的形式来完成。本书每章节均设置教学目标、学习要点、引例、知识讲解、知识拓展、案例分析、本章小结、课后习题等栏目,系统全面讲解建设工程全寿命周期中应用到的最新法律法规。

本书特色如下。

1. 注重条文的时效性及内容的规范性。本书把最新颁布的法律法规如2020年颁布的《中华人民共和国民法典》、2019年修正的《中华人民共和国建筑法》、2018年住房和城乡建设部令第42号修正《建筑工程施工许可管理办法》等融入到教学内容,培养学生严谨的治学态度,建立遵守并参照最新法律法规执业的理念。

2. 保证知识的全面性与结构的合理性。本书在教学内容的编写上,基于工作过程,面向土建类职业岗位,以工程建设基本程序为主线,将建设工程全寿命周期不同阶段应用到的主要法律法规串联起来,知识内容全面、主线明确,层次分明,重点突出,结构合理。

3. 开展教学方法改革,实施全过程案例教学。本书中理论以够用为度,突出培养学生解决问题的能力。教材内容的选取体现建筑业从业岗位的实际需求,将大量案例引入教学内容,引发学生思考,强化学生对理论知识的掌握。

4. 适应职业教育发展,体现信息化手段助学。本书通过二维码呈现部分建造师职业资格考试知识点视频、法律法规原文,以及典型案例等内容,课后习题可通过扫描二维码核对答案。延伸教材拓展知识,有助于激发学生的学习兴趣。

本书由广州城建职业学院王小艳、融兴建设集团有限公司韦新丹任主编,由融兴建设集团有限公司朱琼良、广州城建职业学院桂慧龙、柳州工学院曾威、广州城建职业学院晏红江任副主编,茂名职业技术学院何光灿、融兴建设集团有限公司王贵祥、广州城建职业学院徐明、广州穗安工程咨询有限公司黄雄杰等参与了本书的编写。全书由王小艳统稿,由广州城建职业学院劳锦洪、印宝权主审。

本书在编写的过程中参考了有关标准、规范,引用了一些典型案例,同行、专家为本书的出版提出了许多宝贵的建议,在此谨表深深的谢意!由于编者水平有限,书中的不妥之处在所难免,衷心欢迎广大读者批评指正。

编　者

2020年12月

资源配套说明

目前,身处信息化时代的教育事业的发展方向备受社会各方的关注。信息化时代,云平台、大数据、互联网+……诸多技术与理念被借鉴,应用于教育,协作式、探究式、社区式……各种教与学的模式不断出现,为教育注入新的活力,也为教育提供新的可能。

教育领域的专家学者在探索,国家也在为教育的变革指引方向。教育部在2010年发布的《国家中长期教育改革和发展规划纲要(2010—2020年)》中提出要"加快教育信息化进程";在2012年发布的《教育信息化十年发展规划(2011—2020年)》中具体指明了推进教育信息化的方向;在2016年发布的《教育信息化"十三五"规划》中进一步强调了信息化教学的重要性和数字化资源建设的必要性,并提出了具体的措施和要求。2017年十九大报告中也明确提出了要"加快教育现代化"。

教育源于传统,延于革新。发展的新方向已经明确,发展的新技术已经成熟并在不断完备,发展的智库已经建立,发展的行动也必然需践行。

作为教育事业的重要参与者,我们特邀专业教师和相关专家共同探索契合新教学模式的立体化教材,对传统教材内容进行更新,并配套数字化拓展资源,以期帮助建构符合时代需求的智慧课堂。

本套教材正在逐步配备如下数字教学资源,并根据教学需求不断完善。

◇ 教学视频:包括动画视频、案例剖析、课程重难点讲解等。
◇ 教学课件:基于教材并含丰富拓展内容的PPT课件。
◇ 图书素材:包括模型实例、图纸文件、效果图文件等。
◇ 参考答案:详细解析课后习题。
◇ 拓展题库:含多种题型。
◇ 拓展案例:含丰富拓展实例,并从多角度加以讲解。

数字资源使用方式:

扫描图书页面相应二维码查看教材数字资源。

目 录

第1章 建设工程法规概述 (1)
  1.1 建设工程法规的基本概念 (1)
  1.2 建设工程法规体系 (4)
  1.3 建设工程法律关系 (8)
  1.4 建设工程法律责任 (11)

第2章 建设许可法律制度 (18)
  2.1 建设许可法律制度概述 (18)
  2.2 建设工程施工许可法律制度 (19)
  2.3 建筑企业资质管理制度 (25)
  2.4 从业人员执业资格许可制度 (31)

第3章 建设工程发包与承包法律制度 (42)
  3.1 发包与承包概述 (43)
  3.2 建设工程发包制度 (44)
  3.3 建设工程承包制度 (46)
  3.4 建设工程发包与承包法律责任 (50)

第4章 建设工程招标投标法律制度 (57)
  4.1 建设工程招标投标法律概述 (58)
  4.2 建设工程招标 (60)
  4.3 建设工程投标 (68)
  4.4 建设工程开标、评标、定标 (73)
  4.5 建设工程招标投标的法律责任 (77)

第5章 建设工程合同法律制度 (89)
  5.1 建设工程合同法律制度概述 (90)
  5.2 建设工程合同订立 (93)
  5.3 建设工程合同效力 (100)
  5.4 建设工程合同的履行 (107)
  5.5 建设工程合同的变更、转让和终止 (111)
  5.6 建设工程合同的违约责任与纠纷处理 (116)

第6章 建设工程监理制度 (127)
  6.1 建设工程监理制度概述 (128)
  6.2 建设工程监理的范围、依据、内容 (131)
  6.3 建设工程监理合同 (134)

 6.4 建设工程监理法律责任……………………………………………………(138)

第7章 建设工程安全管理法律制度……………………………………………(147)
 7.1 建设工程安全管理法律制度概述…………………………………………(148)
 7.2 建设工程安全生产相关制度………………………………………………(150)
 7.3 建设工程安全事故的调查处理……………………………………………(160)
 7.4 建设工程安全生产法律责任………………………………………………(165)

第8章 建设工程质量管理法律制度……………………………………………(174)
 8.1 建设工程质量管理法律制度概述…………………………………………(175)
 8.2 建设工程质量责任制度……………………………………………………(177)
 8.3 建设工程质量竣工验收制度………………………………………………(183)
 8.4 建设工程质量保修制度……………………………………………………(186)
 8.5 建设工程质量管理其他制度………………………………………………(190)
 8.6 建设工程质量管理法律责任………………………………………………(192)

第9章 建设工程其他相关法律制度……………………………………………(201)
 9.1 环境保护法律制度…………………………………………………………(201)
 9.2 节约能源法律制度…………………………………………………………(209)

附录一 中华人民共和国建筑法(2019修正)………………………………………(216)

附录二 中华人民共和国民法典(2020节选)………………………………………(225)

附录三 中华人民共和国招标投标法(2017修正)……………………………………(243)

参考文献………………………………………………………………………………(250)

第 1 章　建设工程法规概述

【教学目标】

能 力 目 标	知 识 目 标
1. 能正确应用建设工程法规的概念解决相关问题； 2. 能够对建设工程中产生的基本民事法律关系进行分析、处理； 3. 能运用法律知识维护合法的建设工程权益。	1. 了解建设工程法规的定义、调整对象与特征； 2. 熟悉建设工程法规体系的定义、构成以及我国建设工程法规现状； 3. 掌握建设工程法律关系的概念、构成要素以及产生、变更和终止。

【学习要点】

1. 建设工程法规的定义、特征；
2. 建设工程法规体系的构成；
3. 法的效力层级；
4. 建设工程法律关系的构成要素；
5. 建设工程法律责任。

【引例】

某建筑公司（施工单位）与某房地产开发公司（建设单位）签订了一个施工承包合同，由建筑公司承建一栋20层的办公楼。合同约定开工日期为2017年4月8日，竣工日期为2019年8月8日。每月26日，按照当月所完成的工程量，开发公司向建筑公司支付工程进度款。

请思考：

本案例中的建设工程法律关系三要素分别是什么？

1.1　建设工程法规的基本概念

1.1.1　建设工程法规的定义

建设工程法规是指国家立法机关或其授权的行政机关制定的旨在调整国家及其有关机构、企事业单位、社会团体、公民之间，在建设活动中或建设行政管理活动中发生的各种社会关系的法律、法规的统称。

1.1.2 建设工程法规的调整对象

建设工程法规的调整对象是建设活动中所发生的各种社会关系,包括建设活动中所发生的行政管理关系、经济协作关系及民事关系。

1. 建设活动中的行政管理关系

建设活动中的行政管理关系是国家及其建设行政主管部门与建设单位、设计单位、施工单位及有关单位之间发生的相应的管理与被管理的关系,包括两个相互关联的方面:一是规划、指导、协调与服务;二是检查、监督、控制与调节。

2. 工程建设经济协作关系

工程建设经济协作关系是一种平等自愿、互利互助的横向协作关系,一般以经济合同的形式确定,即从事建设活动的平等主体之间发生的往来、协作关系,如发包人与承包人签订工程建设合同等。

3. 从事建设活动的主体内部民事关系

从事建设活动的主体内部民事关系是指因从事建设活动而产生的国家、单位法人、公民之间的民事权利、义务关系(如订立劳动合同、规范劳动纪律等),主要包括建设活动中发生的有关自然人的损害、侵权、赔偿关系,土地征用、房屋拆迁导致的拆迁安置问题。建设活动中的民事关系既涉及国家社会利益,又关系着个人的利益和自由,因此必须按照民法和建设法规中的民事法律规范予以调整。

以上三种社会关系既互相关联,又各具属性。建设工程法规调整的三种社会关系中,对于建设活动中的行政管理关系,主要用行政手段加以调整;对于建设活动中的经济协作关系,则采用行政、经济、民事各种手段相结合的方式加以调整;对于建设活动中的民事关系,则主要采用民事手段加以调整。

1.1.3 建设工程法规的基本原则

工程建设活动通常具有周期长、涉及面广、人员流动性大、技术要求高等特点,因此在工程建设活动的整个过程中,必须认真贯彻建设工程法规的基本原则,才能保证工程建设活动的顺利进行。工程建设活动主要遵循以下原则。

1. 工程建设活动应确保工程建设质量与安全

工程建设质量与安全是整个工程建设活动的核心,是关系人民群众生命、财产安全的重大问题。工程建设质量是指国家规定和合同约定的对工程建设的适用、安全、经济、美观等一系列指标的要求,确保工程建设质量就是确保工程建设符合适用、安全、经济、美观等各项指标的要求。工程建设安全是指工程建设中人身和财产的安全;确保工程建设安全就是确保工程建设不能造成人身伤亡和财产损失。

2. 工程建设活动应当符合国家的工程建设安全标准

工程建设安全标准是对工程建设的设计、施工方法和安全的统一要求。工程建设活动符合工程建设安全标准对保证技术进步、改进工程建设质量与安全、提高社会效益与经济效益、维护国家利益和人民利益具有重要作用。

3. 工程建设活动应当遵守法律、法规

社会主义市场经济是法制经济,工程建设活动应当依法行事。作为工程建设活动的参与者,从事工程建设勘察、设计、施工、监理的单位和个人以及建设单位等,都必须遵守法律法规的强制性规定。

4. 工程建设活动不得损害社会公共利益和他人的合法权益

社会公共利益是全体社会成员的整体利益,保护社会公共利益是法律的基本出发点,从事工程建设活动不得损害社会公共利益是维护建设市场正常秩序的保障。

5. 工程建设活动的合法权益受法律保护

宪法和法律保护每一个市场主体的合法权益不受侵犯,任何单位和个人都不得妨碍和阻挠依法进行的工程建设活动,这也是维护建设市场正常秩序的必然要求。

1.1.4 建设工程法规的基本特征

1. 行政隶属性

建设工程法规的行政隶属性是建设工程法规的主要特征,也是区别于其他法律的主要特征。这一特征决定了建设工程法规必然要采用直接体现行政权力的调整方法,即采用以行政指令为主的方法调整建设法律关系。调整方式有以下几种。

(1)授权。国家通过建设法律规范,授予建设管理机关某种管理权限或具体的权力,对建设活动进行监督管理,如规定设计文件的审批权限。

《中华人民共和国城市房地产管理法》(以下简称《城市房地产管理法》)第13条规定:"土地使用权出让,可以采取拍卖、招标或者双方协议的方式。"

(2)命令。国家通过建设法律规范赋予建设法律关系主体某种作为的义务,如限期拆迁房屋、控制楼堂馆所建设、进行建设企业资质等级鉴定、征纳固定资产投资税、房屋产权登记等。

(3)禁止。国家通过建设法律规范赋予建设法律关系主体某种不作为的义务,即禁止主体某种行为,如严禁利用建设工程发包权索贿受贿、严禁无证设计、严禁无证施工等。

《建筑法》第28条规定:"禁止承包单位将其承包的全部建筑工程转包给他人,禁止承包单位将其承包的全部建筑工程肢解以后以分包的名义分别转包给他人。"

(4)许可。国家通过建设法律规范,允许特别的建设法律关系主体在法律允许范围内有某种作为的权力,如不同资质等级的企业有不同的承包范围。

取得施工总承包特级资质的企业可承担本类别各等级工程施工总承包、设计及开展工程总承包和项目管理业务。

(5)免除。国家通过建设法律规范,对建设法律关系主体依法应履行的义务在特定情况下予以免除。如用炉渣、粉煤灰等废渣作为主要原料生产建筑材料的企业可享有减免优惠等。

(6)确认。国家通过建设法律规范,授权建设管理机关依法对存在争议的法律事实和法律关系进行认定,并确定其是否存在争议、是否有效,如对勘察、设计、施工单位的资质等级和从业范围的确认。

(7)计划。国家通过建设法律规范,对建设活动进行计划调节,如基本建设程序必须执行国家的固定资产投资计划。

(8)撤销。国家通过建设法律规范,授予建设行政管理机关运用行政权力对某些权利能力或法律资格予以撤销或终止,如没有落实建设投资计划的项目必须停建、缓建,无证设计、无证施工的项目必须坚决取缔等。

2. 经济性

建设工程法规是经济法的重要组成部分,因此也必然带有经济性特征。建筑业与房地产业作为国民经济的强大支柱产业,其建设活动为社会创造财富、为国家积累财富。如房地产开发、商品销售、勘察设计、施工安装等都是为社会创造财富的活动。可见,建设工程法规的经济性很强。

3. 政策性

建设工程法规体现着国家的建设政策。它一方面是实现国家建设政策的工具,另一方面也把国家建设政策规范化。国家的建设形势总是处于不断发展变化之中,建设工程法规要随着政策的变化而变化。

4. 技术性

为保证工程建设质量和人民群众生命、财产的安全,大量的建设工程法规是以技术规范形式出现的,如设计规范、施工规范、验收规范等。

1.1.5 建设工程法规的作用

建设工程法规是国家组织和管理建设活动、规范和指导建设行为、加强建设市场管理、保障城乡建设事业健康发展的重要工具。其作用主要体现在以下三个方面。

1. 规范、指导建设行为

规范、指导建设行为的法规包括建设活动组织管理、建设市场管理、建设活动的技术标准等。它们对规范企业的设立、市场行为等起到了积极的指导意义。

2. 保护合法建设行为

法律只对在建设工程法规许可的范围内进行的建设行为予以确认和保护。认真贯彻执行建设工程法规是建设活动主体的责任和基本义务,国家保护和鼓励合法建设行为。

3. 处罚违法建设行为

要发挥建设工程法规对建设行为的规范、指导和制约作用,必须对违法建设行为给予及时、应有的处罚。处罚违法建设行为是法律的一种强制性手段,对违法建设行为的处罚能在客观上起到保护和鼓励合法建设行为的积极作用。

1.2 建设工程法规体系

1.2.1 建设工程法规体系的概念

法律体系通常是指一个国家全部现行法律规范分类组合为不同的法律部门而形成的有机联系的统一整体。

建设工程法规体系是国家法律体系的重要组成部分。建设工程法规体系,是指把已经制定和需要制定的建设法律、建设行政法规和建设部门规章衔接起来,形成一个相互联系、相互补充、相互协调的完整统一的框架结构。

建设工程法规体系

1.2.2 建设工程法规体系的构成

所谓法规体系的构成,就是指法规体系采取的结构形式。建设工程法规体系是由很多不同层次的法规组成的,它的结构形式一般有宝塔形和梯形两种。在我国,建设工程法规体系采用的是梯形结构,以建设法律为龙头,以建设行政法规为主干,以建设部门规章、地方性建设法规、地方政府建设规章为枝干,由以下几个层次组成。

宪法宣传

1. 宪法

宪法是由全国人民代表大会依照特别程序制定的具有最高法律地位和效力的根本法,其他法律法规都必须符合宪法的规定,不得与之相抵触。宪法集中反映统治阶级的意志和利益,规定国家制度、社会制度的基本原则,其主要功能是制约和平衡国家权力、保障公民权利。宪法是建筑业的立法依据,同时明确规定国家基本建设的方针和原则,直接规范与调整建筑业的活动。

2. 建设法律

建设法律是指由全国人民代表大会和全国人民代表大会常务委员会制定、颁布的属于国务院建设行政主管部门主管业务范围的各项法律的总称,是建设工程法规体系的核心和基础。其内容包括涉及建设领域的基本方针、政策,涉及建设领域的根本性、长远性重大问题的规范性法律文件,如《建筑法》等。

【知识拓展】

> 法律分为基本法律和一般法律(又称非基本法律、专门法)两类。
>
> 基本法律是由全国人民代表大会制定的调整国家和社会生活中带有普遍性的社会关系的规范性法律文件的统称,如刑法、民法通则、诉讼法以及有关国家机构的组织法等法律。
>
> 一般法律是由全国人民代表大会常务委员会制定的调整国家和社会生活中某种具体社会关系或其中某一方面内容的规范性文件的统称。
>
>
>
> 《中华人民共和国立法法》
>
> 依照《中华人民共和国立法法》规定,下列事项只能制定法律:(1)国家主权事项;(2)各级人民代表大会、人民政府、人民法院和人民检察院的产生、组织和职权;(3)民族区域自治制度、特别行政区域制度、基层群众自治制度;(4)犯罪和刑罚;(5)对公民政治权利的剥夺、限制人身自由的强制措施和处罚;(6)税种的设立、税率的确定和税收征收管理等税收基本制度;(7)对非国有财产的征收、征用;(8)民事基本制度;(9)基本经济制度以及财政、海关、金融和外贸的基本制度;(10)诉讼和仲裁制度;(11)必须由全国人民代表大会和常务委员会制定的其他制度。

3. 建设行政法规

建设行政法规是国家最高行政机关国务院根据宪法和法律就有关执行法律和履行行政管理职权的问题,以及依据全国人民代表大会及其常务委员会特别授权所制定的规范性文件的总称。现行的建设行政法规主要有《建设工程质量管理条例》《建设工程安全生产管理条例》《建设工程勘察设计管理条例》《城市房地产开发经营管理条例》《住房公积金管理条例》等。

4. 建设部门规章

建设部门规章是由住房和城乡建设部或国务院有关部门根据国务院规定的职责范围，依法制定并颁布的建设领域的各项规章，其名称可以采用"规定"、"办法"和"实施细则"等。目前，大量的建设工程法规以部门规章的方式发布，如住房和城乡建设部发布的《房屋建筑和市政基础设施工程质量监督管理规定》《房屋建筑工程和市政基础设施工程竣工验收备案管理暂行办法》《市政公用设施抗灾设防管理规定》，国家发展和改革委员会发布的《招标公告和公示信息发布管理办法》《必须招标的工程项目规定》等。

5. 地方性建设法规

地方性建设法规是由省、自治区、直辖市的人民代表大会及其常务委员会根据本行政区域的具体情况和实际需要，在符合宪法、法律、建设行政法规的前提下，制定的地方性法规。目前，各地方都制定了大量的规范建设活动的地方性法规、自治条例和单行条例，如《北京市建筑市场管理条例》《天津市建筑市场管理条例》《新疆维吾尔自治区建筑市场管理条例》等。

6. 地方政府建设规章

地方政府建设规章是指由省、自治区、直辖市和设区的市、自治州的人民政府，根据法律、建设行政法规和本省、自治区、直辖市的地方性建设法规，制定的地方政府规章，如《重庆市建设工程造价管理规定》《宁夏回族自治区建设工程造价计价依据（2019版）》等。

7. 国际公约、国际惯例和国际标准

国际公约、国际惯例和国际标准主要指我国参与或与外国签订的国际公约、双边条约，以及国际惯例、国际通用建筑技术规程和标准。如涉外建设工程承包合同非常复杂，它涉及有形贸易、无形贸易、信贷、委托、技术规范、保险等诸多法律关系，这些法律关系的调整必须遵守我国承认的国际公约、国际惯例以及国际通用建筑技术规程和标准。

建设工程法律体系效力层级及相关内容如表1-1所示。

表1-1 建设工程法律体系效力层级及相关内容

序号	立法名称	制定机关	效力	内容
1	宪法	全国人民代表大会	最高	具有最高法律地位和效力的根本法
2	建设法律	全国人民代表大会及其常务委员会	相对最高	涉及全国建设领域的根本性、长远性重大问题的规范性法律文件
3	建设行政法规	国务院	低于法律	对法律条款的细化，对重大问题的试行规定，调整各部委的建设行政关系
4	建设部门规章	住房和城乡建设部或国务院有关部门	低于法律和行政法规	对法律、行政法规具体化和补充

续表

序号	立法名称	制定机关	效力	内容
5	地方性建设法规	省、自治区、直辖市的人民代表大会及其常务委员会	低于法律和行政法规	将法律、法规在本辖区内具体贯彻
6	地方政府建设规章	省、自治区、直辖市和设区的市、自治州的人民政府	低于法律、行政法规和同级或上级地方性法规	将法律、法规、规章在本辖区内具体贯彻

【知识拓展】

法的效力层级是指法律体系中的各种法的形式,由于制定的主体、程序、时间、适用范围等的不同,具有不同的效力,形成法的效力等级体系。

1) 宪法至上

宪法是国家法律制度和法律体系的核心和基础,具有最高法律效力,国家的一切法律和法律制度都不得与宪法和宪法制度相抵触,其他法律和法律制度之间的关系(包括效力层级),均由宪法予以规定。

2) 上位法优于下位法

在我国的法律体系中,法的效力从高到低依次如下:宪法、法律、行政法规、部门规章、地方性法规和地方政府规章。地方性法规的效力高于本级和下级地方政府规章,省、自治区人民政府制定的规章的效力高于本行政区域内的设区的市、自治州的人民政府制定的规章;部门规章之间、部门规章与地方政府规章之间具有同等效力。如:为了加强对建设工程质量的管理,保证建设工程质量,保障人民群众生命和财产安全,根据《建筑法》,制定《建设工程质量管理条例》。

3) 特别法优于一般法

《立法法》第92条规定:同一机关制定的法律、行政法规、地方性法规、自治条例和单行条例、规章,特别规定与一般规定不一致的,适用特别规定。

4) 新法优于旧法

《立法法》第92条规定:同一机关制定的法律、行政法规、地方性法规、自治条例和单行条例、规章,新的规定与旧的规定不一致的,适用新的规定。

5) 须由有关机关裁决适用的特殊情况

地方性法规、规章之间不一致时,由有关机关依照下列规定的权限作出裁决。①同一机关制定的新的一般规定与旧的特别规定不一致时,由制定机关裁决。②地方性法规与部门规章之间对同一事项的规定不一致,不能确定如何适用时,由国务院提出意见,国务院认为应当适用地方性法规的,应当决定在该地方适用地方性法规的规定;认为应当适用部门规章的,应当提请全国人民代表大会常务委员会裁决。③部门规章之间、部门规章与地方政府规章之间对同一事项的规定不一致时,由国务院裁决。

1.3 建设工程法律关系

1.3.1 建设工程法律关系的概念

建设工程法律关系是指由建设法律规范所确认和调整的,在建设管理和建设协作过程中所产生的权利、义务关系。

1. 权利

权利是根据法律规范所确定的,法律赋予权利主体作为或不作为的许可、认定及保障,也就是人在相应的社会关系中应该得到的价值回报。

2. 义务

义务是根据法律规范的规定,义务主体必须作出或不作出某种行为,也就是人在相应的社会关系中应该进行的价值付出。除非权利人有法律的允许,否则当事人不得放弃履行义务,他人也不得阻止当事人履行义务。

【特别提示】

> 法律关系与建设工程法律关系的区别如下。
> 法律关系是指由法律规范调整一定社会关系而形成的权利与义务关系;建设工程法律关系是指由建设法律规范所确认和调整的,在建设管理和建设协作过程中所产生的权利、义务关系。即建设工程法律关系是法律关系中的一种。

1.3.2 建设工程法律关系的构成要素

建设工程法律关系由建设工程法律关系主体、建设工程法律关系客体、建设工程法律关系内容三要素构成。由于建设活动涉及面广、内容繁杂,建设工程法律关系具有综合性、复杂性等特点。

1. 建设工程法律关系主体

建设工程法律关系主体,是指建设工程法律关系中一定权利的享有者和一定义务的承担者,主要有国家机关、社会组织、自然人。

(1) 国家机关。

国家机关包括国家权力机关和国家行政机关,是建设工程法律关系的重要主体。

根据我国宪法规定,全国人民代表大会及其常务委员会、地方各级人民代表大会及其常务委员会是我国各级国家权力机关。

国家行政机关又叫国家管理机关,在法律上和实践中通常叫作政府。国家行政机关是国家机构的重要组成部分,其体制、职权由宪法和法律规定。我国的最高国家行政机关是国务院,地方国家行政机关分为省(自治区、直辖市)、州或县(市、区)和乡镇三级人民政府。

【特别提示】

> 国家的行政机关由国家权力机关产生,是国家权力机关的执行机关。它对国家权力机关负责,接受国家权力机关的监督。

【知识拓展】

> 全国人民代表大会及其常务委员会是建设法律的制定机关;省、自治区、直辖市的人民代表大会及其常务委员会是地方性建设法规的制定机关;国务院是建设行政法规的制定机关;住房和城乡建设部是建设部门规章的制定机关和建设活动的执法机关;水利部、交通运输部、铁道部等是相关建设规章的制定机关和相关建设活动的执法机关;财政部、中国人民银行、国家统计局、审计署是建设活动的监督机关。

(2) 社会组织

作为法律关系主体的社会组织一般应为法人。法人是指具有民事权利能力和民事行为能力,依法享有民事权利和承担民事义务的组织。法人必须依法成立;有必要的财产或者经费;有自己的名称、组织机构和场所;能够独立承担民事责任。社会组织主要是工程建设的投资者和工程建设的承担者,工程建设的投资者就是建设单位,工程建设的承担者包括城市规划编制单位、建设工程勘察设计企业、建筑业企业、房地产开发企业、工程监理企业、工程造价咨询单位等。

(3) 自然人。

自然人也可以成为工程建设法律关系的主体。如建设企业工作人员(建筑工人、专业技术人员、注册执业人员等)同企业单位签订劳动合同时,即成为劳动法律关系主体。

2. 建设工程法律关系客体

建设工程法律关系客体,是指建设工程法律关系主体享有的权利和承担的义务所指向的事物,一般是财、物、行为、智力成果。

(1) 财。

财包括资金和各种有价证券,建设工程法律关系客体的财主要是建设资金。

(2) 物。

物是指可以被人们控制和支配的以物质形态表现出来的具有一定价值的物体,建设工程法律关系客体的物包括建设材料、建设设备、建设产品等。

(3) 行为。

行为是法律关系主体为达到一定的目的所进行的活动,建设工程法律关系客体中的行为包括建设执法、勘察设计、建筑安装、工程监理等活动。

(4) 智力成果。

智力成果是人们脑力劳动产生的成果,建设工程法律关系客体中的智力成果包括设计图纸等。

3. 建设工程法律关系内容

建设法律关系内容,即建设工程法律关系主体享有的权利和应承担的义务。建设工程法律关系内容是建设工程法律关系的核心,决定着建设工程法律关系的性质。

(1) 建设权利。

建设权利是指建设工程法律关系主体根据建设工程法律要求和自身业务活动的需要有权进行各种建设活动的资格。权利主体可要求其他主体作出或抑制一定行为,以实现自己的权利。

(2) 建设义务。

建设义务是指建设工程法律关系主体必须按法律规定或约定承担应负的责任。义务主体如果不履行或不适当履行义务，就要受到法律制裁。

1.3.3 建设工程法律关系的产生、变更和终止

1. 建设工程法律关系的产生

建设工程法律关系的产生是指建设工程法律关系主体之间形成一定的权利和义务关系。

2. 建设工程法律关系的变更

建设工程法律关系的变更是指建设工程法律关系的三个要素发生变化，包括主体变更、客体变更和内容变更。

（1）主体变更。

主体变更可以是建设工程法律关系主体数目增多或减少，也可以是主体本身的改变。

（2）客体变更。

客体变更是指建设工程法律关系中权利、义务所指向的事物发生变化，包括法律关系范围和性质的变更。

（3）内容变更。

建设工程法律关系主体与客体的变更，必然导致相应的权利和义务的变更，即内容的变更。

3. 建设工程法律关系的终止

建设工程法律关系的终止是指建设工程法律关系主体之间的权利、义务不复存在，彼此丧失了约束力，包括自然终止、协议终止、违约终止。

（1）自然终止。

建设工程法律关系的自然终止是指某类建设法律关系所规范的权利和义务顺利得到履行，取得了各自的利益，实现了各自的目的，从而使得该法律关系归于终止。

（2）协议终止。

建设工程法律关系的协议终止是指建设工程法律关系主体之间协商解除某类建设工程法律关系规范的权利和义务，致使该法律关系归于终止。

（3）违约终止。

建设工程法律关系的违约终止是指建设工程法律关系主体一方违约，致使另一方的权利不能实现，导致法定解约事由的产生，另一方行使解约权而使双方权利和义务归于终止。

4. 建设工程法律关系产生、变更和终止的原因

法律事实是引起工程法律关系产生、变更和终止的原因。建设工程法律事实是指能够引起建设工程法律关系产生、变更和终止的客观现象和事实。建设工程法律事实按是否包含当事人的意志分为两类，即事件和行为。

（1）事件。

法律事件是法律规范规定的、不以当事人的意志力为转移而引起法律关系形成、变更或消灭的客观事实。法律事件又分为社会事件和自然事件两种。前者如社会革命、战争等，后者如人的生老病死、自然灾害等，这两种事件对于特定的法律关系主体（当事人）而言，都是不可避免的，是不以其意志为转移的。

(2) 行为。

行为是指人有意识的活动,包括积极的作为或消极的不作为,它们都会引起建设工程法律关系的产生、变更或终止。行为分为合法行为和违法行为。建设活动中的民事法律行为、行政行为、立法行为、司法行为以及违法行为都可成为建设工程法律关系产生、变更和终止的原因。

【案例 1-1】

某建筑公司与某学校签订了一份教学楼施工合同,明确施工单位要保质、保量、保工期地完成学校的教学楼施工任务。工程竣工后,承包方向学校提交了竣工报告。学校为了不影响学生上课,还没组织验收就直接投入了使用。在使用过程中,校方发现了教学楼存在的质量问题,要求施工单位修理。施工单位认为该工程未经验收,学校提前使用出现质量问题,施工单位不应再承担责任。

问题:本案中建设工程法律关系的三要素分别是什么?

【案例分析】

本案中的建设工程法律关系主体是某建筑公司和某学校,建设工程法律关系客体是施工的教学楼。建设工程法律关系内容是主体双方各自应当享受的权利和应当承担的义务,具体而言是某学校按照合同的约定,承担按时、足额支付工程款的义务,在按合同约定支付工程款后,该学校就有权要求建筑公司按时交付质量合格的教学楼。建筑公司的权利是获取学校的工程款,在享受该项权利后,就应当承担义务,即按时交付质量合格的教学楼给学校,并承担保修义务。

【案例 1-2】(本章引例)

某建筑公司(施工单位)与某房地产开发公司(建设单位)签订了一个施工承包合同,由建筑公司承建一栋 20 层的办公楼。合同约定开工日期为 2017 年 4 月 8 日,竣工日期为 2019 年 8 月 8 日。每月 26 日,按照当月所完成的工程量,开发公司向建筑公司支付工程进度款。

问题:本案例的法律关系构成是什么?

【案例分析】

1. 主体是某建筑公司和某房地产开发公司,客体是一栋 20 层办公楼。
2. 某建筑公司享有的权利是按时获得工程进度款,义务是保质、保量、保工期地完成一栋 20 层的办公楼。某房地产开发公司享有的权利是获得一栋 20 层保质、保量、保工期的办公楼,义务是按照合同规定支付工程进度款。

1.4 建设工程法律责任

法律责任是指行为人由于违法行为、违约行为或者由于法律规定而应承受的某种不利的法律后果。法律责任不同于其他社会责任,其范围、性质、大小、期限等均在法律中有明确规定。

1.4.1 法律责任的基本种类和特征

按照违法行为的性质和危害程度,法律责任可分为违宪责任、刑事责任、民事责任、行政责任和国家赔偿责任。

法律责任的特征为:①法律责任是因违反法律上的义务(包括违约等)而形成的法律后果,以法律义务存在为前提;②法律责任即承担不利的后果;③法律责任的认定和追究,由国家法律部门依法定程序进行;④法律责任的实现由国家强制力作保障。

1.4.2 建设工程民事责任的种类及承担方式

民事责任是指民事主体在民事活动中,因实施了民事违法行为,根据民法所应承担的对其不利的民事法律后果或者基于法律特别规定而应承担的民事法律后果。民事责任主要是一种民事救济手段,旨在使受害人被侵犯的权益得以恢复。

民事责任主要是财产责任,如损害赔偿、支付违约金等;但也不限于财产责任,还有恢复名誉、赔礼道歉等。

1. 民事责任的种类

民事责任可以分为违约责任和侵权责任两类。

违约责任是指合同当事人违反法律规定或合同约定的义务而应承担的责任。侵权责任是指行为人因过错侵害他人财产、人身而依法应当承担的责任,以及虽没有过错,但在造成损害以后,依法应当承担的责任。

2. 民事责任的承担方式

《中华人民共和国民法通则》(以下简称《民法通则》)规定,承担民事责任的方式主要有:①停止侵害;②排除妨碍;③消除危险;④返还财产;⑤恢复原状;⑥修理、重作、更换;⑦赔偿损失;⑧支付违约金;⑨消除影响、恢复名誉;⑩赔礼道歉。

以上承担民事责任的方式,可以单独适用,也可以合并适用。

3. 建设工程民事责任的主要承担方式

(1) 返还财产。

当建设工程施工合同无效、被撤销后,应当返还财产。执行返还财产的方式是折价返还,即承包人已经施工完成的工程,发包人按照折价返还的规则支付工程价款。支付工程价款主要有两种方式:一是参照无效合同中的约定价款;二是按当地市场价、定额量据实结算。

(2) 修理。

建设工程施工合同的承包人对施工中出现质量问题的建设工程或者竣工验收不合格的建设工程,应当负责返修。

(3) 赔偿损失。

赔偿损失,是指建设工程施工合同当事人一方由于不履行合同义务或者履行合同义务但不符合约定条件,给另一方造成财产上的损失时,由违约方依法或依照合同约定承担损害赔偿。

(4) 支付违约金。

违约金是指按照当事人的约定或者法律规定,当事人一方违约的,应向另一方支付的金钱。

【知识拓展】

> 建设活动中常见的违约责任和侵权责任如下。
>
> 1. 违约责任
>
> 违约责任一般有下列表现。
>
> (1) 工期延误。工期是指根据国家有关法规和合同规定完成一定质量的建筑产品的时间。建设工程实施过程中,由于社会条件、人为条件、自然条件和管理水平等因素的影响,可能会出现工期延误而不能按时竣工的情况。工期延误时应根据合同责任来判定由哪一方承担违约责任。
>
> (2) 工程质量不合格。工程质量是指工程满足业主需要的,国家法律法规、技术规范标准、设计文件及合同规定的特性。建设工程质量受到决策、设计、材料、设备、施工方法及工艺、技术措施、人员素质、工期、工程造价等多种因素的影响。如施工过程中施工单位偷工减料,使用未经检验或检验不合格的建筑材料、建筑配件和设备,擅自修改设计图纸,不按图纸施工等,都是造成工程质量不合格的原因。在工程项目建设中,参与工程建设的各方,应根据《建设工程质量管理条例》、合同、协议以及有关文件的规定承担相应的质量责任。
>
> (3) 发包人延误支付预付款、拖欠工程进度款。发包人不按约定的时间和数额支付预付款,导致承包人不能如期开始施工前的准备工作和开始施工时;发包人不按合同规定及时支付工程进度款,导致施工无法进行时,发包人应承担相应的违约责任。
>
> 2. 侵权责任
>
> 常见的侵权责任如下。
>
> (1) 勘察设计中的侵权责任。勘察设计中的侵权责任主要表现在勘察设计单位侵犯他人的专利权、发明权、版权和其他科技成果权,如超越合同规定范围使用他人专利的行为等。这类违法案件承担责任的方式是停止侵害和赔偿损失。
>
> (2) 施工中的侵权责任。施工中常见的侵权责任有以下表现。
>
> ①因产品质量不合格造成他人财产、人身损害的,应当赔偿损失。
>
> ②在公共场所、通道旁或通道上挖坑、修缮、安装地下设施时,没有设置明显标志和采取安全措施造成他人损害的,施工单位应当承担损害赔偿。
>
> ③建筑物或其他设施以及建筑物上的搁置物、悬挂物发生倒塌、脱落、坠落造成他人损害的,其所有人或管理人应当承担损害赔偿。

【案例 1-3】

甲房地产公司和乙施工企业签订了一份工程施工合同。由于施工过程中甲方提出设计变更,乙企业没有继续施工的技术能力,但依旧坚持施工,施工过程中出现部分建筑物质量不合格,并导致坍塌造成他人损害。因此甲方提出终止合同,并要求乙方承担相应责任及赔偿损失。

问题:1. 本案例中乙方应承担哪些责任?

2. 这种合同法律关系的终止属于哪一种终止?

【案例分析】

1. 本案中乙方应承担民事责任中的违约责任和侵权责任。违约责任:乙方没有继续施工的技术能力,但依旧坚持施工,施工过程中出现部分建筑物质量不合格;侵权责任:因产品质量不合格造成他人损害。

2. 违约终止。由于乙方在施工过程中生产出质量不合格产品造成违约,致使甲方的权利不能实现,所以甲方行使解约权。

1.4.3 建设工程行政责任的种类及承担方式

行政责任是指违反有关行政管理的法律法规,但尚未构成犯罪的行为,依法应承担的行政法律后果,包括行政处罚和行政处分。

1. 行政处罚

《中华人民共和国行政处罚法》规定,行政处罚的种类:①警告;②罚款;③没收违法所得,没收非法财物;④责令停产停业;⑤暂扣或者吊销许可证,暂扣或者吊销执照;⑥行政拘留;⑦法律、行政法规规定的其他行政处罚。

在建设工程领域,法律、行政法规所设定的行政处罚主要有:警告、罚款、没收违法所得、责令限期改正、责令停业整顿、取消一定期限内参加依法必须进行招标的项目的投标资格、责令停止施工、降低资质等级、吊销资质证书(同时吊销营业执照)、责令停止执业、吊销执业资格证书或其他许可证等。

2. 行政处分

行政处分是指国家机关、企事业单位对所属的国家工作人员违法失职行为尚不构成犯罪,依据法律、法规所规定的权限而给予的一种惩戒。行政处分种类有:警告、记过、记大过、降级、撤职、开除。如《建设工程质量管理条例》规定,国家机关工作人员在建设工程质量监督管理工作中玩忽职守、滥用职权、徇私舞弊,构成犯罪的,依法追究刑事责任;尚不构成犯罪的,依法给予行政处分。

1.4.4 建设工程刑事责任的种类及承担方式

刑事责任是指犯罪主体因违反刑法,实施了犯罪行为所应承担的法律责任。刑事责任是法律责任中最强烈的一种,其承担方式主要是刑罚,也包括一些非刑罚的处罚方法。《中华人民共和国刑法》(以下简称《刑法》)规定,刑罚分为主刑和附加刑。主刑的种类包括:①管制;②拘役;③有期徒刑;④无期徒刑;⑤死刑。附加刑的种类包括:①罚金;②剥夺政治权利;③没收财产。

在建设工程领域,常见的刑事责任如下。

1. 工程重大安全事故罪

《刑法》第137条规定,建设单位、设计单位、施工单位、工程监理单位违反国家规定,降低工程质量标准,造成重大安全事故的,对直接责任人员,处5年以下有期徒刑或者拘役,并处罚金;后果特别严重的,处5年以上10年以下有期徒刑,并处罚金。

2. 重大责任事故罪

《刑法》第 134 条规定,在生产、作业中违反有关安全管理的规定,因而发生重大伤亡事故或者造成其他严重后果的,处 3 年以下有期徒刑或者拘役;情节特别恶劣的,处 3 年以上 7 年以下有期徒刑。强令他人违章冒险作业,因而发生重大伤亡事故或者造成其他严重后果的,处 5 年以下有期徒刑或者拘役;情节特别恶劣的,处 5 年以上有期徒刑。

3. 重大劳动安全事故罪

《刑法》第 135 条规定,安全生产设施或者安全生产条件不符合国家规定,因而发生重大伤亡事故或者造成其他严重后果的,对直接负责的主管人员和其他直接责任人员,处 3 年以下有期徒刑或者拘役;情节特别恶劣的,处 3 年以上 7 年以下有期徒刑。

4. 串通投标罪

《刑法》第 223 条规定,投标人相互串通投标报价,损害招标人或者其他投标人利益,情节严重的,处 3 年以下有期徒刑或者拘役,并处或者单处罚金。投标人与招标人串通投标,损害国家、集体、公民的合法利益的,依照以上规定处罚。

【案例 1-4】

某建筑公司与某学校签订一教学楼施工合同,明确施工单位要保质、保量、保工期完成学校的教学楼施工任务。工程竣工后,承包方向学校提交了竣工报告。学校为了不影响学生上课,未对教学楼组织竣工验收就直接投入了使用。使用过程中,校方发现教学楼存在质量问题,要求施工单位修理。施工单位认为该工程未经验收,学校提前使用出现质量问题,施工单位不应再承担责任。

问题:应如何确定该工程质量问题的责任主体及责任的承担方式,为什么?

【案例分析】

因为校方在未对教学楼组织竣工验收的情况下就直接投入了使用,违反了工程竣工验收方面的有关法律法规,所以一般质量问题应由校方承担。但若有涉及结构等方面的质量缺陷,应按照造成质量缺陷的原因分解责任。因为承包方已向学校提交了竣工报告,说明施工单位的自行验收已经通过,该教学楼仅供学校日常教学使用,不存在使用不当的问题,所以该教学楼的质量缺陷是客观存在的。承包方应该承担维修义务,但产生的费用应由有关责任方承担,若协商不成,可请求仲裁或诉讼。

【本章小结】

本章主要对建设工程法规的概念与特征、建设工程法规的作用、建设工程法规的体系以及建设工程法律关系的概念,建设工程法律关系的主体、客体、内容,建设工程法律关系的产生、变更、终止等内容进行了阐述。通过对本章的学习,能够了解建设工程法律基础的相关知识,为今后各章的学习奠定基础。

【习题】

一、单项选择题

1. 行政法规的制定主体是（　　）。
   A. 全国人民代表大会　　　　　　B. 全国人民代表大会常务委员会
   C. 国务院　　　　　　　　　　　D. 最高人民法院
2. 有关地方性法规、规章之间发生冲突时，下列解决方法中正确的是（　　）。
   A. 部门规章之间不一致的，适用新规定；同时颁布的，双方协商议定
   B. 同一机关制定的新规定与旧规定不一致的，由制定机关裁决
   C. 部门规章与地方政府规章之间对同一事项的规定不一致时，由全国人民代表大会法制工作委员会裁决
   D. 地方政府规章与部门规章之间对同一事项的规定不一致时，由国务院裁决
3. 法律关系构成要素不包括（　　）。
   A. 法律关系主体　　　　　　　　B. 法律关系客体
   C. 法律关系内容　　　　　　　　D. 法律关系的解除
4. 下列法律的形式属于行政法规的是（　　）。
   A. 《民法典》　　　　　　　　　B. 《北京市招标投标条例》
   C. 《建筑法》　　　　　　　　　D. 《建设工程质量管理条例》
5. 下列关于法人的表述中，错误的是（　　）。
   A. 具有民事权利能力　　　　　　B. 具有民事行为能力
   C. 是自然人和企事业单位的总称　D. 能够独立承担民事责任
6. 甲省建筑公司在乙省承包了一项工程，《甲省建筑市场管理条例》与《乙省建筑市场管理条例》发生冲突，应如何适用？（　　）
   A. 适用《甲省建筑市场管理条例》　B. 适用《乙省建筑市场管理条例》
   C. 由国务院裁决适用哪一个　　　　D. 当事人自由协商适用哪一个
7. 行政法规之间对同一事项的新的一般规定与旧的特别规定不一致，不能确定如何适用时，由（　　）裁决。
   A. 省级人民政府　　　　　　　　B. 全国人民代表大会
   C. 国务院　　　　　　　　　　　D. 全国人民代表大会常务委员会
8. 有关招标投标的法律文件中，法律效力最高的是（　　）。
   A. 《招标投标法》　　　　　　　B. 《建筑业企业资质管理规定》
   C. 《北京市招标投标条例》　　　D. 《工程建设项目施工招标投标办法》
9. 法律关系的变更，是指法律关系的（　　）发生变化。
   A. 主体　　　B. 客体　　　C. 内容　　　D. 主体、客体或内容
10. 法律关系是由（　　）构成的。
    A. 主体、客体、内容　　　　　　B. 财、物、行为、非物质财富
    C. 自然人、法人或其他组织　　　D. 民事权利、民事义务
11. 下面说法正确的是（　　）。
    A. 法律关系的主体只能是人　　　B. 法律关系的客体只能是物
    C. 法律关系的内容只能是权利和义务　D. 法律关系的产生只能是通过签订合同
12. 在我国法律体系中，（　　）的效力是仅次于宪法而高于其他法的形式。
    A. 行政规章　　　B. 法律　　　C. 部门规章　　　D. 地方性法规

13. 某工程在施工过程中由于业主资金筹措遇到困难,将原设计的50层改为45层,属于民事法律关系的( )。
   A. 内容变更   B. 主体变更   C. 客体性质变更   D. 客体范围变更
14. 根据法的效力等级,《建设工程安全生产管理条例》属于( )。
   A. 法律   B. 部门规章   C. 行政法规   D. 规章制度

二、多项选择题
1. 法律关系主体的范围包括( )。
   A. 自然人   B. 法人   C. 其他组织
   D. 国家机关   E. 某企业中工厂车间的班组
2. 国家权力机关是指( )。
   A. 全国人民代表大会   B. 全国人民代表大会常务委员会
   C. 地方各级人民代表大会   D. 各级人民政府
   E. 地方各级人民代表大会常务委员会
3. 我国法的形式主要包括( )。
   A. 法律   B. 行政法规   C. 地方性法规   D. 行政规章   E. 习惯法
4. 下列对法的效力层级的叙述中,正确的是( )。
   A. 新法优于旧法   B. 特别法优于一般法   C. 民法至上
   D. 上位法优于下位法   E. 一般法优于特别法
5. 下列选项属于法律关系主体的是( )。
   A. 企业单位   B. 社会组织   C. 法人代表   D. 事业单位   E. 合同标的
6. 某施工单位中标某医院门诊部工程项目,工程完成后审计机关对其进行审计,作出审计结论。对此过程中产生的法律关系,下列说法中正确的是( )。
   A. 该施工单位与医院之间是民事法律关系
   B. 该施工单位与医院之间法律地位平等
   C. 审计机关与该医院之间是民事法律关系
   D. 审计机关与该施工单位之间是行政法律关系
   E. 审计机关与该施工单位之间法律地位不平等

三、案例分析
甲房地产公司和乙施工企业签订了一份工程施工合同,乙企业通过加强施工现场的管理,终于如期交付了符合合同约定质量标准的工程,甲公司随即按约定支付了工程款。
问题:这种合同法律关系的终止属于哪一种终止?

扫码看答案

第 2 章 建设许可法律制度

【教学目标】

能 力 目 标	知 识 目 标
1. 能按流程办理施工许可证； 2. 能够独立区分从业单位的资质等级； 3. 能够独立申请从业单位的资质。	1. 明确建筑许可的范围； 2. 掌握施工许可证的相关规定； 3. 了解从业单位的资质申请与审批； 4. 了解专业技术人员注册与执业。

【学习要点】

1. 施工许可证的适用范围；
2. 施工许可证的有效期；
3. 办理施工许可证违法行为应承担的法律责任；
4. 建筑企业、工程监理企业、勘察设计企业的资质及承包工程范围；
5. 注册建造师、注册监理工程师、注册造价工程师等专业技术人员的注册与执业。

【引例】

张某等3人合资在某城区内修建了一栋6层楼私房工程，该工程由某建设单位承包，建筑面积3100平方米，造价150万元，取得了建设工程规划许可证，但未办理施工许可证就开工，被某市城管部门（受委托执法组织）查处，依法对其作出了罚款3万元的行政处罚决定。张某等声称该工程是私房建筑工程，已取得了建设工程规划许可证，无须再办施工许可证，他们认为两证一样，办一个即可，并以此为由逾期拒不履行行政处罚义务，法院裁定并强制其履行了义务。

请思考：
1. 张某等的说法是否正确？
2. 建设工程规划许可证和建设工程施工许可证是一样的吗？
3. 我国法律对建设工程施工许可证的领取是如何规定的？

2.1 建设许可法律制度概述

建筑法有狭义和广义之分。狭义的建筑法是指《建筑法》。《建筑法》是为了加强对建筑活动的监督管理，维护建筑市场秩序，保证建筑工程的质量和安全，促进建筑业健康发展而制定的。它是规范建筑业的重要法律。它确立了建筑活动的基本原则。它以规范建筑市场行为为起点,以建筑工程质量和安全为主线,规范了建筑许可、建筑工程发包与承包、建筑工程监理、建筑安全生产管理、建筑工程质量管理、法律责任等内容,是很多建设工程法规的立法基础,例如,《建设工程质量管理条例》《建设工程安全生产管理条例》等法规都是以《建筑法》为基础制定的。广义的建筑法,是指调整建筑活动和建筑管理活动关系的所有法律规范,不但包括《建筑法》,还包括像《建设工程质量管理条例》等行政法规、规章、决定、命令、通知等规范性文件以及最高人民法院有关建筑活动的司法解释,也包括其他法律、法规中有关建筑活动的法律规范。它是调整建筑活动和对建筑活动进行监督管理过程中所发生的法律关系的法律规范的总称。

2.2 建设工程施工许可法律制度

建筑工程施工许可管理办法

1. 施工许可制度的概念

《建筑法》第 7 条规定:"建筑工程开工前,建设单位应当按照国家有关规定向工程所在地县级以上人民政府建设行政主管部门申请领取施工许可证;但是,国务院建设行政主管部门确定的限额以下的小型工程除外。按照国务院规定的权限和程序批准开工报告的建筑工程,不再领取施工许可证。"

施工许可制度,是指由国家授权有关建设行政主管部门,在建筑工程施工前,依建设单位申请,对该项工程是否符合法定的开工条件进行审查,对符合条件的工程发放施工许可证,允许建设单位开工建设的制度。

我国实行建筑工程施工许可制度,有利于确保建筑工程在开工前符合法定条件,进而为其开工后顺利实施奠定基础;也有利于有关建设行政主管部门全面掌握建筑工程的基本情况,依法及时、有效地实施监督和指导,保证建筑活动依法有序进行。

2. 施工许可证的适用范围

我国目前对开工条件的审批,有"颁发施工许可证"和"批准开工报告"两种形式。多数工程是颁发施工许可证,部分工程则为批准开工报告。

1) 需要申请施工许可证的建设工程

建设工程施工许可制度

2018 年住房和城乡建设部经修改后发布的《建筑工程施工许可管理办法》规定,在中华人民共和国境内从事各类房屋建筑及其附属设施的建造、装修装饰和与其配套的线路、管道、设备的安装,以及城镇市政基础设施工程的施工,建设单位在开工前应当依照本办法的规定,向工程所在地的县级以上地方人民政府住房城乡建设主管部门申请领取施工许可证。

2) 不需要申请施工许可证的建设工程类型

并不是所有的建设工程在开工前都需要申请施工许可证,以下工程不需要申请施工许可证。

(1) 国务院建设行政主管部门确定的限额以下的小型工程。

根据 2018 年住房和城乡建设部发布的《建筑工程施工许可管理办法》第 2 条,所谓的限额以下的小型工程指的是:工程投资额在 30 万元以下或者建筑面积在 300 平方米以下的建筑工程。同时,该办法进一步作出了说明,省、自治区、直辖市人民政府住房城乡建设主管部门可以根据当地的实际情况,对限额进行调整,并报国务院住房城乡建设主管部门备案。

(2) 按照国务院规定的权限和程序批准开工报告的建筑工程。

开工报告是建设单位依照国家有关规定向计划行政主管部门申请准予开工的文件。为了避免出现同一建筑工程的开工由不同的政府行政主管部门多头重复审批的现象,规定实行开工报告审批制度的建筑工程,不再领取施工许可证。至于哪些建筑工程实行开工报告审批制度,有关行政主管部门对开工报告的审批权限和审批程序,则应当按照国务院的有关规定执行。

(3) 抢险救灾工程。

由于此类工程的特殊性,《建筑法》明确规定此类工程不需要申请施工许可证。

(4) 临时性建筑。

工程建设中经常会出现临时性建筑,例如工人的宿舍、食堂等。由于这些临时性建筑生命周期短,《建筑法》也明确规定此类工程不需要申请施工许可证。

(5) 军用房屋建筑工程。

由于此类工程涉及军事秘密,不宜过多公开信息,《建筑法》第84条明确规定:"军用房屋建筑工程建筑活动的具体管理办法,由国务院、中央军事委员会依据本法制定。"

【知识拓展】

开工报告审批制度是我国沿用已久的一种建设项目开工管理制度。

开工报告审查的内容主要包括①资金到位情况;②投资项目市场预测;③设计图纸是否满足施工要求;④现场条件是否达到"三通一平"等要求。

1995年国务院《关于严格限制新开工项目、加强固定资产投资资金源头控制的通知》中,提到了开工报告审批制度。近年来,公路建设项目等已由开工报告审批制度变更为施工许可制度。

需要说明的是,国务院规定的开工报告审批制度,不同于建设监理中的开工报告工作。根据《建设工程监理规范》(GB/T 50319—2013)的规定,承包商即施工单位在工程开工前应按合同约定向总监理工程师提交开工报告,经总监理工程师审定通过后,即可开工。虽然在字面上都是"开工报告",但二者之间有诸多不同:①性质不同,前者是政府主管部门的一种行政许可制度,后者则是建设监理过程中监理单位对施工单位开工准备工作的认可;②主体不同,前者是建设单位向政府主管部门申报,后者则是施工单位向监理单位提出;③内容不同,前者主要是建设单位应具备的开工条件,后者则是施工单位应具备的开工条件。

3. 申请领取施工许可证的主体及应具备的法定条件

1) 施工许可证申请的主体

《建筑法》规定,建设单位应当按照国家有关规定向工程所在地县级以上人民政府建设行政主管部门申请领取施工许可证。这是因为,建设单位(又称业主或项目法人)是建设项目的投资者,为建设工程开工和施工单位进场做好各项前期准备工作,是建设单位应尽的义务。因此,施工许可证的申请领取,应该是由建设单位负责,而不是施工单位或其他单位。

2)施工许可证申请领取的条件

《建筑法》规定建设单位申请领取施工许可证时,应当具备一系列前提条件:

(1)已经办理该建筑工程用地批准手续。

根据《中华人民共和国土地管理法》(以下简称《土地管理法》)的有关规定,任何单位和个人进行建设,需要使用土地的,必须依法申请使用土地。其中需要使用国有建设用地的,应当向有批准权的土地行政主管部门申请,经其审查,报本级人民政府批准。

(2)依法应当办理建设工程规划许可证的,已经取得建设工程规划许可证。

根据《中华人民共和国城市规划法》(以下简称《城市规划法》)的有关规定,在城市、镇规划区内进行建设需要申请用地的,建设单位在依法办理用地批准手续之前,必须先取得该工程的建设用地规划许可证。

在城市、镇规划区内进行建筑物、构筑物、道路、管线和其他工程建设的,建设单位或者个人应当向城市、县人民政府城乡规划主管部门或者省、自治区、直辖市人民政府确定的镇人民政府申请办理建设工程规划许可证。

(3)需要拆迁的,其拆迁进度符合施工要求。

需要先期进行拆迁的建筑工程,其拆迁工作状况直接影响到整个建筑工程能否顺利进行。在建筑工程开始施工时,拆迁的进度必须符合工程开工的要求,这是保证该建筑工程正常施工的基本条件。

拆迁工作必须依法进行。根据《城市房屋拆迁管理条例》的有关规定,拆迁房屋的单位取得房屋拆迁许可证后,方可实施拆迁。拆迁人应当在房屋拆迁许可证确定的拆迁范围和拆迁期限内,实施房屋拆迁。

(4)已经确定施工企业。

确定施工企业是开始施工的前提条件,否则将由于不具有开工的可能性而无法获得施工许可证。

建设单位确定施工企业,必须依据《建筑法》《招标投标法》及其相关规定进行。《建筑工程施工许可管理办法》第4条进一步规定,发生以下几种情形,所确定的施工企业无效:

①按照规定应当招标的工程没有招标的;

②应当公开招标的工程没有公开招标的;

③肢解发包工程的;

④将工程发包给不具备相应资质条件的企业的。

(5)有满足施工需要的技术资料,施工图设计文件已按规定审查合格。

按照设计深度不同,设计文件可以分为方案设计文件、初步设计文件和施工图设计文件。《建设工程勘察设计管理条例》第26条,对以上几类设计文件的要求分别是:

①编制方案设计文件,应当满足编制施工初步设计文件和控制概算的需要;

②编制初步设计文件,应当满足编制招标文件、主要设备材料订货和编制施工图设计文件的需要;

③编制施工图设计文件,应当满足设备材料采购、非标准设备制作和施工的需要,并注明建设工程合理使用年限。

施工图设计文件是进行施工作业的技术依据,是在施工过程中保证建筑工程质量的关键因素,因此,在开工前必须有满足施工需要的技术资料。鉴于施工图设计文件对工程质量的重要性,《建设工程质量管理条例》第 11 条规定:施工图设计文件审查的具体办法,由国务院建设行政主管部门、国务院其他有关部门制定。施工图设计文件未经审查批准的,不得使用。据此,《建筑工程施工许可管理办法》第 4 条进一步规定,建设单位在申请领取施工许可证时,应当"有满足施工需要的技术资料,施工图设计文件已按规定审查合格"。

(6) 有保证工程质量和安全的具体措施。

施工企业编制的施工组织设计中有根据建筑工程特点制定的相应质量、安全技术措施。建立工程质量安全责任制并落实到人。专业性较强的工程项目编制了专项质量、安全施工组织设计,并按照规定办理了工程质量、安全监督手续。

《建设工程质量管理条例》第 13 条规定:"建设单位在领取施工许可证或者开工报告之前,应当按照国家有关规定办理工程质量监督手续。"《建设工程安全生产管理条例》第 10 条第 1 款也规定:"建设单位在领取施工许可证时,应当提供建设工程有关安全施工措施的资料";第 42 条第 1 款规定:"建设行政主管部门在审核发放施工许可证时,应当对建设工程是否有安全措施进行审查,对没有安全施工措施的,不得颁发施工许可证"。

由于工程监理单位接受建设单位的委托代表建设单位去进行项目管理,因此,可以说委托监理单位去进行监理本身就是建设单位保证质量和安全的一项具体措施。同时,监理单位在监理过程中也是具体保证质量和安全措施的执行者,因此,《建筑工程施工许可管理办法》规定了"按照规定应该委托监理的工程已委托监理",也是发给施工许可证的一个限制性条件。

需要注意的是,上述 6 个方面的法定条件必须同时具备,缺一不可。建设行政主管部门应当自收到申请之日起 7 日内,对符合条件的申请颁发施工许可证。对于证明文件不齐全或者失效的,应当当场或者 5 日内一次告知建设单位需要补正的全部内容,审批时间可以自证明文件补正齐全后作相应顺延;对于不符合条件的,应当自收到申请之日起 7 日内书面通知建设单位,并说明理由。此外,《建筑工程施工许可管理办法》还规定,必须申请领取施工许可证的建筑工程未取得施工许可证的,一律不得开工。任何单位和个人不得将应该申请领取施工许可证的工程项目分解为若干限额以下的工程项目,规避申请领取施工许可证。办理施工许可证的程序如图 2-1 所示。

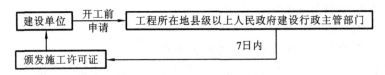

图 2-1 办理施工许可证的程序

【案例 2-1】

2019 年 6 月 19 日 11 时,执法队员在巡查中发现湖州市××广场 3 号楼 4 楼房屋正在进行装修施工,但并没有领取施工许可证。该房屋装修工程的建筑面积超 300 平方米,且工程投资额超 30 万元,现场正在施工之中,并已用轻质砖已分隔包厢 20 间。现场执法队员立即对现场展开了勘验(检查)取证,并对该行为展开调查。后经调查查实,湖州××酒店有限公司委托湖州××建筑工程有限公司对湖州市××广场 3 号楼 4 楼进行装修施工,且查实该装修工程的建筑面积为1860.31平方米,工程合同价款为人民币3100000元,故依法对建设单位湖州××酒店有限公司作出罚款人民币46500元的行政处罚,对施工单位湖州××建筑工程有限公司作出罚款人民币10000元的行政处罚。

问题:1. 建筑施工许可证领取是如何规定的?
2. 什么工程可免施工许可证?

【案例分析】

1.《建筑工程施工许可管理办法》第2条规定,限额以下的小型工程可以不领施工许可证,但限额以下的小型工程指的是:工程投资额在30万元以下或者建筑面积在300平方米以下的建筑工程。本案例中房屋装修工程的建筑面积超300平方米,且工程投资额超30万元,需要领取施工许可证。

2. 以下工程可免施工许可证:①限额以下的小型工程,工程投资额在30万元以下或者建筑面积在300平方米以下的建筑工程;②按照国务院规定的权限和程序批准开工报告的建筑工程;③抢险救灾工程;④临时性建筑;⑤军用房屋建筑。

4. 施工许可证或开工报告的管理

给建设单位颁发施工许可证或批准开工报告意味着认可了该建设单位的开工条件。当这些条件出现变化的情况下,就存在不再符合开工条件的可能,此时要废止或重新核验施工许可证,或者重新办理开工报告。

(1) 废止施工许可证的条件。

《建筑法》第9条规定:"建设单位应当自领取施工许可证之日起三个月内开工。因故不能按期开工的,应当向发证机关申请延期;延期以两次为限,每次不超过三个月。既不开工又不申请延期或者超过延期时限的,施工许可证自行废止。"

(2) 重新核验施工许可证的条件。

《建筑法》第10条规定:"在建的建筑工程因故中止施工的,建设单位应当自中止施工之日起一个月内,向发证机关报告,并按照规定做好建筑工程的维护管理工作。建筑工程恢复施工时,应当向发证机关报告;中止施工满一年的工程恢复施工前,建设单位应当报发证机关核验施工许可证。"

(3) 重新办理开工报告的条件。

按照国务院规定办理开工报告的工程是施工许可制度的特殊情况。对于这类工程,《建筑法》第11条规定:"按照国务院有关规定批准开工报告的建筑工程,因故不能按期开工或者中止施工的,应当及时向批准机关报告情况。因故不能按期开工超过六个月的,应当重新办理开工报告的批准手续。"

5. 办理施工许可证或开工报告违法行为的法律责任

(1) 未取得施工许可证或者开工报告未经批准擅自开工应承担的法律责任。

《建筑法》第64条规定:"违反本法规定,未取得施工许可证或者开工报告未经批准擅自施工的,责令改正,对不符合开工条件的责令停止施工,可以处以罚款。"

《建设工程质量管理条例》第57条规定:"违反本条例规定,建设单位未取得施工许可证或者开工报告未经批准,擅自施工的,责令停止施工,限期改正,处工

施工许可证案件

合同价款1%以上2%以下的罚款。"

建筑工程未经许可擅自施工的,实际中有两种情况:一是工程已经具备了法定的开工条件,但未依照法律规定履行开工审批手续;二是工程既不具备法定的开工条件,又不履行开工审批手续。依照规定,对违反建筑工程施工许可的规定擅自施工的行为,应根据不同情况分别作出相应的处理。

首先,凡是违反法律规定,未取得施工许可证或者开工报告未经批准擅自施工的,有关行政主管部门应依照规定责令其改正,即要求建设单位立即补办施工许可证或开工报告的批准手续。

其次,在要求其依法补办施工许可证或者开工报告的批准手续的同时,根据该工程项目在违法开工时是否具备法定开工条件,作出不同的处理:对经审查,确属符合法定开工条件的,在补办手续后准予其继续施工;对不符合开工条件的,则应责令建设单位停止施工,并可以处以罚款。

(2) 规避办理施工许可证应承担的法律责任。

《建筑工程施工许可管理办法》规定,对于未取得施工许可证或者为规避办理施工许可证将工程项目分解后擅自施工的,由有管辖权的发证机关责令停止施工,限期改正,对建设单位处工程合同价款1%以上2%以下罚款;对施工单位处3万元以下罚款。

(3) 骗取和伪造施工许可证应承担的法律责任。

《建筑工程施工许可管理办法》规定,建设单位采用欺骗、贿赂等不正当手段取得施工许可证的,由原发证机关撤销施工许可证,责令停止施工,并处1万元以上3万元以下罚款;构成犯罪的,依法追究刑事责任。

建设单位隐瞒有关情况或者提供虚假材料申请施工许可证的,发证机关不予受理或者不予许可,并处1万元以上3万元以下罚款;构成犯罪的,依法追究刑事责任。建设单位伪造或者涂改施工许可证的,由发证机关责令停止施工,并处1万元以上3万元以下罚款;构成犯罪的,依法追究刑事责任。

(4) 对违法行为的罚款额度。

《建筑工程施工许可管理办法》规定,给予单位罚款处罚的,对单位直接负责的主管人员和其他直接责任人员处单位罚款数额5%以上10%以下罚款。单位及相关责任人受到处罚的,作为不良行为记录予以通报。

【案例 2-2】

2018年,某房地产公司与出租汽车公司(以下合并简称建设方)合作,在某市市区共同开发房地产项目。该项目包括两部分,一部分是6.3万平方米的住宅工程,另一部分是与住宅相配套的3.4万平方米的综合楼。该项目的住宅工程各项手续和证件齐备,自2015年开工建设到2020年4月已经竣工验收。由于合作双方对于综合楼工程是作为基建计划还是开发计划申报问题没能统一意见,从而使综合楼建设工程的各项审批手续未能办理。现住宅工程已竣工验收,配套工程需要跟上,在综合楼施工许可证未经审核批准的情况下建设方开始施工。该行为被市监督执法大队发现后及时制止,并责令停工。

问题:建设方在综合楼项目的建设中有何过错,应如何处理?

【案例分析】

本案中,建设方在综合楼项目的建设中违反了《建筑法》第 7 条规定:建筑工程开工前,建设单位应当按照国家有关规定向工程所在地县级以上人民政府建设行政主管部门申请领取施工许可证。建设方在未取得施工许可证的情况下擅自开工的行为属于严重的违法行为。

《建筑法》第 64 条规定:未取得施工许可证或者开工报告未经批准擅自施工的,责令改正,对不符合开工条件的责令停止施工,可以处以罚款。《建设工程质量管理条例》第 57 条规定:建设单位未取得施工许可证或者开工报告未经批准,擅自施工的,责令停止施工,限期改正,处工程合同价款 1% 以上 2% 以下的罚款。据此,市监督执法大队责令其停工的做法正确,并应当处以罚款。

【案例 2-3】

2018 年 6 月,B 建设单位在某市有一商住楼工程,面积 3 万平方米,工程造价 2700 万元。2018 年 6 月 12 日,B 建设单位在未办理施工许可证的情况下与 C 建筑公司签订施工合同,C 建筑公司在没有拿到施工许可证的情况下,按照 B 建设单位的要求开始违法施工。

处理结果:A 市建委对 B 建设单位未办理施工许可证违法修建商住楼工程,根据《建筑法》第 64 条的规定,《建筑工程施工许可管理办法》第 12 条的规定,责令 B 建设单位、C 建筑公司停止违法施工,并分别处 3 万元罚款。

【案例分析】

行政主管单位:A 市建委。

被处罚单位:B 建设单位、C 建筑公司。

本案主要涉及的是无建设工程施工许可证的违法施工应受到处罚的问题,本案之所以定性为违法,主要原因是该项目违反建设程序,在没有办理建设工程施工许可证的情况下进行施工,凡不具备建设工程施工许可证的建设项目都属于违法建设项目。

施工许可证是建设单位能够从事建筑工程开工活动的法律凭证,取得施工许可证也就享有建筑工程开工的权利。《建筑法》第 64 条规定:"未取得施工许可证或者开工报告未经批准擅自施工的,责令改正。对不符合开工条件的责令停止施工,可以处以罚款。"《建设工程质量管理条例》第 57 条规定:"违反本条例规定,建设单位未取得施工许可证或者开工报告未经批准,擅自施工的,责令停止施工,限期改正,处工程合同价款 1% 以上 2% 以下的罚款。"《建筑工程施工许可管理办法》第 12 条规定:"对于未取得施工许可证或者为规避办理施工许可证将工程项目分解后擅自施工的,由有管辖权的发证机关责令停止施工,限期改正,对建设单位处工程合同款 1% 以上 2% 以下罚款,对施工单位处 3 万元以下罚款。"

2.3 建筑企业资质管理制度

建筑企业从业资格许可包括从业单位的条件和从业单位的资质。《建筑法》规定了从事建筑活动的建筑施工企业、勘察单位、设计单位、工程监理单位、工程造价咨询单位进入建筑市场应当具备的条件和资质审查制度。

2018年12月住房和城乡建设部经修改后发布的《建筑业企业资质管理规定》中规定,建筑业企业是指从事土木工程、建筑工程、线路管道设备安装工程的新建、扩建、改建等施工活动的企业。

1. 从业单位应具备的条件

从事建筑活动的建筑施工企业、勘察单位、设计单位、工程监理单位、工程造价咨询单位,其注册资本、专业技术人员、技术装备和已完成的建筑工程业绩等方面应满足以下条件。

1) 有符合国家规定的净资产

企业资产是指企业拥有或控制的能以货币计量的经济资源,包括各种财产、债权和其他权利。企业净资产是指企业的资产总额减去负债以后的净额。净资产是属于企业所有并可以自由支配的资产,即所有者权益。相对于注册资本而言,它能够更准确地体现企业的经济实力。所有建筑企业都必须具备基本的责任承担能力。2015年11月住房和城乡建设部颁发的《关于调整建筑业企业资质标准中净资产指标考核有关问题的通知》规定,企业净资产以企业申请资质前一年度或当期合法的财务报表中净资产指标为准考核。

以建筑工程施工总承包企业为例,《建筑业企业资质标准》规定,一级企业净资产1亿元以上;二级企业净资产4000万元以上;三级企业净资产800万元以上。

2) 有与其从事的建筑活动相适应的具有法定执业资格的专业技术人员

从事工程建设施工活动的企业必须拥有足够的专业技术人员,如注册建筑师、注册结构师、注册监理工程师、注册造价师等,而且这些专业技术人员必须通过考试和注册取得的法定执业资格,即经过国家统一考试合格并依法批准注册。但是,为了简化企业资质考核指标,2016年10月住房和城乡建设部颁发的《关于简化建筑业企业资质标准部分指标的通知》要求,除各类别最低等级资质外,取消关于注册建造师、中级以上职称人员、持有岗位证书的现场管理人员、技术工人的指标考核。取消通信工程施工总承包三级资质标准中关于注册建造师的指标考核。

3) 有从事相关建筑活动所应有的技术装备

具有与其建筑活动相关的技术装备是建筑施工企业、勘察单位、设计单位和工程监理单位进行正常施工、勘察设计和监理工作的重要物质保障,没有相应技术装备的单位不得从事建筑活动。当然,随着我国机械设备租赁市场的发展,许多大中型机械设备都可以采用租赁的方式取得,这有利于提高机械设备的使用率,降低施工成本,因此目前的企业资质标准对技术装备的要求并不多。

4) 有符合规定的工程业绩

从事工程建设施工活动的企业有无承担过相应工程的经验及其业绩好坏,是衡量其实际能力和水平的一项重要标准。

《住房城乡建设部关于简化建筑业企业资质标准部分指标的通知》调整了建筑工程施工总承包一级及以下资质的建筑面积考核指标。

按照调整后的企业工程业绩考核指标,建筑工程施工总承包的一级企业:近5年承担过下列4类中的2类工程的施工总承包或主体工程承包,工程质量合格。①地上25层以上的民用建筑工程1项或地上18~24层的民用建筑工程2项;②高度100米以上的构筑物工程

1项或高度80～100米(不含)的构筑物工程2项;③建筑面积12万平方米以上的建筑工程1项或建筑面积10万平方米以上的建筑工程2项;④钢筋混凝土结构单跨30米以上或钢结构单跨36米以上的建筑工程1项、钢筋混凝土结构单跨27～30米(不含)或钢结构单跨30～36米(不含)的建筑工程2项。

二级企业:近5年承担过下列4类中的2类工程的施工总承包或主体工程承包,工程质量合格。①地上12层以上的民用建筑工程1项或地上8～11层的民用建筑工程2项;②高度50米以上的构筑物工程1项或高度35～50米(不含)的构筑物工程2项;③建筑面积6万平方米以上的建筑工程1项或建筑面积5万平方米以上的建筑工程2项;④钢筋混凝土结构单跨21米以上(或钢结构单跨24米以上)的建筑工程1项、钢筋混凝土结构单跨18～21米(不含)或钢结构单跨21～24米(不含)的建筑工程2项。

三级企业不再要求已完成的工程业绩。

同时,《住房城乡建设部关于简化建筑业企业资质标准部分指标的通知》进一步规定,对申请建筑工程、市政公用工程施工总承包特级、一级资质的企业,未进入全国建筑市场监管与诚信信息发布平台的企业业绩,不作为有效业绩认定。

5)法律、行政法规规定的其他条件

从事工程建设施工活动的企业除应具备上述4项条件外,还应具有从事经营活动所具备的其他条件。如按照《中华人民共和国公司法》(以下简称《公司法》)的规定,设立从事建筑活动的有限责任公司和股份有限公司,股东或发起人必须符合法定人数;股东或发起人共同制定公司章程;有公司名称,建立符合要求的组织机构;有公司住所。

2. 从业单位资质许可制度

《建筑法》第13条规定:"从事建筑活动的建筑施工企业、勘察单位、设计单位和工程监理单位,按照其拥有的注册资本、专业技术人员、技术装备和已完成的建筑工程业绩等资质条件,划分为不同的资质等级,经资质审查合格,取得相应等级的资质证书后,方可在其资质等级许可的范围内从事建筑活动。"

(1)建筑业企业资质管理。

根据《建筑业企业资质管理规定》的规定,建筑业企业资质分为施工总承包资质、专业承包资质、施工劳务资质三个序列。施工总承包资质、专业承包资质按照工程性质和技术特点分别划分为若干资质类别,各资质类别按照规定的条件划分为若干资质等级。施工劳务资质不分类别与等级。

①施工总承包企业资质分类及可以承揽的业务范围。

施工总承包按照工程性质和技术特点分别划分为12个资质类别:房屋建筑工程、公路工程、铁路工程、市政公用工程等。其资质等级分为特级、一级、二级、三级。

施工总承包企业特级资质标准

取得施工总承包资质的企业(以下简称施工总承包企业),可以承揽施工总承包工程。施工总承包企业可以对所承揽的施工总承包工程内各专业工程全部自行施工,也可以将专业工程或劳务作业依法分包给具有相应资质的专业承包企业或劳务分包企业。

②专业承包企业资质分类及可以承揽的业务范围。

专业承包按照工程性质和技术特点分别划分为36个资质类别:地基与基础工程、土石方工程、建筑幕墙工程、钢结构工程等。其资质等级分为一级、二级、三级或无级别。

取得专业承包资质的企业(以下简称专业承包企业),可以承揽施工总承包企业分包的专业工程和建设单位依法发包的专业工程。专业承包企业可以对所承揽的专业工程全部自行施工,也可以将劳务作业依法分包给具有相应资质的劳务分包企业。

专业承包企业资质等级标准

③施工劳务分包企业的业务范围。

施工劳务资质不分类别与等级。施工劳务分包按照工程性质和技术特点分为:木工作业、砌筑作业、抹灰作业、油漆作业、钢筋作业、脚手架作业等。

取得劳务分包资质的企业(以下简称劳务分包企业),可以承揽施工总承包企业或专业承包企业分包的劳务作业。

建筑企业资质等级及其承包工程范围,由国务院建设主管部门会同国务院有关部门制定,如表2-1所示。

表2-1 建筑企业资质等级及其承包工程范围

企业类别	资质等级	承包工程范围
施工总承包企业(12类)	特级	房屋建筑工程:可承担各类房屋建筑工程的施工
	一级	房屋建筑工程: 一级企业,可承担单项建安合同额不超过企业注册资本金5倍的下列房屋建筑工程的施工。 (1) 40层及以下各类跨度的房屋建筑工程。 (2) 高度240 m及以下的构筑物工程。 (3) 建筑面积20万 m^2 及以下的住宅小区或建筑群体
	二级	房屋建筑工程: 二级企业,可承担单项建安合同额不超过企业注册资本金5倍的下列房屋建筑工程的施工。 (1) 28层及以下、单跨跨度36m及以下的房屋建筑工程。 (2) 高度120m及以下的构筑物工程。 (3) 建筑面积12万 m^2 及以下的住宅小区或建筑群体
	三级	房屋建筑工程: 三级企业,可承担单项建安合同额不超过企业注册资本金5倍的下列房屋建筑工程的施工。 (1) 14层及以下、单跨跨度24 m及以下的房屋建筑工程。 (2) 高度70 m及以下的构筑物工程。 (3) 建筑面积6万 m^2 及以下的住宅小区或建筑群体
专业承包企业(36类)	一级	地基与基础工程:可承担各类地基与基础工程的施工
	二级	地基与基础工程:可承担工程造价1000万元及以下各类地基与基础工程的施工
	三级	地基与基础工程:可承担工程造价300万元及以下各类地基与基础工程的施工
劳务分包企业	施工劳务资质不分类别与等级	

(2)建设工程勘察、设计资质管理。

①工程勘察资质分类及可以承揽的业务范围。

工程勘察资质分为工程勘察综合资质、工程勘察专业资质、工程勘察劳务资质。

工程勘察资质标准

工程勘察综合资质只设甲级;工程勘察专业资质设甲级、乙级,部分专业可以根据工程性质和技术特点设丙级;工程勘察劳务资质不分等级。

取得工程勘察综合资质的企业,可以承揽各专业(海洋工程勘察除外)、各等级的工程勘察业务;取得工程勘察专业资质的企业,可以承揽相应等级相应专业的工程勘察业务;取得工程勘察劳务资质的企业,可以承揽岩土工程治理、工程钻探、凿井等工程勘察劳务业务。

工程设计资质标准

②工程设计资质分类及可以承揽的业务范围。

工程设计资质分为工程设计综合资质、工程设计行业资质、工程设计专业资质和工程设计专项资质。

工程设计综合资质只设甲级;工程设计行业资质、工程设计专业资质、工程设计专项资质设甲级、乙级。

工程监理企业资质标准

根据工程性质和技术特点,个别行业、专业、专项资质可以设丙级,建筑工程专业资质可以设丁级。

取得工程设计综合资质的企业,可以承揽各行业、各等级的建设工程设计业务;取得工程设计行业资质的企业,可以承揽相应行业、相应等级的工程设计业务及本行业范围内同级别的相应专业、专项(设计施工一体化资质除外)工程设计业务;取得工程设计专业资质的企业,可以承揽本专业相应等级的专业工程设计业务及同级别的相应专项工程设计业务(设计施工一体化资质除外);取得工程设计专项资质的企业,可以承揽本专项相应等级的专项工程设计业务。

我国勘察、设计企业的资质等级及其承揽的业务范围如表 2-2 所示。

表 2-2 我国勘察、设计企业的资质等级及其承揽的业务范围

类别	资质分类	资质	承揽业务范围
勘察企业	综合资质	甲级	承揽工程勘察业务范围和地区不受限制
	专业资质	甲级	承揽本专业工程勘察业务范围和地区不受限制
		乙级	可承揽本专业工程勘察中、小型工程项目,承揽工程勘察业务的地区不受限制
		丙级	可承揽本专业小型工程项目,承揽工程勘察业务限定在省、自治区、直辖市所辖行政区范围内
	劳务资质	不分等级	只能承揽岩土工程治理、工程钻探、凿井等工程勘察劳务业务,地区不受限制

续表

类别	资质分类	资质	承揽业务范围
设计企业	综合资质	甲级	承揽工程设计业务范围和地区不受限制
	行业资质	甲级	可承揽相应行业建设工程项目的工程设计,范围和地区不受限制
		乙级	可承揽相应行业中、小型建设工程项目的工程设计业务,地区不受限制
		丙级	可承揽本行业小型建设项目的工程设计任务,地区限制在省、自治区、直辖市所辖行政区范围内
	专业资质	甲级	可承揽本专业建设工程项目主体及其配套工程的设计业务,其规模不受限制
		乙级	可承揽本专业中、小型建设工程项目的主体工程及其配套工程的设计业务
		丙级	可承揽本专业小型建设项目的设计业务
	专项资质	甲级	可承揽相应专项工程设计的项目,地区不受限制
		乙级	可承揽中、小型专项工程设计的项目,地区不受限制

(3)工程监理企业资质管理。

工程监理企业资质分为综合资质、专业资质和事务所资质。

其中,专业资质按照工程性质和技术特点划分为若干工程类别;综合资质、事务所资质不分级别。

专业资质设甲级、乙级;其中,房屋建筑、水利水电、公路和市政公用专业资质可设立丙级。

工程监理企业可以开展相应类别建设工程的项目管理、技术咨询等业务,其相应资质许可的工程监理业务范围如下。

①综合资质可以承揽的业务范围。

综合资质承揽所有专业工程类别所有建设工程项目的工程监理业务。

②专业资质可以承揽的业务范围。

专业甲级资质可承揽相应专业工程类别所有建设工程项目的工程监理业务。

专业乙级资质可承揽相应专业工程类别二级以下(含二级)建设工程项目的工程监理业务。

专业丙级资质可承揽相应专业工程类别三级建设工程项目的工程监理业务。

③事务所资质可以承揽的业务范围。

事务所资质可承揽三级建设工程项目的工程监理业务,但国家规定必须实行强制监理的工程除外。

工程监理企业资质等级及其承揽工程的具体范围如表 2-3 所示。

表 2-3 工程监理企业资质等级及其承揽工程的具体范围

资质等级		业务范围
综合资质	不分等级	可承揽所有专业工程类别所有建设工程项目的工程监理业务
专业资质	甲级	可承揽相应专业工程类别所有建设工程项目的工程监理业务
	乙级	可承揽相应专业工程类别二级以下(含二级)建设工程项目的工程监理业务
	丙级	可承揽相应专业工程类别三级建设工程项目的工程监理业务
事务所资质	不分等级	可承揽三级建设工程项目的工程监理业务,但国家规定必须实行监理的工程除外

此外,各级工程监理企业都可以开展相应类别建设工程的项目管理、技术咨询等业务

2.4 从业人员执业资格许可制度

执业资格制度是指对具有一定专业学历和资历并从事特定专业技术活动的专业技术人员,通过考试和注册确定其执业技术资格的一种制度。《建筑法》第 14 条规定:从事建筑活动的专业技术人员,应当依法取得相应的执业资格证书,并在执业资格证书许可的范围内从事建筑活动。

(1) 建筑业专业技术人员执业资格制度的含义。

建筑业专业技术人员执业资格制度指的是我国的建筑业专业技术人员在各自的专业范围内参加全国或行业组织的统一考试,获得相应的执业资格证书,经注册后在资格许可范围内执业的制度。建筑业专业技术人员执业资格制度是我国强化市场准入制度、提高项目管理水平的重要举措。

(2) 我国主要的建筑业专业技术人员执业资格种类。

我国目前有多种建筑业专业技术人员执业资格,主要有以下几种:

①注册建造师;

②注册造价工程师;

③注册监理工程师;

④注册建筑师;

⑤注册结构工程师;

⑥注册土木(岩土)工程师;

⑦注册电气工程师;

⑧注册房地产估价师。

(3) 建筑业专业技术人员执业资格的共同点。

①需要参加统一考试。

②需要注册。

只有经过注册后才能成为注册执业人员,但不得同时在两家以上的单位注册。没有注册的,即使通过了统一考试,也不能执业。不同执业资格的注册办法均由相应的法规或者规章所规定。

③有执业范围限定。

每种执业资格证书都限定了一定的执业范围,其范围也均由相应的法规或者规章所界定。注册执业人员不得超越范围执业。

④须接受继续教育。

由于知识在不断更新,每一位注册执业人员都必须及时更新知识,因此都必须接受继续教育。接受继续教育的频率和形式由相应的法规或者规章所规定。

1. 注册建造师制度

注册建造师是指通过考核认定或考试合格取得中华人民共和国建造师资格证书,并按照规定注册,取得中华人民共和国建造师注册证书和执业印章,担任施工单位项目负责人及从事相关活动的专业技术人员。未取得注册证书和执业印章的,不得担任大中型建设工程项目的施工单位项目负责人,不得以注册建造师的名义从事相关活动。注册建造师分为一级注册建造师和二级注册建造师。

1) 注册建造师的专业

一级注册建造师设置了10个专业:建筑工程、公路工程、铁路工程、民航机场工程、港口与航道工程、水利水电工程、市政公用工程、通信与广电工程、矿业工程、机电工程。

二级注册建造师设置了6个专业:建筑工程、公路工程、水利水电工程、矿业工程、机电工程和市政公用工程。

2) 注册建造师考试

一级注册建造师执业资格考试实行全国统一大纲、统一命题、统一组织的考试制度,原则上每年举行一次考试。一级注册建造师执业资格考试设建设工程经济、建设工程法规及相关知识、建设工程项目管理和专业工程管理与实务4个科目。

二级注册建造师执业资格考试实行全国统一大纲,各省、自治区、直辖市命题并组织的考试制度。二级注册建造师执业资格考试设建设工程施工管理、建设工程法规及相关知识和专业工程管理与实务3个科目。

考试成绩实行2年为一个周期的滚动管理办法,参加全部科目考试的人员须在连续的2个考试年度内通过全部科目。

3) 注册建造师报考条件

凡遵守国家法律、法规,具备下列条件之一者,可以申请参加一级建造师执业资格考试。

(1) 取得工程类或工程经济类大学专科学历,工作满6年,其中从事建设工程项目施工管理工作满4年。

(2) 取得工程类或工程经济类大学本科学历,工作满4年,其中从事建设工程项目施工管理工作满3年。

(3) 取得工程类或工程经济类双学士学位或研究生班毕业,工作满3年,其中从事建设工程项目施工管理工作满2年。

(4) 取得工程类或工程经济类硕士学位,工作满2年,其中从事建设工程项目施工管理工作满1年。

(5) 取得工程类或工程经济类博士学位,从事建设工程项目施工管理工作满1年。

凡遵纪守法并具备工程类或工程经济类中等专科以上学历并从事建设工程项目施工管理工作满2年者,可报名参加二级建造师执业资格考试。

4) 建造师的注册

2016年9月住房和城乡建设部经修改后颁布的《注册建造师管理规定》中规定,取得建造师资格证书的人员申请注册,由省、自治区、直辖市人民政府住房城乡建设主管部门负责受理和审批,具体审批程序由省、自治区、直辖市人民政府住房城乡建设主管部门依法确定。对批准注册的,核发由国务院住房城乡建设主管部门统一样式的《中华人民共和国一级建造师注册证书》或《中华人民共和国二级建造师注册证书》和执业印章,并在核发证书后30日内送国务院住房城乡建设主管部门备案。

(1) 注册申请。

取得资格证书的人员,经过注册方能以注册建造师的名义执业。专业技术人员取得注册建造师资格证书并受聘于一个建设工程勘察、设计、施工、监理、招标代理、造价咨询等单位后,应当通过聘用单位向单位工商注册所在地的省、自治区、直辖市人民政府建设主管部门提出注册申请。

初始注册者,可自资格证书签发之日起3年内提出申请。逾期未申请者,须符合本专业继续教育的要求后方可申请初始注册。

(2) 延续注册与增项注册。

注册证书与执业印章有效期为3年。注册有效期满需继续执业的,应当在注册有效期届满30日前,按照规定申请延续注册。延续注册的,有效期为3年。

注册建造师需要增加执业专业的,应当按照规定申请专业增项注册,并提供相应的资格证明。

(3) 变更、注销注册。

在注册有效期内,注册建造师变更执业单位,应当与原聘用单位解除劳动关系,并按照规定办理变更注册手续,变更注册后仍延续原注册有效期。

聘用企业与注册建造师解除劳动关系的,应当及时申请办理变更注册或注销注册。

5) 注册建造师执业范围

(1) 执业区域范围。

一级注册建造师可在全国范围内以一级注册建造师名义执业。通过二级建造师资格考核认定,或参加全国统考取得二级建造师资格证书并经注册的人员,可在全国范围内以二级注册建造师名义执业。工程所在地各级建设主管部门和有关部门不得增设或者变相设置跨地区承揽工程项目执业准入条件。

(2) 执业岗位范围。

在行使项目经理职责时,一级注册建造师可以担任特级、一级建筑业企业资质的建设工程项目施工的项目经理;二级建造师可以担任二级及以下建筑业企业资质的建设工程项目施工的项目经理。大中型工程项目的项目经理必须由取得建造师执业资格的人员担任;但取得建造师执业资格的人员能否担任大中型工程项目的项目经理,应由建筑业企业自主决定。

建造师经注册后,有权以建造师名义担任建设工程项目施工的项目经理及从事其他施工活动的管理,但不得同时担任两个及以上建设工程施工项目负责人。

2. 注册造价工程师制度

注册造价工程师是指由国家授予资格并准予注册后执业,专门接受某个部门或某个单位的指定、委托或聘请,负责并协助其进行工程造价的计价、定价及管理业务,以维护其合法权益的工程经济专业人员。凡从事工程建设活动的建设、设计、施工、工程造价咨询、工程造价管理等单位和部门,必须在计价、评估、审查(核)、控制及管理等岗位配套有造价工程师执业资格的专业技术人员。注册造价工程师分为一级造价工程师和二级造价工程师。

1) 注册造价工程师考试

全国造价工程师执业资格考试原则上每年举行一次,该考试实行全国统一大纲、统一命题、统一组织的考试制度。原则上只在省会城市设立考点。注册造价工程师职业资格考试专业科目分为土木建筑工程、交通运输工程、水利工程和安装工程4个专业类别,考生在报名时可根据实际工作需要选择其一。

一级造价工程师职业资格考试设建设工程造价管理、建设工程计价、建设工程技术与计量(土木建筑工程、安装工程)和建设工程造价案例分析4个科目,以上科目分别单独考试、单独计分。考试成绩实行滚动管理,滚动周期为四年,参加全部科目考试的人员,须在连续四个考试年度内通过全部科目的考试方可获得执业资格;免试部分科目的人员,须在两个考试年度内通过应试科目方可获得执业资格。

二级造价工程师职业资格考试设建设工程造价管理基础知识和建设工程计量与计价实务2个科目,以上两个科目分别单独考试、单独计分。考试成绩实行滚动管理,滚动周期为两年,参加全部科目考试的人员,必须在连续的两个考试年度内通过全部科目,方可取得二级造价工程师职业资格证书。

考试科目为:建设工程造价管理、建设工程计价、建设工程技术与计量(分土建和安装两个专业)、建设工程造价案例分析。

2) 注册造价工程师报考条件

(1) 一级造价工程师报考条件如下。

凡中华人民共和国公民,遵纪守法并具备以下条件之一者,均可申请参加一级造价工程师执业资格考试。

①工程造价专业大专毕业,从事工程造价业务工作满5年;工程或工程经济类专业大专毕业,从事工程造价业务工作满6年。

②工程造价专业本科毕业,从事工程造价业务工作满4年;工程或工程经济类专业本科毕业,从事工程造价业务工作满5年。

③获上述专业第二学士学位或研究生班毕业和获硕士学位,从事工程造价业务工作满3年。

④获上述专业博士学位,从事工程造价业务工作满2年。

(2) 二级造价工程师报考条件如下。

凡遵守国家法律法规,具有良好的业务素质和道德品行,且具备下列条件之一者,可以申请二级造价工程师职业资格考试。

①具有工程造价专业大学专科(或高等职业教育)学历,从事工程造价业务工作满2年;具有土木建筑、水利、装备制造、交通运输、电子信息、财经商贸大类大学专科(或高等职业教

育)学历,从事工程造价业务工作满 3 年;

②具有工程管理、工程造价专业大学本科及以上学历或学位,从事工程造价业务工作满 1 年;

③具有工学、管理学、经济学门类大学本科及以上学历或学位,从事工程造价业务工作满 2 年。

④具有其他专业相应学历或学位的人员,从事工程造价业务工作年限相应增加 1 年。

3) 注册造价工程师的注册

取得职业资格证书的人员,可自职业资格证书签发之日起 1 年内申请初始注册。逾期未申请者,须符合继续教育的要求后方可申请初始注册。初始注册的有效期为 4 年。

4) 注册造价工程师的执业范围

(1) 一级注册造价工程师执业范围包括建设项目全过程的工程造价管理与工程造价咨询等,具体工作内容如下:

①项目建议书、可行性研究投资估算与审核,项目评价造价分析;

②建设工程设计概算、施工预算编制和审核;

③建设工程招标投标文件工程量和造价的编制与审核;

④建设工程合同价款、结算价款、竣工决算价款的编制与管理;

⑤建设工程审计、仲裁、诉讼、保险中的造价鉴定,工程造价纠纷调解;

⑥建设工程计价依据、造价指标的编制与管理;

⑦与工程造价管理有关的其他事项。

(2) 二级注册造价工程师协助一级注册造价工程师开展相关工作,并可以独立开展以下工作:

①建设工程工料分析、计划、组织与成本管理,施工图预算、设计概算编制;

②建设工程量清单、最高投标限价、投标报价编制;

③建设工程合同价款、结算价款和竣工决算价款的编制。

3. 注册监理工程师制度

注册监理工程师是指经考试取得国务院建设主管部门颁发的"监理工程师资格证书"并经注册登记的工程建设监理人员。

1) 注册监理工程师考试

注册监理工程师执业资格考试实行全国统一大纲、统一命题、统一组织的考试制度。考试科目为《建设工程监理基本理论和相关法规》、《建设工程合同管理》、《建设工程质量、投资、进度控制》和《建设工程监理案例分析》。

参加全部科目考试的人员,必须在连续两个考试年度内通过全部科目的考试方可获得执业资格;免试部分科目的人员,须在一个考试年度内通过应试科目方可获得执业资格。

2) 注册监理工程师报考条件

(1) 凡中华人民共和国公民,遵纪守法并具备以下条件之一者,均可申请参加全国监理工程师执业资格考试:

①工程技术或工程经济专业大专(含大专)以上学历,按照国家有关规定,取得工程技术或工程经济专业中级职务,并任职满 3 年;

②按照国家有关规定,取得工程技术或工程经济专业高级职务;

③1970年以前(含1970年)工程技术或工程经济专业中专毕业,按照国家有关规定,取得工程技术或工程经济专业中级职务,并任职满3年。

(2) 对从事工程建设监理工作并同时具备下列四项条件的报考人员,可免试《建设工程合同管理》和《建设工程质量、投资、进度控制》两科。

①1970年以前含(1970年)工程技术或工程经济专业大专以上(含大专)毕业;
②具有按照国家有关规定评聘的工程技术或工程经济专业高级专业技术职务;
③从事工程设计或工程施工管理工作15年以上(含15年);
④从事监理工作1年以上(含1年)。

3) 注册监理工程师的注册

取得中华人民共和国监理工程师执业资格证书的申请人,应自证书签发之日起3年内提出初始注册申请。逾期未申请者,须符合继续教育要求后方可申请初始注册。

4) 注册监理工程师的法律责任

按照《中华人民共和国行政许可法》和《中华人民共和国行政处罚法》的要求,注册监理工程师应负有相应的法律责任,如吊销证书处罚、罚款处罚、刑事责任处罚等。无论是监理工程师还是行政管理人员,都要十分清楚自己在监理工程师注册执业制度管理中所承担的法律责任。

【案例 2-4】

2017年10月2日,某工厂(以下简称甲方)与某市建筑工程队(以下简称乙方)订立了建筑工程承包合同。合同规定:乙方为甲方建一框架厂房,跨度18 m,总造价为102万元;承包方式为包工包料;开、竣工日期为2017年11月2日至2019年3月10日。自工程开工至2015年底,甲方付给乙方工程款、材料垫付款共114万元。到合同规定的竣工期限,未能完工,而且已完工程质量部分不合格。因此,双方发生纠纷。

经查明:乙方在工商行政管理机关登记的经营范围为修建和承建小型非生产性建筑工程,无资格承包此项工程。经有关部门鉴定:该项工程造价应为102万元,未完工程折价为14.5万元,已完工程厂房屋面质量不合格,返工费为6.3万元。

受诉法院审理认为:工商企业法人在工商行政管理机关核准的经营范围内进行经营活动,超范围经营的民事行为无效。本案被告乙方承包建筑厂房,超越了自己的技术等级范围。根据《建设工程施工合同管理办法》第4条的规定,判决如下:

(1) 原告、被告所订立的建筑工程承包合同无效;
(2) 被告返还原告多付的工程款26.5万元;
(3) 被告偿付原告工程质量不合格所需的返工费6.3万元。

【案例分析】

建筑企业在进行承建活动时,必须严格遵守核准登记的建筑工程承建技术资质等级范围,禁止超资质等级承建工程。本案被告的经营范围仅能承建小型非生产性建筑工程和维修项目,其技术等级不能承建与原告所定合同约定的教学楼工程。因此,被告对合同无效及工程质量问题应负全部责任,承担工程质量的返工费,并偿还给原告多收的工程款。

【案例 2-5】

××商场为了扩大营业范围,购得我市×××集团公司地皮一块,准备兴建××商场分店。××商场通过招标投标的形式与××建筑工程公司签订了建筑工程承包合同。之后,承包人将各种设备、材料运抵工地开始施工。施工过程中,城市规划管理局的工作人员来到施工现场,指出该工程不符合城市建设规划,未领取施工规划许可证,必须立即停止施工。最后,城市规划管理局对发包人作出了行政处罚,处以罚款 2 万元,勒令停止施工,拆除已修建部分。承包人因此而蒙受损失,向法院提起诉讼,要求发包人给予赔偿。

【案例分析】

本案双方当事人之间所订合同属于典型的建设工程合同,归属于施工合同的类别,所以评判双方当事人的权责应依有关建设工程合同的规定。本案中引起当事人争议并导致损失产生的原因是工程开工前未办理规划许可证,从而导致工程为非法工程,当事人基于此而订立的合同无合法基础,应视为无效合同。《中华人民共和国建筑法》规定,规划许可证应由建设人,即发包人办理,所以,本案中的过错在于发包方,发包方应当赔偿给承包人造成先期投入、设备、材料运送费用以及耗用的人工费用等项损失。

【本章小结】

本章主要对施工许可证的相关规定(如:适用范围、领取条件、有效期、核验和重新办理以及违法行为应承担的法律责任)、建筑企业、监理企业、勘察设计单位的资质及承包工程的范围、注册建造师、注册监理工程师、注册造价工程师等专业技术人员的注册与执业等内容进行了阐述。

建筑工程开工前,建设单位应当按照国家有关规定向工程所在地县级以上人民政府建设行政主管部门申请领取施工许可证。自领取施工许可证之日起三个月内开工,因故不能按期开工的,申请延期,延期以两次为限,每次不超过三个月。

从事建筑活动的建筑施工企业、勘察单位、设计单位和工程监理单位,按照资质条件,划分为不同的资质等级,经资质审查合格,取得相应等级的资质证书后,方可在其资质等级许可的范围内从事建筑活动。

从事建筑活动的专业技术人员(如注册建造师、注册监理工程师、注册造价工程师等),应当依法取得相应的执业资格证书,并在执业资格证书许可的范围内从事建筑活动。

【习题】

一、单项选择题

1. 建设工程实行施工许可制度,主要是为了(   )。
   A. 调控同期开工项目的数量   B. 调控同期在建项目的规模
   C. 防止施工单位违法转包工程   D. 确保工程项目符合法定的开工条件
2. 建设工程施工许可证的申请主体是(   )。

A. 施工单位　　　B. 建设单位　　　C. 监理单位　　　D. 项目管理服务单位

3. 施工许可证的法定审批条件中,施工图设计文件应当满足(　　)。

A. 施工需要并按规定通过审查　　B. 施工进度的要求
C. 主要设备材料订货的要求　　　D. 施工安全的要求

4. 根据《建筑法》第8条的规定,申请领取建筑工程施工许可证不必具备下列哪个条件?(　　)

A. 在城市规划区的建筑工程,已经取得规划许可证
B. 已经确定建筑施工企业
C. 建设资金已经落实
D. 拆迁工作已经全部完成

5. 《建筑法》第8条规定,建设单位应当按照国家有关规定向工程所在地县级以上人民政府建设行政主管部门申请领取施工许可证。但是,(　　)除外。

A. 国家级重点工程　　　　　　B. 中央政府投资工程
C. 国务院建设行政主管部门确定的限额以下的小型工程
D. 国家计委审批的项目

6. 建设工程应当自领取施工许可证之日起(　　)个月内开工。

A. 1　　　B. 2　　　C. 3　　　D. 6

7. 某工程按国务院规定于2018年6月1日办理了开工报告审批手续,由于周边关系协调问题一直没有开工,同年12月7日准备开工时,建设单位应当(　　)。

A. 向批准机关申请延续　　　　B. 报批准机关核验开工报告
C. 重新办理开工报告审批手续　D. 改办开工报告

8. 某建设单位欲新建一座大型综合市场,于2018年3月20日领取工程施工许可证。开工后因故于2018年10月15日中止施工。根据《建筑工程施工许可管理办法》的规定,该建设单位向施工许可证发证机关报告的最后期限应是2018年(　　)。

A. 10月15日　　B. 10月22日　　C. 11月14日　　D. 12月14日

9. 实行开工报告审批制度的建设工程,其开工报告是指(　　)。

A. 施工单位向总监理工程师提交的开工报告
B. 建设单位向政府主管部门提交的开工报告
C. 限额以下可以不办理施工许可证的工程由施工单位向建设单位提交的开工报告
D. 施工单位项目部向公司总部提交的报告

10. 建设单位领取施工许可证后因故不能开工又不申请延期超过时限的,施工许可证(　　)。

A. 自行废止　　　　　　　　　B. 应报发证机关核验
C. 应由发证机关收回　　　　　D. 由施工单位重新申办

11. 建设单位领取施工许可证后因故不能正常开工可以申请延期,延期以两次为限,每次不得超过(　　)个月。

A. 1　　　B. 2　　　C. 3　　　D. 6

12. 需要办理施工许可证的建设工程,建设行政主管部门应在收到建设单位申请之日起(　　)日内,对符合条件的申请颁发施工许可证。

A. 7 B. 15 C. 20 D. 30

13. 对采用虚假证明文件骗取施工许可证未构成犯罪的,应由发证机关(　　)。
   A. 责令停止施工,对建设单位和施工单位分别处以罚款
   B. 收回施工许可证法,责令停止施工,对责任单位处以罚款
   C. 宣布该施工许可证无效,责令停止施工,没收非法所得
   D. 责令停止施工,有违法所得的,处以 5000 元以上 10000 以下的罚款

14. 我国施工单位承揽工程或从事建筑施工活动的范围,取决于它的(　　)。
   A. 资质等级 B. 注册所在地 C. 专业技术 D. 市场分布

15. 按照《建筑业企业资质管理规定》,建筑业企业资质分为(　　)三个序列。
   A. 特级、一级至三级 B. 特级、一级、二级
   C. 甲级、乙级、丙级 D. 施工总承包、专业承包和施工劳务

16. 在我国,施工总承包企业资质划分为房屋建筑工程、公路工程等(　　)个资质类别。
   A. 10 B. 12 C. 13 D. 60

17. 建筑业企业资质证书的有效期和每次的有效延续期均为(　　)年。
   A. 3 B. 4 C. 5 D. 6

18. 关于无资质承揽工程的法律规定,下列表述中正确的是(　　)。
   A. 无资质承包主体签订的专业分包合同或劳务分包合同都是无效合同
   B. 当作为无资质的"实际施工人"的利益受到损害时,不能向合同相对人主张权利
   C. 当无资质的"实际施工人"以合同相对人为被告起诉时,法院不应受理
   D. 无资质的"实际施工人"不能以发包人为被告主张权利

19. 无证经营的包工头王某的农民工建筑队,挂靠在具有二级资质的某建筑公司下承包了一栋住宅楼工程,因工程质量不符合质量标准而给业主造成了较大的经济损失,此经济损失应由(　　)承担赔偿责任。
   A. 王某 B. 某建筑公司
   C. 某建筑公司和王某连带 D. 双方按事先的约定

20. 万某 2018 年 9 月参加全国一级建造师资格考试,假如他成绩合格,就可以(　　)。
   A. 以建造师的名义担任建设工程项目施工的项目经理
   B. 通过注册取得建造师资格证书
   C. 取得建造师资格证书,通过注册以注册建造师名义执业
   D. 取得建造师执业证书和执业印章

21. 工程师肖某取得注册建造师资格证书后,因故未能在 3 年内申请注册,3 年后申请初始注册时必须(　　)。
   A. 重新取得资格证书 B. 提供达到继续教育要求的证明材料
   C. 提供新的业绩证明 D. 符合延续注册的条件

22. 注册建造师延续执业,应申请延续注册,按照有关规定,下列关于延续注册的表述正确的是(　　)。
   A. 延续注册申请应在注册有效期满前 3 个月内提出
   B. 申请延续注册只需提供原注册证书

C. 延续注册有效期为3年

D. 延续注册执业期间不能申请变更注册

23. 注册建造师有权（　　）。

A. 超出聘用单位业务范围执业

B. 在两个或两个以上单位受聘或执业

C. 允许信得过的人以自己的名义从事执业活动

D. 对本人执业活动进行解释和辩护

二、多项选择题

1. 申请领取建筑工程施工许可证应当具备下列条件（　　）。

A. 已经办理建筑工程用地批准手续

B. 已经确定施工企业

C. 建筑工程的基础工程已经完成

D. 建设资金已经落实

E. 有保证工程质量和安全的具体措施

2. 以下建设工程中，需要办理施工许可证的有（　　）。

A. 投资额在30万元以上的建筑装修工程

B. 建筑面积在300平方米以上的民用建筑工程

C. 实行开工报告审批制度的建筑工程

D. 农民自建低层住宅工程

E. 抢险救灾工程

3. 下列关于施工许可制度和开工审批报告制度的有关表述中，正确的有（　　）。

A. 实行开工报告审批制度的工程，必须符合建设行政部门的规定

B. 建设单位领取施工许可证后既不开工又不申请延期或延期超过时限的，施工许可证自行废止

C. 建设工程因故中止施工满1年的，恢复施工前应报发证机关核验施工许可证

D. 按有关规定批准开工报告的工程，因故不能按期开工满6个月的工程，应重新办理开工报告审批手续

E. 实行开工报告审批制度的工程，开工报告主要反映施工单位应具备的条件

4. 建筑业企业资质的法定条件主要包括有符合规定的（　　）。

A. 净资产　　　B. 从业人数　　　C. 专业技术人员　　　D. 技术装备

E. 已完成的建筑工程业绩

5. 申请注册建造师初始注册的人员应当具备的条件有（　　）。

A. 经考核认定或考试合格取得执业资格证书

B. 受聘于一个相关单位

C. 没有《注册建造师管理规定》规定的不予注册的情形

D. 达到继续教育的要求

E. 具备大专以上学历

6. 根据《建造师执业资格制度暂行规定》，建造师注册后，有权以注册建造师名义从事的工作包括（　　）。

A. 担任工商管理工作　　　　　　B. 担任建设工程施工的项目经理
C. 从事其他施工活动的管理工作
D. 法律、建设法规或国务院建设行政主管部门规定的其他业务
E. 地方政府根据当地实际需要规定的其他业务

7. 注册建造师不得有下列哪种行为？（　　）

A. 不履行注册建造师的义务　　　B. 同时在两个企业受聘并执业
C. 对本人执业活动进行解释和辩护　　D. 超出执业范围执业
E. 允许他人以自己的名义从事执业活动

三、案例分析

案例1：从化建设局有一项大型房屋建筑工程建设，该工程为高度94 m、建筑面积80000 m² 的30层剪力墙结构，首先向广州市工程咨询公司（甲级）进行造价咨询，该工程总造价为5500万左右，通过调查由本市一家甲级招标代理机构进行代理招标。经招标选定，该工程勘察单位为方圆有限公司（乙级），设计单位为广州天宏建筑设计有限公司（乙级）。该工程采用总发包方式进行招标，最终某建设集团第三建筑公司中标（施工总承包二级），中标后，该公司又将本工程主体以外的专业工程分包给某三建（注册资金800万）进行施工。江南监理公司（甲级）为本工程监理单位。

问题：以上哪些单位不符合工程实际要求？

案例2：广东省某地产置业有限公司开发一个房地产项目，由四栋19层的商品房住宅组成，由从化某建筑工程公司承建（三级资质）。

问题：1. 施工单位的资质是否符合工程实际要求？
　　　2. 如果14层以下由本单位承建，上面5层分包给有资质的单位承建，是否可行？

扫码看答案

第3章　建设工程发包与承包法律制度

【教学目标】

能 力 目 标	知 识 目 标
1. 能利用发承包的法律知识进行相关案例的分析； 2. 能明确发包单位与承包单位违法行为的法律责任； 3. 在发承包活动中能够利用相关知识维护自身权益。	1. 了解发包与承包的概念、发承包的原则； 2. 掌握发包的方式及行为规范； 3. 掌握承包的方式及行为规范； 4. 熟悉发包单位与承包单位违法行为的法律责任。

【学习要点】

1. 发承包的概念；
2. 发承包活动遵循的原则；
3. 建设工程发包方式；
4. 建设工程发包行为规范；
5. 建设工程承包方式；
6. 建设工程承包行为规范；
7. 发包单位与承包单位违法行为的法律责任。

【引例】

A公司因建生产厂房与B公司签订了工程总承包合同。其后，经A公司同意，B将工程勘察设计任务和施工任务分别发包给C设计单位和D建筑公司，并各自签订书面合同。在签订合同约定由D根据C提供的设计图纸进行施工，工程竣工时依据国家有关规定、设计图纸进行质量验收。合同签订后，C按时交付设计图纸，D依照图纸进行施工。工程竣工后，A会同有关质量监督部门对工程进行验收，发现工程存在严重质量问题，是由于C不具备勘察资质，未对现场进行仔细勘查，设计不符合规范所致。A公司遭受重大损失，但C称与A不存在合同关系拒绝承担责任，B以自己不是设计人为由拒绝赔偿。

问题：(1) 在我国常见的发包方式有哪些？

(2) A、B、C、D在承发包合同中各自身份是什么？

(3) B公司发包工程项目的做法是否符合法律规定？

(4) B、C公司拒绝承担责任的理由是否充分？为什么？

3.1 发包与承包概述

1. 发包与承包的概念

建筑工程发包,是指建设单位或者招标代理单位通过招标方式或直接发包方式将建筑工程的全部或部分交由他人承包,并支付相应费用的行为。

建筑工程承包是相对建筑工程发包而言的,是指具有从事建筑工程活动法定资格的单位,通过投标或其他方式,承揽建筑工程任务,并按约定取得相应报酬的行为。

2. 发包单位

发包单位也称建设单位或业主、项目法人,是指具有工程发包主体资格和支付工程价款能力的投资建设主体。按《公司法》的规定项目法人可设立有限责任公司(包括国有独资公司)和股份有限公司,由项目法人对项目的策划、资金筹措、建设实施、生产经营、债务偿还和资产的保值增值,实行全过程负责。据此规定,由国有单位投资建设的经营性的房屋建筑工程(如用作生产经营设施的工商业用房、作为房地产项目的商品房等),由依法设立的项目法人作为建设单位,负责建设工程的发包。国有单位投资建设的非经营性的房屋建筑工程,应当由建设单位作为发包方负责工程的发包。

3. 承包单位

承包单位,是指通过投标或协议等途径签订建设工程合同,实施建设项目,承办工程建设、建设物资采购等相关活动的单位。承包单位的资质是评价该承包单位是否有能力和法律资格承担工程项目的重要条件,对建设工程质量和建设项目能否顺利完成具有重要作用,因此,《建筑法》对承包单位的资质作出了相应的规定。

4. 发包、承包活动应当遵循的原则

建筑工程发包、承包活动是一项特殊的商品交易活动,也是一项重要的法律活动,因此,发承包双方必须共同依法遵循交易活动的一些基本原则,才能确保发承包活动顺利、高效、公平地进行。《建筑法》将这些基本原则以法律的形式作了如下规定。

(1) 发承包双方应当依法订立书面合同和全面履行合同义务的原则。

这是国际通行的原则。这里所称的书面合同是指建筑工程承包合同。由于建筑工程承包合同所涉及的内容特别复杂,合同履行期较长,为便于明确各自的权利与义务,减少纠纷,《建筑法》明确规定,建筑工程承包合同应当采用书面形式。包括建筑工程承包合同的订立、合同条款的变更,均应采用书面形式。全部或者部分使用国有资金投资或者国家融资的建筑工程应当采用国家发布的建设工程合同示范文本。

订立建筑工程承包合同时,应当以发包单位发出的招标文件和中标通知书规定的承包范围、工期、质量和价款等实质性内容为依据;非招标工程应当以当事人双方协商达成的一致意见为依据订立合同。发承包双方应根据建筑工程承包合同约定的时间、地点、方式、内容及标准等要求,全面、准确地履行合同义务。一旦发生不按照合同约定履行义务的情况,违约方将依法承担违约责任。

(2) 建筑工程发包、承包实行以招标、投标为主,直接发包为辅的原则。

工程发包可以分为招标发包与直接发包两种形式。招标发包是一种科学、先进的发包方式,也是国际通用的形式,受到社会和国家的重视。因此,《建筑法》规定:"建筑工程依法实行招标发包,对不适于招标发包的可以直接发包。"我国已于2000年1月1日起,开始实施《招标投标法》,对于符合招标范围要求的建筑工程,必须依照《招标投标法》实行招标发包。

招标、投标活动,应该遵循公开、公正、公平的原则,择优选择承包单位。

(3) 禁止发承包双方采取不正当竞争手段的原则。

发包单位及其工作人员在建筑工程发包中不得收受贿赂、回扣或者索取其他好处。承包单位及其工作人员不得利用向发包单位及其工作人员行贿、提供回扣或者给予其他好处等不正当手段承揽工程。

3.2 建设工程发包制度

3.2.1 建设工程发包方式

建设工程发包,是建设工程的建设单位将建设工程任务通过招标发包或直接发包的方式,交付给具有法定从业资格的单位完成,或总承包单位将部分非主体非关键性的工作交付给分包单位完成,并按照合同约定支付报酬的行为。

建设工程的发包方式主要有两种:招标发包和直接发包。《建筑法》第19条规定:"建筑工程依法实行招标发包,对不适用于招标发包的可以直接发包。"

1. 招标发包

招标发包是指由建设单位设定标的并编制反映其建设内容与要求的合同文件,吸引承包人参与竞争,按照特定程序择优选择,达成合意并签订合同。招标发包是建筑工程发包的主要形式。招标发包主要适用《招标投标法》及其有关规定。《招标投标法》第3条规定了必须进行招标的工程建设项目范围,在该范围内并且达到国家规定的规模标准的工程建设项目的勘察、设计、施工、监理以及与工程建设有关的重要设备、材料等的采购都必须依法进行招标。

建筑工程的发包采用招标投标的方式,可以充分利用供求关系、价值规律和竞争机制。在正常情况下招标投标可以发挥两个积极作用:可以使建设单位避免或减轻发包工程的风险,有效地控制工程工期、质量与投资;可以促使承包人不断采用先进技术,提高经营管理水平,努力降低工程成本。

2. 直接发包

直接发包是指由发包人直接选定特定的承包人,与其进行直接协商谈判,对工程建设达成一致协议后,与其签订建筑工程承包合同的发包方式。对不适用于招标发包的工程可以直接发包,发包单位虽然可以不进行招标,但应当将建设工程发包给具有相应资质条件的承包单位。《建筑法》第22条规定:"建筑工程实行直接发包的,发包单位应当将建筑工程发包给具有相应资质条件的承包单位。"

直接发包的方式简便易行、省省发包费用,但缺乏竞争机制、易滋生腐败。我国只有少数不适用招标发包的特殊工程,才适用直接发包。这些特殊工程的特殊性体现在两个方面:①工程项目本身的性质不适宜进行发包,如某些保密工程或有特殊专业要求的房屋建筑工程等;②从建筑工程的投资主体来看,对私人投资建设的工程,采用何种方式发包,法律一般没有必要加以限制，投资人可以自行选择发包方式。但无论选择何种方式发包，发包人都应将建筑工程发包给具有相应资质条件的承包单位。

3.2.2 建设工程发包行为规范

我国法律对建设工程的发包制定了若干禁止性规定，建设工程发包单位必须依照法律、法规规定的发包要求发包建设工程，具体要求如下。

（1）发包单位应将建筑工程发包给合格的承包人。建筑工程实行招标发包的，发包单位应当将建筑工程发包给依法中标的承包单位。建筑工程实行直接发包的，发包单位应当将建筑工程发包给具有相应资质条件的承包单位。

【特别提示】

> 所谓依法中标，一是指中标单位是经过《招标投标法》法定程序评选的；二是中标单位必须符合招标要求且具备建造该工程的相应资质条件。
>
> 承包单位必须具备以下两个条件：
> ①具备建造该工程的相应资质条件；
> ②所建工程的要求和承包单位的资质证书等级必须一致。

（2）禁止限定发包。《建筑法》第23条规定，政府及其所属部门不得滥用行政权力，限定发包单位将招标发包的建筑工程发包给指定的承包单位。禁止限定发包有利于规范建筑市场、促进政企分开、促进社会主义市场经济秩序的建立与良好运行。

（3）提倡总承包，禁止发包单位将工程肢解发包。《建筑法》第24条规定，提倡对建筑工程实行总承包，禁止将建筑工程肢解发包。所谓肢解发包是指，将应当由一个承包单位完成的工程肢解成若干部分发包给几个承包单位。肢解发包容易导致工程管理混乱，造成工期延长，增加建设成本，不利于保证工程质量与安全。但是，不允许肢解发包并不意味着每个工程只能发包给一家承包单位，只要不违背肢解发包的本质，是可以将一个工程发包给几个承包单位的。这在项目管理中称为平行承发包模式。

（4）发包单位及其工作人员在建筑工程发包中不得收受贿赂、回扣或者索要其他好处。承包单位及其工作人员不得利用向发包单位及其工作人员行贿、提供回扣或者给予其他好处等不正当手段承揽工程。

（5）发包单位应当依法进行公开招标。建筑工程实行公开招标的，发包单位应当依照法定程序和方式对工程项目的勘查、设计、施工、工程监理以及与工程建设有关的重要设备、材料的采购进行招标；通过招标，择优选定中标单位。

（6）发包单位不得指定建筑用料的生产厂和供应商。建筑材料、建筑构配件和设备直接影响到建设工程的质量。《建筑法》第25条规定，按照合同约定，建筑材料、建筑构配件和设备由工程承包单位采购的，发包单位不得指定承包单位购入用于工程的建筑材料、建筑构配件和设备或者指定生产厂、供应商。工程建设的材料、设备，应主要由承包单位负责采购。对于建设工程合同明确约定由建设单位采购的，承包单位有权拒绝使用可能影响工程质量和使用功能的劣质材料、设备，若建设单位强行要求承包单位使用，由建设单位承担由此造成的工程质量和安全责任。

（7）建设工程发包单位不得迫使承包单位以低于成本的价格竞标，不得任意压缩合理工期。

此外,《中华人民共和国反不正当竞争法》和《招标投标法》也对发包单位的发包行为作出了规定,发包单位在发包过程中,触犯刑律的,依照《刑法》规定,追究刑事责任。

3.3 建设工程承包制度

3.3.1 建设工程承包方式

建设工程承包,是具有法定从业资格的单位依法承揽建设工程任务,通过签订合同确立双方的权利与义务,按照合同约定取得相应报酬,并完成建设工程任务的行为。建设工程承包制度包括工程总承包、联合承包、分包等。

建设工程承包制度

1. 工程总承包

《建筑法》第 24 条第 1 款规定:"提倡对建筑工程实行总承包"。建设工程的总承包方式按承包的内容不同,分为工程总承包和施工(或勘察、设计)总承包。其中,施工总承包是我国常见且较为传统的工程承包方式,其主要特征是设计、施工分别由两家不同的承包单位承担;而工程总承包,则是指"从事工程总承包的企业受业主委托,按照合同约定对工程项目的勘察、设计、采购、施工、试运行(竣工验收)等实行全过程或若干阶段的承包"。《建筑法》第 24 条第 2 款规定:"建筑工程的发包单位可以将建筑工程的勘察、设计、施工、设备采购一并发包给一个工程总承包单位,也可以将建筑工程勘察、设计、施工、设备采购的一项或者多项发包给一个工程总承包单位。"

工程总承包的具体方式、内容和责任等,由发包单位(业主)与工程总承包单位在合同中约定。

我国目前提倡的工程总承包方式如下。

(1) 设计—采购—施工(EPC)总承包、交钥匙总承包。

设计—采购—施工总承包是指工程总承包单位按照合同约定,承担工程项目的设计、采购、施工、试运行服务等工作,并对承包工程的质量、安全、工期、造价全面负责。

交钥匙总承包是设计—采购—施工总承包业务和责任的延伸,最终结果是向业主提交一个满足使用功能、具有使用条件的工程项目。

(2) 设计—施工(D—B)总承包。

设计—施工总承包是指工程总承包单位按照合同约定,承担工程项目的设计和施工,并对承包工程的质量、安全、工期、造价全面负责。

根据工程项目的不同规模、类型和业主要求,工程总承包还可采用设计—采购(E—P)总承包、采购—施工(P—C)总承包等方式。

2. 联合承包

有一些工程项目并不是一家承包单位能够独立完成的,而是需要两家或者两家以上的承包单位合作完成,其主要模式就是组成联合体共同承包。

《建筑法》第 27 条规定:"大型建筑工程或者结构复杂的建筑工程,可以由两个以上的承包单位联合共同承包。共同承包的各方对承包合同的履行承担连带责任。两个以上不同资质等级的单位实行联合共同承包的,应当按照资质等级低的单位的业务许可范围承揽工程。"

《招标投标法》规定,联合体中标的,联合体各方应当共同与招标人签订合同,就中标项目向招标人承担连带责任。《建筑法》也规定,共同承包的各方对承包合同的履行承担连带责任。联合承包各方应签订联合承包协议,明确约定各方的权利、义务以及相互合作、违约责任等条款。各承包方就承包合同的履行对建设单位承担连带责任。如果出现赔偿责任,建设单位有权向共同承包的任何一方请求赔偿,被请求方不得拒绝,在其支付赔偿后可依据联合承包协议及有关各方过错大小,有权对超过自己应赔偿的那部分份额向其他方进行追偿。

3. 分包

建设工程分包,是指建筑业企业将其所承包的工程中的专业工程或者劳务作业发包给其他建筑业企业完成的活动。建设工程分包分为专业工程分包与劳务作业分包两种形式。

专业工程分包,是指施工总承包企业将其所承包工程中的专业工程发包给具有相应资质的其他建筑业企业完成的活动。

劳务作业分包,是指施工总承包企业或者专业承包企业将其承包工程中的劳务作业发包给劳务分包企业完成的活动。

《建筑法》规定,建筑工程总承包单位可以将承包工程中的部分工程发包给具有相应资质的建筑单位。禁止承包单位将其承包的全部建筑工程转包给他人,禁止承包单位将其承包的全部建筑工程肢解以后以分包的名义分别转包给他人。施工总承包的,建筑工程主体结构的施工必须由总承包单位自行完成。

《建筑法》规定,建筑工程总承包单位可以将承包工程中的部分工程发包给具有相应资质条件的分包单位;但是除总承包合同约定的分包外,必须经建设单位认可。禁止总承包单位将工程分包给不具备相应资质条件的单位。承包工程的单位须持有依法取得的资质证书,并在资质等级许可的业务范围内承揽工程。这一规定同样适用于工程分包单位。不具备资质条件的单位不允许承包建设工程,也不得承接分包工程。

3.3.2 建设工程承包行为规范

1. 禁止工程承包单位超越资质等级许可的业务范围承揽工程

我国对工程承包单位(包括勘察、设计、施工单位)实行资质等级许可制度。不同的资质等级意味着其不同的业务能力,因此,《建筑法》第26条第1款规定:"承包建筑工程的单位应当持有依法取得的资质证书,并在其资质等级许可的业务范围内承揽工程。"为了规范建筑施工企业的市场行为,严格管理建筑施工企业的市场准入,《建筑法》第26条第2款对违反资质等级许可制度的行为作出如下规定。

(1)禁止建筑施工企业超越本企业资质等级许可的业务范围承揽工程。

(2)禁止建筑施工企业以任何形式用其他建筑施工企业的名义承揽工程。

(3)禁止建筑施工企业以任何形式允许其他单位或者个人使用本企业的资质证书、营业执照,以本企业的名义承揽工程。

【知识拓展】

> 外资建筑业企业只允许在其资质等级许可的范围内承包下列工程。
> (1) 全部由外国投资、外国赠款、外国投资及赠款建设的工程。
> (2) 由国际金融机构资助并通过根据贷款条款进行的国际招标授予的建设项目。
> (3) 外资等于或者超过50%的中外联合建设项目;外资少于50%,但因技术困难而不能由中国建筑企业独立实施,经省、自治区、直辖市人民政府建设行政主管部门批准的中外联合建设项目。
> (4) 由中国投资,但因技术困难而不能由中国建筑企业独立实施的建设项目,经省、自治区、直辖市人民政府建设行政主管部门批准,可以由中外建筑企业联合承揽。
> 中外合资经营建筑业企业、中外合作经营建筑业企业应当在其资质等级许可的范围内承包工程。

2. 禁止承包单位将其承包的全部建筑工程转包给他人,禁止承包单位将其承包的全部建筑工程肢解以后以分包的名义分别转包给他人

转包指的是承包单位承包建设工程后,不履行合同约定的责任和义务,将其承包的全部建设工程转给他人或者将其承包的全部建设工程肢解以后以分包的名义分别转给其他单位承包的行为。转包与分包的主要区别在于分包是将一部分工程交由其他单位完成,而转包则是将所有工程全部交由其他单位完成。

【知识拓展】

> 转包的弊端如下。
> 1) 导致工程款流失
> 每一次转包都会有一部分原计划用于工程的工程款作为管理费被转包人截留,这就会使可以用于工程的工程款数量减少,其结果自然是导致工程项目的质量目标难以实现。
> 2) 不可预见的风险增加
> 建设单位是对总承包单位进行了资质审查后才决定将工程项目发包给总承包单位的。建设单位对于转包后的实际施工承包单位并不了解,这就增加了不可预见的风险。
> 正是因为转包存在这些弊端,所以,《建筑法》第28条规定:"禁止承包单位将其承包的全部建筑工程转包给他人,禁止承包单位将其承包的全部建筑工程肢解以后以分包的名义分别转包给他人。"

3. 禁止总承包单位将工程分包给不具备相应资质条件的单位

《建筑法》第29条规定:"建筑工程总承包单位可以将承包工程中的部分工程发包给具有相应资质条件的分包单位;但是,除总承包合同中约定的分包外,必须经建设单位认可。施工总承包的,建筑工程主体结构的施工必须由总承包单位自行完成。"

对于这个条款,可以从以下四个方面理解。

(1) 允许对总承包单位所承揽的部分工程分包,但是有条件限制。

(2) 只能将部分工程分包,而不能将总承包单位所承揽的全部工程分包。建筑工程主体结构的施工必须由总承包单位自行完成。

(3) 分包单位也要在其资质等级许可的业务范围内承揽分包工程,即分包单位不能超越自身的资质去承揽分包工程。

（4）没有经过建设单位认可的分包单位是违法的分包单位。认可分包单位与指定分包单位是不同的：认可是在总承包单位已经作出选择的基础上进行确认，而指定则是首先由建设单位作出选择。

4. 禁止分包单位将其承包的工程再行分包

为避免因层层分包带来的偷工减料、责任不清的现象，《建筑法》规定，禁止分包单位将其承包的工程再行分包。

5. 禁止违法分包

《建设工程质量管理条例》将违法分包的情形界定如下。

（1）总承包单位将建设工程分包给不具备相应资质条件的单位的。

（2）建设工程总承包合同中未有约定，又未经建设单位认可，承包单位将其承包的部分建设工程交由其他单位完成的。

（3）施工总承包单位将建设工程主体结构的施工分包给其他单位的。

（4）分包单位将其承包的建设工程再分包的。

3.3.3 总承包单位与分包单位的关系

1. 平等的合同当事人的关系

总承包单位与分包单位是分包合同的双方当事人，合同当事人的法律地位平等，一方不得将自己的意志强加给另一方。因此，总承包单位不得超越法律与合同对分包单位的建设活动进行非法干涉。

2. 局部的管理与被管理的关系

尽管总承包单位与分包单位在法律地位上是平等的，不存在总承包单位是分包单位的管理单位的关系，但是在被分包工程的工程管理方面，分包单位还是要服从总承包单位的管理，包括安全生产管理和质量管理。

（1）安全生产管理。

《建筑法》第 45 条规定："施工现场安全由建筑施工企业负责。实行施工总承包的，由总承包单位负责。分包单位向总承包单位负责，服从总承包单位对施工现场的安全生产管理。"同时，《建设工程安全生产管理条例》第 24 条规定："建设工程实行施工总承包的，由总承包单位对施工现场的安全生产负总责。分包单位应当服从总承包单位的安全生产管理，分包单位不服从管理导致生产安全事故的，由分包单位承担主要责任。"

（2）质量管理。

《建筑法》第 55 条规定：建筑工程实行总承包的，工程质量由工程总承包单位负责，总承包单位将建筑工程分包给其他单位的，应当对分包工程的质量与分包单位承担连带责任。分包单位应当接受总承包单位的质量管理。

3.3.4 总承包单位与分包单位的连带责任

《建筑法》第 29 条第 2 款规定："建筑工程总承包单位按照总承包合同的约定对建设单位负责；分包单位按照分包合同的约定对总承包单位负责。总承包单位和分包单位就分包工程对建设单位承担连带责任。"

连带责任指的是任何一个负有连带责任的债务人都有义务偿还全部债务，并就超过其应偿还份额的部分向其他债务人追偿的债务承担方式。

连带责任既可以依合同约定产生,也可以依法律规定产生。虽然建设单位和分包单位之间没有合同关系,但是当分包工程出现质量、安全、进度等方面问题给建设单位造成损失时,建设单位既可以根据总承包合同向总承包单位追究违约责任,也可以根据法律规定直接要求分包单位承担损害赔偿责任,分包单位不得拒绝。总承包单位和分包单位之间的责任划分,应当根据双方的合同约定或者各自过错大小确定;一方向建设单位承担的责任超过其应承担份额的,有权向另一方追偿。

【案例 3-1】

甲公司因建办公楼与乙建筑承包公司签订了工程总承包合同。其后,经甲同意,乙分别与丙建筑设计院和丁建筑工程公司签订了工程勘察设计合同和工程施工合同。勘察设计合同约定,由丙对甲的办公楼及其附属工程提供设计服务,并按勘察设计合同的约定交付有关设计文件和资料。施工合同约定,由丁根据丙提供的设计图纸进行施工,工程竣工时依据国家有关验收规定及设计图纸进行质量验收。合同签订后,丙按时将设计文件和有关资料交付给丁,丁依据设计图纸进行施工。工程竣工后,甲会同有关质量监督部门对工程进行验收,发现工程存在严重质量问题,是由于设计不符合规范所致。原来丙未对现场进行仔细勘察即自行进行设计导致设计不合理,给甲带来了重大损失。丙以与甲没有合同关系为由拒绝承担责任,乙又以自己不是设计人为由推卸责任,甲遂以丙为被告向法院起诉。

问:乙公司是否需要承担责任?需要承担什么责任?

【案例分析】

《建筑法》第 29 条规定:总承包单位和分包单位就分包工程对建设单位承担连带责任。

3.4 建设工程发包与承包法律责任

3.4.1 发包单位的法律责任

《建筑法》规定,发包单位将工程发包给不具有相应资质条件的承包单位的,或者违反《建筑法》规定将建筑工程肢解发包的,责令改正,处以罚款。

《建设工程质量管理条例》规定,建设单位将建设工程发包给不具有相应资质等级的勘察、设计、施工单位或者委托给不具有相应资质等级的工程监理单位的,责令改正,处 50 万元以上 100 万元以下的罚款。

《建设工程质量管理条例》规定,建设单位将建设工程肢解发包的,责令改正,处工程合同价款 0.5% 以上 1% 以下的罚款;对全部或者部分使用国有资金的项目,并可以暂停项目执行或者暂停资金拨付。

建设单位违反《建筑法》规定,要求建筑设计单位或者建筑施工企业违反建筑工程质量、安全标准,降低工程质量的,责令改正,可以处以罚款;构成犯罪的,依法追究刑事责任。

3.4.2 承包单位的法律责任

1. 关于超越资质等级承揽工程的法律责任

(1)《建筑法》规定,建筑施工企业超越本单位资质等级承揽工程的,责令停止违法行为,处以罚款,可以责令停业整顿,降低资质等级;情节严重的,吊销资质证书;有违法所得的,予以没收。

(2)建筑施工企业未取得资质证书承揽工程的,予以取缔,并处罚款;有违法所得的,予以没收。

(3)建筑施工企业以欺骗手段取得资质证书的,吊销资质证书,处以罚款;构成犯罪的,依法追究刑事责任。

《建设工程质量管理条例》规定,勘察、设计、施工、工程监理单位超越本单位资质等级承揽工程的,责令停止违法行为,对勘察、设计单位或者工程监理单位处合同约定的勘察费、设计费或者监理酬金1倍以上2倍以下的罚款;对施工单位处工程合同价款2%以上4%以下的罚款,可以责令停业整顿,降低资质等级;情节严重的,吊销资质证书;有违法所得的,予以没收。

2. 关于转让、出借资质证书的法律责任

建筑施工企业转让、出借资质证书或者以其他方式允许他人以本企业的名义承揽工程的,责令改正,没收违法所得,并处罚款,可以责令停业整顿,降低资质等级;情节严重的,吊销资质证书。对因该项承揽工程不符合规定的质量标准造成的损失,建筑施工企业与使用本企业名义的单位或者个人承担连带赔偿责任。

3. 关于工程转包的法律责任

建筑施工企业将承包的工程转包的,或者违反本法规定进行分包的,责令改正,没收违法所得,并处罚款,可以责令停业整顿,降低资质等级;情节严重的,吊销资质证书。对因转包工程或者违法分包的工程不符合规定的质量标准造成的损失,与接受转包或者分包的单位承担连带赔偿责任。

4. 关于施工中偷工减料的法律责任

建筑施工企业在施工中偷工减料的,使用不合格的建筑材料、建筑构配件和设备的,或者有其他不按照工程设计图纸或者施工技术标准施工的行为的,责令改正,处以罚款;情节严重的,责令停业整顿,降低资质等级或者吊销资质证书;造成建筑工程质量不符合规定的质量标准的,负责返工、修理,并赔偿因此造成的损失;构成犯罪的,依法追究刑事责任。

5. 关于不履行保修义务或者拖延履行保修义务的法律责任

建筑施工企业违反《建筑法》的规定,不履行保修义务或者拖延履行保修义务的,责令改正,可以处以罚款,并对在保修期内因屋顶、墙面渗漏、开裂等质量缺陷造成的损失,承担赔偿责任。

6. 关于不采取措施消除安全事故隐患的法律责任

建筑施工企业违反《建筑法》的规定,对建筑安全事故隐患不采取措施予以消除的,责令改正,可以处以罚款;情节严重的,责令停业整顿,降低资质等级或者吊销资质证书;构成犯罪的,依法追究刑事责任。建筑施工企业的管理人员违章指挥、强令职工冒险作业,因而发生重大伤亡事故或者造成其他严重后果的,依法追究刑事责任。

3.4.3 其他法律责任

在工程发包与承包中索贿、受贿、行贿,情节轻微,不构成犯罪的,应依照《建筑法》第68条第1款规定追究其行政责任如下:①处以罚款;②没收贿赂的财物;③对直接负责的主管人员和其他直接责任人员给予处分。对国家机关或国有及集体企业、事业单位的人员,应依照国务院的有关规定给予行政处分。根据国务院发布的《中华人民共和国公务员法》、《劳动法》的规定,对国家工作人员及国有或者城镇集体企业职工行政处分的形式主要有警告、记过、记大过、降级、撤职、留用察看、开除等。另外,依照《建筑法》第68条第2款的规定,对在工程承包中行贿的承包单位,还可以责令停业整顿,降低资质等级或者吊销资质证书。

【案例 3-2】

原告:甲电信公司。

第一被告:丙建筑设计院。

第二被告:乙建筑承包公司。

基本案情:甲电信公司因建办公楼与乙建筑承包公司签订了工程总承包合同。其后,经甲同意,乙分别与丙建筑设计院和丁建筑工程公司签订了工程勘察设计合同和工程施工合同。勘察设计合同约定:由丙对甲的办公楼及其附属工程提供设计服务,并按勘察设计合同的约定交付有关的设计文件和资料。施工合同约定:由丁根据丙提供的设计图纸进行施工,工程竣工时依据国家有关验收规定及设计图纸进行质量验收。合同签订后,丙按时将设计文件和有关资料交付给丁,丁依据设计图纸进行施工。工程竣工后,甲会同有关质量监督部门对工程进行验收,发现工程存在严重质量问题,是由于设计不符合规范所致。原来丙未对现场进行仔细勘察即自行进行设计,导致设计不合理,给甲带来了重大损失。丙以与甲没有合同关系为由拒绝承担责任,乙又以自己不是设计人为由推卸责任,甲遂以丙为被告向法院起诉。法院受理后,追加乙为共同被告,判决乙与丙对工程建设质量问题承担连带责任。

【案例分析】

本案中,甲是发包人,乙是总承包人,丙和丁是分包人。《建筑法》第29条规定:"建筑工程总承包单位可以将承包工程中的部分工程发包给具有相应资质条件的分包单位;但是,除总承包合同中约定的分包外,必须经建设单位认可。施工总承包的,建筑工程主体结构的施工必须由总承包单位自行完成。建筑工程总承包单位按照总承包合同的约定对建设单位负责;分包单位按照分包合同的约定对总承包单位负责。总承包单位和分包单位就分包工程对建设单位承担连带责任。禁止总承包单位将工程分包给不具备相应资质条件的单位。禁止分包单位将其承包的工程再分包。"对工程质量问题,乙作为总承包人应承担责任,而丙和丁也应该依法分别向发包人甲承担责任。

本案必须说明的是,《建筑法》第28条规定:"禁止承包单位将其承包的全部建筑工程转包给他人,禁止承包单位将其承包的全部建筑工程肢解以后以分包的名义分别转包给他人。"本案中乙作为总承包人不自行施工,而将工程全部转包给他人,虽经发包人同意,但违反法律禁止性规定,其与丙和丁所签订的两个分包合同均是无效合同。建设行政主管部门应依照《建筑法》和《建设工程质量管理条例》的有关规定,对其进行行政处罚。

【案例 3-3】

某工程项目由甲施工企业总承包,该企业将工程的土石方工程分包给乙分包公司,乙分包公司又与社会上的刘某签订任务书,约定由刘某组织人员负责土方开挖、装卸和运输,负责施工的项目管理、技术指导和现场安全管理,单独核算,自负盈亏。

问题:乙分包公司与刘某签订土石方工程任务书的行为应当如何定性,该作何处理?

【案例分析】

本案中,乙分包公司允许刘某以工程任务书形式承揽土石方工程,并将现场全权交由刘某负责,该项目施工中的技术、质量、安全管理及核算人员均由刘某自行组织而非乙分包公司的人员组织,按照《房屋建筑和市政基础设施工程施工分包管理办法》第 15 条的规定,这种情况应视同允许他人以本企业名义承揽工程。另外,依照本法第 18 条的规定,对乙分包公司及刘某给予相应处罚。

【本章小结】

本章主要介绍了发承包的概念、发承包活动遵循的原则、建设工程发包方式、建设工程发包行为规范、建设工程承包方式、建设工程承包行为规范、发包单位与承包单位违法行为的法律责任等内容。

建设工程的发包方式主要有两种:招标发包和直接发包。

建设工程承包制度包括工程总承包、联合承包、分包等。

总承包单位和分包单位就分包工程对建设单位承担连带责任。

【习题】

一、单项选择题

1. 大华建筑公司承包中信科技有限公司的办公楼扩建项目,根据《建筑法》有关建筑工程发承包的有关规定,该公司可以( )。

A. 把工程转让给华民建筑公司

B. 把工程分为土建工程和安装工程,分别转让给两家有相应资质的建筑公司

C. 经中信科技有限公司同意,把内墙抹灰工程发包给别的建筑公司

D. 经中信科技有限公司同意,把主体结构的施工发包给别的建筑公司

2. 下列做法中( )符合《建筑法》关于建筑工程发承包的规定。

A. 某建筑施工企业超越本企业资质等级许可的业务范围承揽工程

B. 某建筑施工企业以另一个建筑施工企业的名义承揽工程

C. 某建筑施工企业持有依法取得的资质证书,并在其资质等级许可的业务范围内承揽工程

D. 某建筑施工企业允许个体户王某以本企业的名义承揽工程

3. 下列关于工程承包活动相关连带责任的表述中,正确的是( )。
A. 联合体承包工程其成员之间的连带责任属约定连带责任
B. 如果分包单位是经业主认可的,总包单位对其过失不负连带责任
C. 工程总分包单位之间的连带责任是法定连带责任
D. 负有连带责任的每个债务人,都负有清偿部分债务的义务

4. 两个以上不同资质等级的单位实行联合共同承包的,应当按照( )的业务许可范围承揽工程。
A. 资质等级高的单位   B. 资质等级低的单位
C. 联合各方平均资质等级   D. 双方协商确定的资质等级

5. 甲、乙、丙三家公司组成联合体投标,中标了一栋写字楼工程,施工过程中因甲施工的工程质量问题而出现赔偿责任,则建设单位( )。
A. 可向甲、乙、丙任何一方要求赔偿
B. 只能要求甲负责赔偿
C. 只能与甲、乙、丙协商由谁赔偿
D. 如向乙要求赔偿,乙有权拒绝

6. 《建筑法》规定,建筑施工企业超越本单位资质等级承揽工程的,责令停止违法行为,处以罚款,情节严重的,可( )。
A. 追究刑事责任   B. 予以取缔   C. 吊销营业执照   D. 吊销资质证书

7. 甲公司中标了一栋高档写字楼工程的施工总承包业务,经业主方认可将其中的专业工程分包给具有相应资质等级的乙公司,工程施工中因乙分包的工程发生质量事故给业主方造成了10万元的损失而产生了赔偿责任。对此,正确的处理方式应当是( )。
A. 业主方只能要求乙赔偿
B. 如果业主方要求甲赔偿,甲以乙是业主认可的分包单位为由而拒绝
C. 甲不能拒绝业主方的10万元赔偿要求,但赔偿后可按分包合同的约定向乙追赔
D. 乙可以拒绝甲的追赔要求

8. 根据《建筑法》,下面关于分包的说法正确的是( )。
A. 承包单位可以将其承包的工程全部分包出去,自己仅负责管理工作
B. 分包单位仅应对总承包单位负责
C. 总承包单位和分包单位就分包工程对建设单位承担连带责任
D. 如果有必要,分包单位可以将其承包的工程再分包

二、多项选择题

1. 建设工程的承包方式主要有( )。
A. 招标发包   B. 直接发包
C. 分包   D. 工程总承包
E. 联合承包

2. 下列做法中( )不符合《建筑法》关于建筑工程发承包的规定。
A. 发包单位将应当由一个承包单位完成的建筑工程肢解成若干部分发包给几个承包单位
B. 某建筑施工企业超越本企业资质等级许可的业务范围承揽工程

C. 某建筑施工企业将其承包的全部建筑工程肢解以后,以分包的名义分别转包给他人
D. 发包单位将建筑工程的勘察、设计、施工、设备采购一并发包给一个工程总承包单位
E. 某建筑施工企业将所承包工程主体结构的施工分包给其他单位

3. 依照《建设工程质量管理条例》的规定,下列情形中属于违法分包的有(　　)。
A. 总承包单位将部分工程分包给了不具有相应资质条件的单位
B. 未经建设单位认可,承包单位将部分工程交由他人完成
C. 分包单位将其承包的工程再分包
D. 未经建设单位认可,施工总承包单位将劳务作业任务分包给了有相应资质的劳务分包企业
E. 施工总承包单位将承包工程的关键性工作分包给了具有先进技术的其他单位

4. 按照《建筑法》及相关法规的规定,下列选项中,工程勘察、设计、施工、监理等单位在工程发承包中被法律禁止的行为有(　　)。
A. 合伙以非法人共同体承包
B. 超越自身资质等级承包
C. 允许他人以自己名义承包
D. 转包或违法分包工程
E. 与资质等级高的单位合伙共同承包

5. 按照《招标投标法》及相关法规的规定,中标人按照合同约定或经招标人同意,可以将中标项目中的施工任务进行分包的有(　　)。
A. 部分非主体、非关键工程　　　B. 专业工程
C. 自身缺乏施工经验的分部工程　　D. 劳务作业任务
E. 需要专有技术的分项工程

6. 建筑施工企业有下列(　　)行为的,对因该工程不符合规定的质量标准造成的损失,承担连带赔偿责任。
A. 转让、出借资质证书
B. 将工程发包给不具有相应资质条件的承包单位
C. 允许他人以本企业的名义承揽工程
D. 将承包的工程转包
E. 违反《建筑法》的规定进行分包

三、简答题
1. 发承包活动应遵循哪些原则?
2. 建设工程发包和承包的行为规范各有哪些?
3. 在同一建设工程中,建设单位、勘察单位、设计单位、建筑施工企业、工程监理单位的法律责任如何划分?
4. 总包和分包之间的责任如何认定?

四、案例分析
A 公司因建生产厂房与 B 公司签订了工程总承包合同。其后,经 A 公司同意,B 将工程勘察设计任务和施工任务分别发包给 C 设计单位和 D 建筑公司,并各自签订书面合同。在签订合同约定由 D 根据 C 提供的设计图纸进行施工,工程竣工时依据国家有关规定、设计

图纸进行质量验收。合同签订后,C按时交付设计图纸,D依照图纸进行施工。工程竣工后,A会同有关质量监督部门对工程进行验收,发现工程存在严重质量问题,是由于C不具备勘察资质,未对现场进行仔细勘查,设计不符合规范所致。A公司遭受重大损失,但C称与A不存在合同关系拒绝承担责任,B以自己不是设计人为由也拒绝赔偿。

问:(1)在我国常见的发包方式有哪些?

(2)A、B、C、D在承发包合同中各自身份是什么?

(3)B公司发包工程项目的做法是否符合法律规定?

(4)B、C公司拒绝承担责任的理由是否充分?为什么?

扫码看答案

第4章 建设工程招标投标法律制度

【教学目标】

能力目标	知识目标
1. 能正确运用招标投标法律的有关规定分析相关案例； 2. 能完成工程项目的施工招标、投标文件的编写； 3. 能应用所学的招标投标的法律责任规范自己的行为。	1. 了解《招标投标法》施行的时间及适用范围、招标投标的目的； 2. 熟悉招标投标活动的基本原则、建设工程招标的主要类别、招标组织形式； 3. 掌握必须招标的建设项目的范围和规模标准、招标方式； 4. 掌握废标的概念； 5. 掌握建设工程招标投标的法律责任。

【学习要点】

1. 建设工程招标投标活动的基本原则；
2. 必须招标的建设工程项目的范围和规模标准；
3. 建设工程招标的主要类别及组织形式；
4. 建设工程投标文件的组成；
5. 开标的程序、废标的概念；
6. 建设工程招标投标的法律责任。

【引例】

某单位就某工程实行公开招标。现初步确定标底为3200万元。在招标过程中,发生下列情况。

在招标单位将招标文件等发给获得投标资格的5家单位时,规定各投标单位应在收到招标文件10天内,对招标工作提供的工程量清单中的错误,以书面的形式向招标单位提出；之后招标单位又将招标文件中的通用合同条款部分加以补充,补充文件在投标截止日前10天发到各投标单位所在地；并借此机会通知各投标单位,若有补充修改投标文件的情况,必须在开标前3天以书面的形式送达,否则视为无效。

发放招标文件后,招标单位召集投标单位召开预备会。并在会后2~3天组织投标单位勘查现场；拟定的评标机构总人数为6人,其中技术专家2人,投资分析及评估专家4人；开标会拟定在原投标截止日的第二天召开,唱标顺序按照各单位的投标顺序,对于未中标单位决定不返还投标保证金。

请思考：

整个招标投标的过程有哪些不妥之处？并更正。

4.1 建设工程招标投标法律概述

建设工程招标投标是在市场经济条件下，通过公平竞争机制，进行建设工程项目发包与承包时所采用的一种交易方式。

通过招标投标，招标单位可以对符合条件的各投标竞争者进行综合比较，从中选择报价合理、技术力量强、质量和信誉可靠的承包商作为中标者签订承包合同，有利于保证工程质量和工期、降低工程造价、提高投资效益，也有利于防范建设工程发承包活动中的不正当竞争行为和腐败现象。

建设工程招投标宣传

4.1.1 我国建设工程招标投标制度的建立与发展

我国建设工程招标投标制度起步于 20 世纪 80 年代，已经走过了 40 年，它的进步和发展与整个社会的进步和发展息息相关。建设工程招标投标制度经历了起步阶段、规范发展阶段、不断完善阶段。

1. 起步阶段

(1) 1980 年 10 月 17 日，国务院在《关于开展和保护社会主义竞争的暂行规定》中首次提出，为了改革现行经济管理体制，进一步开展社会主义竞争，对一些适于承包的生产建设项目和经营项目，可以试行招标投标的办法。

(2) 1981 年，吉林市、深圳市率先在我国开展招标投标工作试点，并取得了良好的效果。1983 年 6 月 7 日，城乡建设环境保护部（现分为住房和城乡建设部、生态环境部）发布《建筑安装工程招标投标试行办法》。

(3) 1984 年 9 月 18 日，国务院颁发《关于改革建筑业和基本建设管理体制若干问题的暂行规定》，提出"大力推行工程招标承包制"，"要改革单纯用行政手段分配建设任务的老办法，实行招标投标"。

(4) 1984 年 11 月 20 日，国家计委和城乡建设环境保护部联合制定《建设工程招标投标暂行规定》，全面拉开了我国招标投标制度的序幕。从此开始，招标管理机构在全国各地陆续成立，我国许多省市的建筑工程和公共设施工程普遍开展了招标投标活动。

(5) 1982 年开工建设的云南省鲁布革水电站建设项目，是我国第一个利用世界银行贷款进行国际公开竞争性招标投标的项目；该项目首次利用世界银行贷款并实行国际招标投标，引进国外先进设备和技术建设，被誉为中国水电基本建设工程对外开放的窗口。1990 年底建成后，鲁布革工程创造了 14 项全国纪录，先后荣获了"国家优秀勘察（金质）奖"、"国家优秀设计（金质）奖"和"建筑工程鲁班奖"。

2. 规范发展阶段

20 世纪 90 年代初期到中后期，全国各地普遍加强对招标投标的管理和规范工作，也相继出台了一系列法规和规章，招标方式从以议标为主转变到以邀请招标为主，这一阶段是我国招标投标发展史上最重要的阶段。

(1) 1992年12月30日,建设部(现住房和城乡建设部)第23号令《工程建设施工招标投标管理办法》正式发布。

(2) 1997年11月1日第八届全国人大常务委员会第28次会议通过《中华人民共和国建筑法》,自1998年3月1日起施行。随着这些法律法规的出台,我国各省市陆续出台了建筑市场管理条例、建设工程招标投标管理条例,以及相关的地方性招标投标法律法规及政府文件。

3. 不断完善阶段

(1) 1999年8月30日,第九届全国人民代表大会常务委员会第11次会议通过《中华人民共和国招标投标法》,自2000年1月1日起施行。

(2) 2011年4月22日,第十一届全国人民代表大会常务委员会第20次会议审议通过《关于修改〈中华人民共和国建筑法〉的决定》,自2011年7月1日起施行。

(3) 2011年11月30日,国务院第183次常务会议审议通过《中华人民共和国招标投标法实施条例》,自2012年2月1日起施行。

(4) 2013年12月19日,中华人民共和国财政部令第74号颁布《政府采购非招标采购方式管理办法》,自2014年2月1日起施行。

(5) 2015年1月30日,中华人民共和国国务院令第658号颁布《中华人民共和国政府采购法实施条例》,自2015年3月1日起施行。

(6) 2017年3月1日,根据中华人民共和国国务院令第676号《国务院关于修改和废止部分行政法规的决定》对《中华人民共和国招标投标法实施条例》进行第一次修订。

(7) 2017年7月11日,中华人民共和国财政部令第87号颁布经修改的《政府采购货物和服务招标投标管理办法》,自2017年10月1日起施行。

(8) 2017年11月23日,中华人民共和国国家发展和改革委员会令第10号颁布《招标公告和公示信息发布管理办法》,自2018年1月1日起施行。

(9) 2017年12月27日,第十二届全国人民代表大会常务委员会第31次会议决定,对《中华人民共和国招标投标法》作出修改,本决定自2017年12月28日起施行。

(10) 2018年3月19日,根据中华人民共和国国务院令第698号《国务院关于修改和废止部分行政法规的决定》对《中华人民共和国招标投标法实施条例》进行第二次修订。

(11) 2019年3月2日,根据中华人民共和国国务院令第709号《国务院关于修改部分行政法规的决定》对《中华人民共和国招标投标法实施条例》进行第三次修订。

这些法律法规的修订及细化,将必须招标和必须公开招标的范围以法律的形式加以明确,将招标覆盖面进一步扩大和延伸,工程招标已从单一的土建安装延伸到道桥、装潢、建筑设备和工程监理等。

4.1.2 招标投标活动的基本原则

《招标投标法》第5条规定:"招标投标活动应当遵循公开、公平、公正和诚实信用的原则。"这一规定是指导招标投标活动的基本准则。

1. 公开原则

公开原则是指除依法应当保密的事项外,信息必须公开,以确保招标投标活动的透明度,即招标信息、招标程序、招标过程、评标标准、中标结果都应该公开。

《中华人民共和国招标投标法实施条例》2019年修订版(全文)

2. 公平原则

公平原则是指招标人不得以任何方式限制或排斥本地区、本系统以外的法人或其他组织参加投标,应保证所有投标人处于同一起跑线,进行平等竞争。

3. 公正原则

公正原则是指招标人或评标委员会在招标投标活动中,应当按照同一标准平等地对待每一位投标人,而且双方地位平等,任何一方不得向另一方提出不合理的要求,不得将自己的意志强加给对方。

4. 诚实信用原则

诚实信用是民事活动中应当遵循的一项基本原则。该项原则要求当事人在招标投标活动中都要诚实守信,不得有欺诈背信的行为。

4.2 建设工程招标

4.2.1 建设工程招标概念

建设工程招标是招标单位就拟建设的工程项目发出要约,对邀请参与竞争的承包(供应)商应进行审查、评选,并择优作出承诺,从而确定工程项目建设承包人的活动。它是招标单位订立建设工程合同的准备活动。建设工程招标与投标,是发承包双方合同管理工程项目的第一个重要环节。

4.2.2 建设工程招标的范围和规模标准

1. 必须招标的建设工程项目范围

下列工程建设项目包括项目的勘察、设计、施工、监理以及与工程建设有关的重要设备、材料等的采购,必须进行招标:

①大型基础设施、公用事业等关系社会公共利益、公众安全的项目;
②全部或者部分使用国有资金投资或者国家融资的项目;
③使用国际组织或者外国政府贷款、援助资金的项目。

必须招标的工程项目规定

经国务院批准,2018年3月国家发展和改革委员会令第16号发布的《必须招标的工程项目规定》中规定,全部或者部分使用国有资金投资或者国家融资的项目包括:(1)使用预算资金200万元人民币以上,并且该资金占投资额10%以上的项目;(2)使用国有企业事业单位资金,并且该资金占控股或者主导地位的项目。

2. 必须招标项目的规模标准(额度)

2018年3月国家发展和改革委员会令第16号文发布的《必须招标的工程项目规定》中规定,建设工程项目的勘察、设计、施工、监理以及与工程建设有关的重要设备、材料等的采购达到下列标准之一的,必须招标:

①施工单项合同估算价在400万元人民币以上;
②重要设备、材料等货物的采购,单项合同估算价在200万元人民币以上;
③勘察、设计、监理等服务的采购,单项合同估算价在100万元人民币以上。

同一项目中可以合并进行的勘察、设计、施工、监理以及与工程建设有关的重要设备、材料等的采购,合同估算价合计达到上述规定标准的,必须招标。

3. 可以不进行招标的工程项目

《工程建设项目施工招标投标办法》第12条规定,依法必须进行施工招标的工程建设项目有下列情形之一的,可以不进行施工招标:

①涉及国家安全、国家秘密、抢险救灾或者属于利用扶贫资金实行以工代赈需要使用农民工等特殊情况,不适宜进行招标;

②施工主要技术采用不可替代的专利或者专有技术;

③已通过招标方式选定的特许经营项目投资人依法能够自行建设;

④采购人依法能够自行建设;

⑤在建工程追加的附属小型工程或者主体加层工程,原中标人仍具备承包能力,并且其他人承担将影响施工或者功能配套要求;

⑥国家规定的其他情形。

2014年8月经修改后颁布的《中华人民共和国政府采购法》规定,政府采购工程进行招标投标的适用《招标投标法》。2015年1月颁布的《中华人民共和国政府采购法实施条例》进一步规定,政府采购工程依法不进行招标的,应当依照政府采购法和本条例规定的竞争性谈判或者单一来源采购方式采购。

《国务院办公厅关于促进建筑业持续健康发展的意见》(国办发[2017]19号)中规定,在民间投资的房屋建筑工程中,探索由建设单位自主决定发包方式。对依法通过竞争性谈判或单一来源方式确定供应商的政府采购工程建设项目,符合相应条件的应当颁发施工许可证。

4.2.3 建设工程招标的基本条件

1. 招标单位必须具备的条件

(1) 招标单位必须具备民事主体资格。

(2) 招标单位自行办理招标,必须具备编制招标文件和组织评标的能力。

(3) 不具备招标评标组织能力的招标单位,应当委托具有相应资格的工程招标代理机构代理招标。

(4) 招标单位必须办理招标备案手续。

2. 招标工程应当具备的条件

(1) 按照国家有关规定需要履行项目审批手续的,已经履行审批手续,通常包括立项批准文件和固定资产投资许可证用地批准手续、规划许可证。

(2) 工程建设资金或者资金来源已经落实。

(3) 有满足施工招标需要的设计文件及其他技术资料。

(4) 法律、法规和规章规定的其他条件。

4.2.4 建设工程招标方式

《招标投标法》明确规定了招标方式有两种,即公开招标和邀请招标。议标不是法定的招标方式,然而,议标作为一种简单、便捷的招标方式,目前仍在我国建设工程咨询服务行业被广泛采用。

1. 公开招标

《招标投标法》第 10 条规定:"公开招标,是指招标人以招标公告的方式邀请不特定的法人或者其他组织投标。"公开招标也叫开放型招标,是一种无限竞争性招标方式。

建设工程招标范围、条件、方式

采用公开招标方式时,招标单位通过在报纸、专业性刊物上发布招标通告,或借助其他媒体说明招标工程的名称、性质、规模、建造地点、建设要求等事项,公开邀请承包商参加投标竞争。凡是对该工程感兴趣、符合规定条件的承包商都允许参加投标,因而相对于其他招标方式,公开招标竞争最为激烈。公开招标方式可以给一些符合资格审查要求的承包商以平等竞争的机会,可以极为广泛地吸引投标者,从而使招标单位有较大的选择范围,可以在众多的投标单位中选择报价合理、工期较短、信誉良好的承包商。

公开招标也存在着一些缺点:投标单位多且良莠不齐,招标工作量大,招标需要的成本较高时间较长,而且容易被不负责任的单位抢标。因此对投标单位进行严格的资格预审就特别重要。

招标人采用公开招标方式的,应当发布招标公告。依法必须进行招标的项目的招标公告,应当通过国家指定的报刊、信息网络或者其他媒体发布。招标公告应当载明招标人的名称和地址,招标项目的性质、数量、实施地点和时间以及获取招标文件的办法等事项。

全部使用国有资金投资,或者国有资金投资占控制地位或主导地位的项目,应当实行公开招标。一般情况下,投资额度大、工艺或结构复杂的较大型建设项目,实行公开招标较为合适。

2. 邀请招标

《招标投标法》第 10 条规定:"邀请招标,是指招标人以投标邀请书的方式邀请特定的法人或者其他组织投标。"邀请招标是一种有限竞争性招标方式。招标单位一般不是通过公开的方式(如在报刊上刊登广告),而是根据自己了解和掌握的信息、过去与承包商合作的经验或由咨询机构提供的情况等,有选择地邀请数目有限的承包商参加投标。一般邀请 5~10 家承包商参加投标,且不得少于 3 家。

邀请招标的优点在于经过选择的投标单位在施工经验、技术力量、经济和信誉上都比较可靠,因而一般都能保证进度和质量要求。参加投标的承包商数量少,投标单位中标的概率较大;对招标人来说招标时间相对较短,招标费用也较少。

邀请招标的缺点在于不利于招标单位获得最优报价,取得最佳投资效益;投标单位的数量少,竞争性较差。招标单位在选择邀请人前所掌握的信息不可避免地存在一定的局限性,招标单位很难了解市场上所有承包商的情况,常会忽略一些在技术、报价方面更具竞争力的企业,不易获得最合理的报价,有可能找不到最合适的承包商。

采用邀请招标方式的工程项目有如下几种:

①项目技术复杂或有特殊要求,只有少量几家潜在投标人可供选择的;
②受自然地域环境限制的;
③涉及国家安全、国家机密或者抢险救灾,适宜招标但不宜公开招标的;
④拟公开招标的费用与项目价值相比,不值得公开招标的;
⑤法律、法规规定不宜公开招标的。

国家重点建设项目的邀请招标,应当经国务院发展计划部门批准;地方重点建设项目的邀请招标,应当经各省、自治区、直辖市人民政府批准。

全部使用国有资金投资或者国有资金投资占控制或主导地位并需要审批的工程建设项目的邀请招标,应当经项目审批部门批准;但项目审批部门只审批立项的,由有关行政监督部门审批。

3. 公开招标与邀请招标在招标程序上的区别

公开招标与邀请招标在招标程序上的主要区别如下。

①招标信息的发布方式不同。公开招标是利用招标公告发布招标信息;而邀请招标则是向3家以上具备实施能力的投标人发出投标邀请书,请他们参与投标竞争。

②对投标人的资格审查时间不同。进行公开招标时,由于投标响应者较多,为了保证投标人具备相应的实施能力,以及缩短评标时间,突出投标的竞争性,通常设置资格预审程序。而邀请招标由于竞争范围较小,且招标人对邀请对象的能力有所了解,不需要再进行资格预审,但评标阶段依然要对各投标人的资格和能力进行审查和比较,这个程序通常称为"资格后审"。

③适用条件不同。公开招标方式广泛适用;而对于公开招标响应者少,达不到预期目的的情况,可以采用邀请招标方式。

4.2.5 招标的组织形式

依据招标人是否具有招标的条件和能力,可以将招标分为自行招标和委托招标两种组织形式。

1. 自行招标

《招标投标法》第12条规定:"招标人具有编制招标文件和组织评标能力的,可以自行办理招标事宜。任何单位和个人不得强制其委托招标代理机构办理招标事宜。招标人自行办理招标事宜的,应当向有关行政监督部门备案。"

建设单位自行招标应具备的条件如下:

①具有项目法人资格(或者法人资格);

②具有与招标项目规模和复杂程度相适应的工程技术、概预算、财务和工程管理等方面的专业技术力量;

③有从事同类工程建设项目招标的经验;

④设有专门的招标机构或者拥有3名以上专职招标业务人员;

⑤熟悉和掌握《招标投标法》及有关法规规章。

2. 委托招标

招标人不具备自行招标能力的,必须委托具备相应资质的招标代理机构代为办理招标事宜。《招标投标法》第12条规定:"招标人有权自行选择招标代理机构,委托其办理招标事宜。任何单位和个人不得以任何方式为招标人指定招标代理机构。"

招标代理机构应当具备下列条件:

①有从事招标代理业务的营业场所和相应资金;

②有能够编制招标文件和组织评标的相应专业力量。

招标代理机构是依法设立、从事招标代理业务并提供相关服务的社会中介组织。从事工程建设项目招标代理业务的招标代理机构,其资格由国务院或者省、自治区、直辖市人民政府的建设行政主管部门认定。招标代理机构与行政机关和其他国家机关不得存在隶属关系或者其他利益关系。

4.2.6 建设工程施工招标程序

建设工程施工招标程序,是指建设工程招标活动按照一定的时间和空间应遵循的先后顺序,是以招标单位和其代理人为主进行的有关招标的活动程序。

1. 落实招标项目应当具备的条件

依法必须进行施工招标的工程建设项目,应当具备下列条件:

①招标人已经依法成立;

②初步设计及概算应当履行审批手续的,已经批准;

③招标范围、招标方式和招标组织形式等应当履行核准手续的,已经核准;

④有相应资金或资金来源已经落实;

⑤有招标所需的设计图纸及技术资料。

2. 成立招标组织,由建设单位自行招标或委托招标

若招标人满足前文 4.2.5 中自行招标应具备的各项条件,可自行招标,否则必须委托招标代理机构,自行招标及委托招标在招标前须在县级以上行政主管部门备案。

自行招标的,招标人发布招标公告或投标邀请书 5 日前,应向建设行政主管部门办理招标备案,建设行政主管部门自收到备案资料之日起 5 个工作日内没有异议的,招标人可发布招标公告或投标邀请书;不具备自行招标条件的,责令其停止办理招标事宜。

3. 选择招标方式

招标人应按《招标投标法》和有关招标投标法律法规、规章的规定确定招标方式,择优选定中标人。

4. 发布招标公告或发出投标邀请书

(1) 发布招标公告。

2017 年 11 月国家发展和改革委员会发布的《招标公告和公示信息发布管理办法》第 3 条规定,依法必须招标项目的招标公告和公示信息,除依法需要保密或者涉及商业秘密的内容外,应当按照公益服务、公开透明、高效便捷、集中共享的原则,依法向社会公开。

招标公告是指采用公开招标方式的招标人或招标代理机构向所有潜在的投标人发出的一种广泛的通告。

《招标投标法》第 16 条规定:"招标人采用公开招标方式的,应当发布招标公告。依法必须进行招标的项目的招标公告,应当通过国家指定的报刊、信息网络或者其他媒介发布。"

(2) 发出投标邀请书。

投标邀请书是指采用邀请招标方式的招标人,向三个以上具备承担招标项目的能力、资信良好的特定的法人或者其他组织发出的投标邀请的通知。

《招标投标法》第 17 条规定:"招标人采用邀请招标方式的,应当向三个以上具备承担招标项目的能力、资信良好的特定的法人或者其他组织发出投标邀请书。"

5. 资格审查

一般来说,资格审查可分为资格预审和资格后审。资格预审是在招标前对潜在投标人进行的资格审查;资格后审是在投标后(一般是在开标后)对投标人进行的资格审查。进行资格预审的,一般不再进行资格后审,但招标文件另有规定的除外。无论是预审还是后审,都主要是审查潜在投标人或投标人是否符合下列条件:

①具有独立订立合同的权利；

②具有圆满履行合同的能力，包括专业、技术资格和能力，资金、设备和其他物质设施状况，管理能力，经验、信誉和相应的工作人员；

③没有处于被责令停业，投标资格被取消，财产被接管、冻结，破产状态；

④在最近三年内没有骗取中标、严重违约及重大工程质量问题；

⑤法律、行政法规规定的其他条件。

是否进行资格审查及资格审查的要求和标准，招标人应在招标公告或投标邀请书中载明。这些要求和标准应平等地适用于所有的潜在投标人或投标人。招标人不得规定任何客观上不合理的标准、要求或程序，限制或排斥投标人，或者给投标人以不公平的待遇，最终限制竞争。

招标人应按照招标公告或投标邀请书中载明的要求和标准，对提交资格审查证明文件和资料的潜在投标人或投标人的资格作出审查决定。招标人应告知潜在招标人或投标人是否审查合格。

有必要时，招标人可以组织资格复审。资格复审是为了使招标人确定投标人在资格预审时提交的资格材料是否仍然有效和准确。如果发现投标人有不轨行为，比如做假账、违约或者作弊，招标人可以中止或者取消承投标人的资格。

6. 编制招标文件和标底

1) 编制招标文件

《招标投标法》第19条规定："招标人应当根据招标项目的特点和需要编制招标文件。招标文件应当包括招标项目的技术要求、对投标人资格审查的标准、投标报价要求和评标标准等所有实质性要求和条件以及拟签订合同的主要条款。国家对招标项目的技术、标准有规定的，招标人应当按照其规定在招标文件中提出相应要求。招标项目需要划分标段、确定工期的，招标人应当合理划分标段、确定工期，并在招标文件中载明。"该条规定主要涉及编制招标文件的有关问题。

工程建设项目施工招标投标办法

（1）招标文件的作用。

①招标文件是投标人准备投标文件和参加投标的依据；

②招标文件是招标投标活动当事人的行为准则和评标的重要依据；

③招标文件是招标人和投标人订立合同的基础。

（2）招标文件的内容。

招标文件可以分为以下几大部分内容：第一部分是对投标人的要求，包括招标公告、投标人须知、标准、规格或者工程技术规范、合同条件等；第二部分是对投标文件格式的要求，包括投标人应当填写的报价单、投标书、授权书和投标保证金等格式；第三部分是对中标人的要求，包括履约担保、合同或者协议书等内容。

招标文件不得要求或者标明特定的生产供应者以及含有倾向或者排斥潜在投标人的其他内容。招标人对已发出的招标文件进行必要的澄清或者修改的，应当在招标文件要求提交投标文件截止时间至少十五日前，以书面形式通知所有招标文件收受人。该澄清或者修改的内容为招标文件的组成部分。《招标投标法》第24条规定："招标人应当确定投标人编制投标文件所需要的合理时间；但是，依法必须进行招标的项目，自招标文件开始发出之日起至投标人提交投标文件截止之日止，最短不得少于二十日。"

招标文件应当规定一个适当的投标有效期,以保证招标人有足够的时间完成评标和与中标人签订合同。投标有效期从投标人提交投标文件截止之日起计算。

2) 编制标底

招标人根据项目的招标特点,招标前可以预设标底,也可以不设标底。对设有工程标底的招标项目,所编制的标底在评标时作为参考。工程标底是招标人控制投资、掌握招标项目造价的重要手段,应科学合理、计算准确和全面。工程标底编制人员应严格按照国家的有关政策、规定,科学公正地编制工程标底。

为了保证招标投标活动公平、公正,《招标投标法》第 22 条规定:"招标人设有标底的,标底必须保密。"

工程标底由招标人自行编制或委托经建设行政主管部门批准的具有编制工程标底资格和能力的中介咨询服务机构代理编制。一个工程只能编制一个标底。招标人设有标底的,标底在评标时应当作为参考,但不得作为评标的唯一标准。

7. 发售招标文件和对招标文件答疑

(1) 发售招标文件。

《工程建设项目施工招标投标办法》第 15 条规定:"招标人应当按招标公告或者投标邀请书规定的时间、地点出售招标文件或资格预审文件。自招标文件或者资格预审文件出售之日起至停止出售之日止,最短不得少于五日。招标人可以通过信息网络或者其他媒介发布招标文件,通过信息网络或者其他媒介发布的招标文件与书面招标文件具有同等法律效力,出现不一致时以书面招标文件为准,国家另有规定的除外。对招标文件或者资格预审文件的收费应当限于补偿印刷、邮寄的成本支出,不得以营利为目的。对于所附的设计文件,招标人可以向投标人酌收押金;对于开标后投标人退还设计文件的,招标人应当向投标人退还押金。招标文件或者资格预审文件售出后,不予退还。除不可抗力原因外,招标人在发布招标公告、发出投标邀请书后或者售出招标文件或资格预审文件后不得终止招标。"

(2) 现场踏勘。

《招标投标法》第 21 条规定:"招标人根据招标项目的具体情况,可以组织潜在投标人踏勘项目现场。"

招标人应当组织投标人进行现场踏勘,现场踏勘的目的在于使投标人了解工程场地及其周围环境情况,以获取有用的信息并据此作出关于投标策略和投标价格的决定。

(3) 投标人提出疑问。

投标人对招标文件有疑问的,应在收到招标文件后的一定期限内以书面形式向招标人提出。

(4) 招标人答疑。

《招标投标法》第 23 条规定:"招标人对已发出的招标文件进行必要的澄清或者修改的,应当在招标文件要求提交投标文件截止时间至少十五日前,以书面形式通知所有招标文件收受人。该澄清或者修改的内容为招标文件的组成部分。"对于潜在投标人在阅读招标文件中提出的疑问,招标人应当以书面形式、投标预备会方式或者通过电子网络解答,但需要同时将解答以书面方式通知所有购买招标文件的潜在投标人。该解答的内容为招标文件的组成部分。

除招标文件明确要求外,出席投标预备会不是强制的,而是由潜在投标人自行决定是否出席,并自行承担由此可能产生的风险。

【案例 4-1】

某房地产公司计划在北京市昌平区开发 6000 平方米的住宅项目,可行性研究报告已经通过国家计委批准,资金为自筹方式,资金尚未完全到位,仅有初步设计图纸,因急于开工,组织销售,在此情况下决定采用邀请招标的方式,随后向 7 家施工单位发出了招标邀请书。

问题:
1. 建设工程施工招标的必备条件有哪些?
2. 本项目在上述条件下是否可以进行工程施工招标?

【案例分析】

1. 建设工程施工招标的必备条件如下。
(1) 招标人已经依法成立。
(2) 初步设计及概算应当履行审批手续的,已经批准。
(3) 招标范围、招标方式和招标组织形式等应当履行核准手续的,已经核准。
(4) 有相应资金或资金来源已经落实。
(5) 有招标所需的设计图纸及技术资料。
2. 本工程不完全具备招标条件,不应进行施工招标。

【案例 4-2】

空军某部,根据国防需要,须在北部地区建设一雷达生产厂,军方原拟订在与其合作过的施工单位中通过招标选择一家,可是由于合作单位多达 20 家,军方为达到保密要求,再次决定在这 20 家施工单位内选择 3 家军方施工单位投标。

问题:
1. 上述招标人的做法是否符合《中华人民共和国招标投标法》规定?
2. 在何种情形下,经批准可以进行邀请招标?

【案例分析】

1. 符合《招标投标法》的规定。由于本工程涉及国家机密,不宜进行公开招标,可以采用邀请招标的方式选择施工单位。
2. 有下列情形之一,经批准可以进行邀请招标:
①项目技术复杂或有特殊要求,只有少量几家潜在投标人可供选择的;
②受自然地域环境限制的;
③涉及国家安全、国家秘密或者抢险救灾,适宜招标但不宜公开招标的;
④拟公开招标的费用与项目的价值相比,不值得的;
⑤法律、法规规定不宜公开招标的。

4.3 建设工程投标

4.3.1 投标基本知识

1. 建设工程投标的基本概念

建设工程投标是投标单位针对招标单位的要约邀请,以明确的价格、期限、质量等具体条件,向招标单位发出要约,通过竞争获得经营业务的活动。

2. 投标的资格要求

《招标投标法》第25条规定:"投标人是响应招标、参加投标竞争的法人或者其他组织。"这条规定明确有3个条件:第一个条件是响应招标,也就是指符合投标资格条件并有可能参加投标的人;第二个条件是参加投标竞争,也就是指按照招标文件的要求提交投标文件,实际参与投标竞争,作为投标人进入招标投标法律关系之中;第三个条件是具有法人资格或者是依法设立的其他组织。

投标人应当具备承担招标项目的能力,对于建设工程投标来讲,其实质就是投标人应当具备法律法规规定的资质等级。对于建设工程施工企业,这种能力体现在不同资质等级的认定上,其法律依据为《建筑业企业资质管理规定》,根据该规定,建筑业企业资质分为施工总承包资质、专业承包资质和施工劳务资质三个序列,每个序列各有其相应的等级规定。对于建设工程勘察设计企业来讲,其法律依据为《建设工程勘察设计资质管理规定》,根据该规定,工程勘察资质分为工程勘察综合资质、工程勘察专业资质、工程勘察劳务资质;工程设计资质分为工程设计综合资质、工程设计行业资质、工程设计专业资质、工程设计专项资质。具体资质分类及承包工程范围见本书第三章。

《招标投标法实施条例》进一步规定,投标人参加依法必须进行招标的项目的投标,不受地区或者部门的限制,任何单位和个人不得非法干涉。

与招标人存在利害关系,可能影响招标公正性的法人、其他组织或者个人,不得参加投标。单位负责人为同一人或者存在控股、管理关系的不同单位,不得参加同一标段或者未分标段的同一招标项目投标,违反以上规定的相关投标均无效。

投标人发生合并、分立、破产等重大变化的,应当及时书面告知招标人,投标人不再具备资格预审文件、招标文件规定的资格条件或者其投标影响招标公正性的,其投标无效。

3. 投标联合体

根据《招标投标法》第31条第1款的规定:"两个以上法人或者其他组织可以组成一个联合体,以一个投标人的身份共同投标。"

(1) 联合体的资格。

《招标投标法》第31条第2款规定:"联合体各方均应当具备承担招标项目的相应能力;国家有关规定或者招标文件对投标人资格条件有规定的,联合体各方均应当具备规定的相应资格条件。由同一专业的单位组成的联合体,按照资质等级较低的单位确定资质等级。"

(2) 联合体各方的责任。

《招标投标法》第31条第3款规定:"联合体各方应当签订共同投标协议,明确约定各方拟承担的工作和责任,并将共同投标协议连同投标文件一并提交招标人。联合体中标的,联合体各方应当共同与招标人签订合同,就中标项目向招标人承担连带责任。"

联合体各方签订共同投标协议后,不得再以自己的名义单独投标,也不得组成新的联合体或参加其他联合体在同一项目中投标。

4.3.2 投标文件

经过投标决策且编制投标文件的基础工作全部完成后,投标人需按照招标文件的规定认真编制投标文件,并经认真核对后按照投标须知的规定封记,在投标截止时间前递送到招标文件规定的地点。

建设工程投标文件是招标人判断投标人是否愿意参加投标的依据,也是评标委员会进行评审和比较的对象,中标的投标文件和招标文件一起成为招标人和中标人订立合同的法定根据,因此,投标人必须高度重视建设工程投标文件的编制和提交工作。

投标文件作为一种要约,必须符合以下条件:第一,必须明确向招标人表示愿以招标文件的内容订立合同的意思;第二,必须对招标文件提出的实质性要求和条件作出响应。

1. 投标文件的编制

《招标投标法》第27条第1款规定:投标人应当按照招标文件的要求编制投标文件。投标文件应当对招标文件提出的实质性要求和条件作出响应。

投标文件由投标函部分、商务部分和技术部分组成。

(1) 投标函部分。

投标函部分属于投标人提交的具有法律约束力的格式性承诺文件,包括法定代表人的身份证明、投标文件签署人的授权委托书、投标函、投标函附录和投标函保书。

(2) 商务部分。

商务部分主要说明投标报价的费用组成,也作为中标后施工期间对已完成工程量和工作内容的结算支付依据。商务部分除了必要的文字说明以外,主要以表格的形式填报,包括投标报价汇总表、主要材料清单报价表、设备清单报价表、工程量清单报价表、措施项目报价表、其他项目报价表和工程量清单项目价格计算表及投标人准备提出给招标人实施项目的让利优惠。

(3) 技术部分。

投标竞争不仅表现在价格上,而且投标人技术管理水平的高低,包括组织管理能力、质量保证、安全施工措施等方面也是投标竞争的重要内容。招标人在招标文件内提出的投标文件技术部分的格式,目的就是通过填报这些文件,反映出投标人在技术管理方面的能力,以此作为评标的重要依据。

2. 投标保证金

投标保证金是指投标人保证其在投标有效期内不随意撤回投标文件或中标后提交履约保证金并签署合同而提交的担保金。根据规定,投标保证金一般不得超过投标总价的百分之二,投标保证金有效期应当与投标有效期一致。招标人不得挪用投标保证金。

1) 投标保证金的形式

《工程建设项目施工招标投标办法》第37条规定:投标保证金除现金外,可以是银行出具的银行保函、保兑支票、银行汇票或现金支票。

(1) 现金。

对于数额较小的投标保证金而言,可以采用现金的方式进行提交。但对于数额较大的(如万元以上)就不宜采用现金方式提交。因为现金不易携带,不方便递交,在开标会上清点大量的现金不仅浪费时间,操作手段也比较原始,既不符合我国的财务制度,也不符合现代的交易支付习惯。

(2) 银行保函。

银行保函是由投标人申请银行开立的保证函,保证投标人在中标人确定之前不得撤销投标,在中标后应当按照招标文件和投标文件与招标人签订合同。如果投标人违反规定,开立保证函的银行将根据招标人的通知,支付银行保函中规定数额的资金给招标人。

(3) 银行本票。

本票是出票人签发的,承诺自己在见票时无条件支付确定的金额给收款人或者持票人的票据。对于用作投标保证金的银行本票而言,则是由银行开出,交由投标人递交给招标人,招标人再凭银行本票到银行兑取资金。

银行本票与银行汇票、转账支票的区别在于银行本票是见票即付,而银行汇票、转账支票等则是从汇出、兑取到资金实际到账需要一段时间。

(4) 银行汇票。

银行汇票是汇票的一种,是一种汇款凭证,由银行开出,交由汇款人转交给异地收款人,异地收款人凭银行汇票在当地银行兑取汇款。对于用作投标保证金的银行汇票而言,则是由银行开出,交由投标人递交给招标人,招标人凭银行汇票在自己的开户银行兑取汇款。

(5) 支票。

支票是出票人签发的,委托办理支票存款业务的银行或者其他金融机构在见票时无条件支付确定的金额给收款人或者持票人的票据。支票可以支取现金(即现金支票),也可以转账(即转账支票)。对于用作投标保证金的支票而言,则是由投标人开出并交给招标人,招标人再凭支票在自己的开户银行支取资金。

2) 投标保证金的作用

(1) 对投标人的投标行为产生约束作用,保证招标投标活动的严肃性。

招标投标是一项严肃的法律活动,投标人的投标是一种要约行为,投标人作为要约人,向招标人(受要约人)递交投标文件之后,即意味着向招标人发出了要约。在投标文件递交截止时间至招标人确定中标人的这段时间内,投标人不能退出竞标或者修改投标文件;而一旦招标人发出中标通知书,作出承诺,则合同即告成立,中标的投标人必须接受并受到约束。否则,投标人就要承担合同订立过程中的缔约过失责任,并承担投标保证金被招标人没收的法律后果,这实际上是对投标人违背诚实信用原则的一种惩罚。因此,投标保证金能够对投标人的投标行为产生约束作用,这是投标保证金最基本的作用。

(2) 在特殊情况下可以弥补招标人的损失。

投标保证金一般定为投标报价的2%,该值为经验数字,因为实践中大量的工程招标投标的统计数据表明,通常最低标与次低标的价格相差在2%左右。因此,如果发生最低标的投标人反悔而退出竞标的情形,则招标人可以没收其投标保证金并授标给投标报价次低的投标人,用该投标保证金弥补最低价与次低价两者之间的价差,从而在一定程度上可以弥补或减少招标人所遭受的经济损失。

（3）督促招标人尽快定标。

投标保证金对投标人的约束作用是有一定时间限制的，这一时间即是投标有效期。如果超出了投标有效期，则投标人不对其投标的法律后果承担任何义务。所以，投标保证金只是在一个明确的期限内保持有效，从而可以防止招标人无限期地延长定标时间，影响投标人的经营决策和资源调配。

（4）侧面反映和考察投标人的实力。

投标保证金采用现金、支票、汇票等形式，实际上是对投标人流动资金的直接考察。投标保证金若采用银行保函的形式，银行在出具投标保函之前一般都要对投标人的资信状况进行考察，信誉欠佳或资不抵债的投标人很难从银行获得经济担保。银行一般都对投标人进行动态的资信评价，掌握着大量投标人的资信信息，因此，投标人能否获得银行保函，能够获得多大额度的银行保函，也可以从侧面反映出投标人的实力。

3）没收投标保证金的条件

根据规定，投标人应提交招标文件规定金额的投标保证金，并作为其投标书的一部分。发生下列任何情况时，投标保证金将被没收。

（1）投标人在投标函格式中规定的投标有效期内撤回其投标。

（2）中标人在规定期限内未能：

①根据规定签订合同，或接受对错误的修正；

②根据规定提交履约保证金。

（3）投标人采用不正当的手段骗取中标。

4）投标保证金的退还

按照《政府采购货物和服务招标投标管理办法》第38条的规定，采购人或者采购代理机构应当自中标通知书发出之日起5个工作日内退还未中标人的投标保证金，自采购合同签订之日起5个工作日内退还中标人的投标保证金或者转为中标人的履约保证金。

3. 投标文件的补充、修改和撤回

《招标投标法》第29条规定："投标人在招标文件要求提交投标文件的截止时间前，可以补充、修改或者撤回已提交的投标文件，并书面通知招标人。补充、修改的内容为投标文件的组成部分。"在提交投标文件截止时间后，投标人补充、修改、替代或者撤回其投标文件。投标人补充、修改、替代投标文件的，招标人不予接受；投标人撤回投标文件的，其投标保证金将被没收。

【案例 4-3】

某工程是依法必须招标的工程，建设单位采用公开招标方式选择监理单位承担施工监理任务，工程施工过程中发生如下事件。

事件1：编制监理招标文件时，建设单位提出投标人应具备规定的工程监理资质条件外，还必须满足下列条件：①具有工程招标代理资质；②不得组成联合体投标；③已在工程所在地行政辖区内进行工商注册登记；④属于混合股份制企业。

事件2：经评审，评标委员会推荐了3名中标候选人，并进行了排序。建设单位在收到评标报告 5 日后公示了中标候选人,同时与中标候选人协商,要求重新报价。中标候选人拒绝了建设单位的要求。

事件 3:管道工程隐蔽后,项目监理机构对施工质量提出质疑,要求进行剥离复验。施工单位以该隐蔽工程已通过项目监理机构检验为由拒绝复验。项目监理机构坚持要求施工单位进行剥离复验,经复验该隐蔽工程质量合格。

1. 逐条指出事件 1 中建设单位针对投标人提出的条件是否妥当,说明理由。
2. 指出事件 2 中建设单位做法不妥之处,说明理由。
3. 针对事件 3,施工单位、项目监理机构的做法是否妥当?说明理由,该隐蔽工程剥离所发生的费用由谁承担?

【案例分析】

1. 事件 1

(1) 具有工程招标代理资质的要求不妥当。

理由:招标人不得以投标人是否具有工程招标代理资质的要求排斥潜在投标人。

(2) 不得组成联合体投标的要求妥当。

理由:《招标投标法实施条例》第三十七条规定,招标人应当在资格预审公告、招标公告或者投标邀请书中载明是否接受联合体投标。

(3) 投标人在工程所在地行政辖区内进行了工商注册登记的要求不妥当。

理由:招标人不得以地区限制排斥潜在投标人。

(4) 投标人属于混合股份制企业的要求不妥当。

理由:招标人不得对潜在投标人实行歧视政策。

2. 事件 2

(1) 不妥之处:5 日后公示。

理由:依法必须进行招标的项目,招标人应当自收到评标报告之日起 3 日内公示中标候选人,公示期不得超过 3 日。

(2) 不妥之处:与中标候选人协商,要求重新报价。

理由:招标人和中标人应当依照法律法规的规定签订书面合同,合同的价款、质量、履行期限等主要条款应当与招标文件和中标人的投标文件的内容一致。招标人和中标人不得再行订立背离合同实质性内容的其他协议。

3. 事件 3

施工单位拒绝复验不妥当,监理机构做法妥当。

理由:监理人对已覆盖的隐蔽工程部位质量有疑问时,可要求承包人对已覆盖部位进行钻孔探测或揭开重新检验,承包人应遵照执行,并在检验后重新覆盖恢复原状。

经检验证明工程质量符合合同要求,由发包人承担由此增加的剥离所发生的费用和工期延误,并支付承包人合理利润。

4.4 建设工程开标、评标、定标

4.4.1 开标

开标是在投标截止之后,招标人在招标文件规定的时间和地点,将投标人提交的投标文件启封揭晓,公开宣布投标人的活动。

1. 开标的时间、地点

《招标投标法》规定,开标应当在招标文件确定的提交投标文件截止时间的同一时间公开进行;开标地点应当为招标文件中预先确定的地点。

2. 开标参加人

开标由招标人主持,邀请所有投标人参加,还可以邀请招标监督部门、监察部门、公证部门等的有关人员参加。

3. 开标的法定程序和唱标的内容

(1) 开标程序:开标时,由投标人或者其推选的代表检查投标文件的密封情况,也可以由招标人委托的公证机构检查并公证;经确认无误后,由工作人员当众拆封,宣读投标人名称、投标报价和投标文件的其他主要内容。招标人在招标文件要求提交投标文件的截止时间前收到的所有投标文件,开标时都应当当众予以拆封、宣读。开标过程应当记录,并存档备案。

(2) 唱标内容:按投标单位报送的先后顺序进行,当众宣读投标单位名称、投标报价、工期、质量、主要材料用量、修改或撤回通知、投标保证金、优惠条件,以及招标单位认为有必要的内容。

4. 不予受理的投标文件

投标文件有下列情形之一的,招标人不予受理。

(1) 逾期送达的或者未送达指定地点的。

(2) 未按招标文件要求密封的。

4.4.2 评标

评标是指根据招标文件的要求和规定,对各投标人的投标文件进行审查和分析比较,从中优选中标人的过程。

《招标投标法》规定,评标由招标人依法组建的评标委员会负责。招标人应当采取必要的措施,保证评标在严格保密的情况下进行。任何单位和个人不得非法干预、影响评标的过程和结果。

1. 评标委员会

(1) 评标委员会的组建。

依法必须进行招标的项目,其评标委员会由招标人的代表和有关技术、经济等方面的专家组成,成员人数为5人以上单数,其中技术、经济等方面的专家不得少于成员总数的2/3。与投标人有利害关系的人不得进入相关项目的评标委员会;已经进入的应当更换。评标委员会成员的名单在中标结果确定前应当保密。

(2) 评标专家的条件。

为规范评标活动,保证评标活动的公平、公正,提高评标质量,评标专家一般应具备以下条件:

①从事相关领域工作满8年并具有高级职称或者具有同等专业水平;
②熟悉有关招标投标的法律法规;
③能够认真、公正、诚实、廉洁地履行职责;
④身体健康,能够承担评标工作。

【知识拓展】

> 根据《评标委员会和评标方法暂行规定》的规定,有下列情形之一的,不得担任评标委员会成员:
> ①投标人或者投标人主要负责人的近亲属;
> ②项目主管部门或者行政监督部门的人员;
> ③与投标人有经济利益关系,可能影响对投标公正评审的;
> ④曾因在招标、评标以及其他与招标投标有关活动中从事违法行为而受过行政处罚或刑事处罚的。
> 评标委员会成员有上述规定情形之一的,应当主动提出回避。

2. 评标程序

1) 初步评审

初步评审包括对投标文件的符合性评审、技术性评审、商务性评审。

(1) 符合性评审包括商务符合性和技术符合性评审,即与招标文件的所有条款有无差异和保留,审核差异和保留是否会对其他投标人造成不公正影响。

(2) 技术性评审包括方案可行性评估和关键工序评估;劳务、材料、机械、质量控制措施以及环境保护措施评估。

(3) 商务性评审包括投标报价校核,审查全部报价数据计算的正确性,分析报价构成的合理性,并与标底价进行对比分析。

(4) 澄清和说明。评标委员会可以要求投标人对投标文件中含义不明确的内容作必要的澄清或者说明,但是澄清或者说明不得超出投标文件的范围或者改变投标文件的实质性内容。

(5) 应当作为废标处理的情况。

投标文件有下列情形之一的,由评标委员会初步评审后按废标处理:

①投标文件中的投标函未加盖企业及企业代表印章,或委托人没有合法、有效的委托书(原件)及委托代理人印章;
②投标文件的关键内容字迹模糊、无法辨认;
③投标人未按照招标文件要求提供投标保函或投标保证金;
④组成联合体投标的文件,未附联合体各方共同投标协议;
⑤投标人递交两份或多份内容不同的投标文件,或在一份投标文件中对同一招标项目报有两个或多个报价且未声明哪一个有效,按招标文件规定提交备选投标方案的除外;
⑥投标人名称或组织结构与资格预审时不一致。

(6) 投标偏差：包括重大偏差（一般作为废标处理）和细微偏差（经修改后不影响其他投标人）。

(7) 有效投标过少的处理：①因有效投标不足3个使得投标明显缺乏竞争性的，评标委员会可以否决全部投标。②投标人或者所有投标被否决的，招标人应依法重新招标。

2) 详细评审及其方法

经初步评审合格的投标文件，可根据招标文件确定的标准，对商务部分和技术部分作进一步评审和比较，即详细评审，其评标方法有：经评审的最低投标价法、综合评估法、法律和行政法规允许的其他评标方法。

(1) 经评审的最低投标价法。

①含义：能够满足招标文件的实质性要求，并经评审的最低投标价的投标，应被推荐为中标候选人。

②适用范围：具有通用技术、性能标准或没有特殊要求的招标项目。

③评标要求：公平、公正、科学和择优，依法评标、严格保密，反对不正当竞争等。

(2) 综合评估法。

不宜采用最低投标价法的招标项目，一般应采用综合评估法进行详细评审。

常用的方法是百分法，即根据招标文件规定的评标标准，对投标文件进行打分，并按得分由高到低顺序推荐中标候选人，但其投标报价不得低于一个基准价。

(3) 法律和行政法规允许的其他评标方法。

(4) 评标中的其他要求。

评标和定标应在投标有效期结束日后30个工作日前完成，不能在此期间完成的，招标人应当通知所有投标人延期。拒绝延期的，有权收回投标保证金；同意延期的，应当延长其投标担保有效期，但不得修改投标文件的实质性内容。

(5) 否决所有投标。

评标委员会经评审，认为所有投标都不符合招标文件要求的，可以否决所有投标。依法必须进行招标的项目的所有投标被否决的，招标人应当依照《招标投标法》重新招标。

有下列情况之一的，应当否决所有投标，重新招标：

①无合格投标人前来投标、投标单位数量不足法定数量；

②开标前标底泄露；

③各投标人报价均不合理；

④定标前发现标底严重漏误而无效；

⑤其他在招标前未预料到，但在招标过程中发生的足以影响招标的事由。

3) 编制评标报告

评标委员会完成评标后，应当向招标人提出书面评标报告，并推荐合格的中标候选人。评标委员会可在评标报告中推荐1~3个中标候选人，并标明排列顺序，由招标人确定。

4.4.3 定标

《招标投标法》规定："中标人的投标应当符合下列条件之一：①能够最大限度地满足招标文件中规定的各项综合评价标准；②能够满足招标文件的实质性要求，并且经评审的投标价格最低，但是投标价格低于成本的除外。"由此规定可以看出中标的条件有两种：一是获得最佳综合评价的投标中标,二是最低投标价格中标。

1. 确定中标人

根据《招标投标法》和《工程建设项目施工招标投标办法》的有关规定,确定中标人应当遵守如下程序。

(1) 评标委员会提出书面评标报告后,招标人一般应当在15日内确定中标人,最迟应当在投标有效期结束日后30个工作日前确定。

(2) 招标人应当接受评标委员会推荐的中标候选人,不得在评标委员会推荐的中标候选人之外确定中标人。

(3) 依法必须招标的项目,招标人应当确定排名第一的中标候选人为中标人。排名第一的中标候选人放弃中标、因不可抗力提出不能履行合同、不按照招标文件的要求提交履约保证金,或者被查实存在影响中标结果的违法行为等情形,不符合中标条件的,招标人可以按照评标委员会提出的中标候选人名单排序依次确定其他中标候选人为中标人。依次确定其他中标候选人与招标人预期差距较大,或者对招标人明显不利的,招标人可以重新招标。

(4) 招标人可以授权评标委员会直接确定中标人。

2. 投标人提出异议

如果投标人在中标结果确定后对中标结果有异议,甚至认为自己的权益受到了招标人的侵害,有权向招标人提出异议,如果异议不被接受,还可以向国家有关行政监督部门提出申诉,或者直接向人民法院提起诉讼。

3. 招标投标结果的备案制度

招标投标结果的备案制度,是指依法必须进行招标的项目,招标人应当自确定中标人之日起15日内,向有关行政监督部门提交招标投标情况的书面报告。

由招标人向有关行政监督部门提交招标投标情况的书面报告,是为了有效监督这些项目的招标投标情况,及时发现其中可能存在的问题。值得注意的是,招标人向行政监督部门提交书面报告备案,并不是说合法的中标结果和合同必须经行政监督部门审查批准后才能生效,但是法律另有规定的除外。

4. 中标通知书

中标人确定后,招标人应迅速将中标结果通知中标人及所有未中标的投标人。中标通知书就是向中标的投标人发出的告知其中标的书面通知文件。招标人不得向中标人提出压低报价、增加工作量、缩短工期或其他违背中标人意愿的要求,以此作为发出中标通知书和签订合同的条件。

中标通知书作为《招标投标法》规定的承诺行为,对中标人和招标人产生约束力。《招标投标法》规定,中标通知书发出后,招标人改变中标结果的,或者中标人放弃中标项目的,应当依法承担法律责任。

5. 签订合同

根据《招标投标法》第46条第1款的有关规定,招标人和中标人应当自中标通知书发出之日起30日内,按照招标文件和中标人的投标文件订立书面合同。招标人和中标人不得再行订立背离合同实质性内容的其他协议。

【案例 4-4】

某省重点工程项目由于工程复杂、技术难度高,一般施工队伍难以胜任,建设单位便自行决定采取邀请招标方式,于某年 9 月 28 日向通过资格预审的 A、B、C、D、E 这 5 家施工企业发出了投标邀请书。这 5 家施工企业均接受了邀请,并于规定时间购买了招标文件。按照招标文件的规定,10 月 18 日下午 4 时为提交投标文件的截止时间,10 月 21 日下午 2 时在建设单位办公大楼第二会议室开标。A、B、D、E 施工企业均在此截止时间之前提交了投标文件,但 C 施工企业却因中途堵车,于 10 月 18 日下午 5 时才将投标文件送达。10 月 21 日下午 2 时,当地招投标监管机构在该建设单位办公大楼第二会议室主持了开标。

1. 该建设单位自行决定采取邀请招标的做法是否合法,为什么?
2. 建设单位是否接受 C 施工企业的投标文件,为什么?
3. 开标应当由谁主持?

【案例分析】

1. 不合法。《招标投标法》第 11 条规定:国务院发展计划部门确定的国家重点项目和省、自治区、直辖市人民政府确定的地方重点项目不适宜公开招标的,经国务院发展计划部门或省、自治区、直辖市人民政府批准,可以进行邀请招标。因此,本案中的建设单位擅自决定对省重点工程项目采取邀请招标的做法,违反了《招标投标法》的有关规定,是不合法的。

2. 不能接收。《招标投标法》第 28 条规定:在招标文件要求提交投标文件的截止时间后送达的投标文件,招标人应当拒收。《招标投标法实施条例》第 36 条第 1 款规定:未通过资格预审的申请人提交的投标文件,以及逾期送达或者不按照投标文件要求密封的投标文件,招标人应当拒收。

3. 《招标投标法》第 35 条规定:开标由招标人主持,邀请所有投标人参加。据此,本案中由当地招投标监管机构主持开标是不合法的。

4.5 建设工程招标投标的法律责任

为维护国家利益、社会公共利益和招标投标当事人的合法权益,规范招标投标活动,保证工程项目质量,我国以法律的形式规范工程招标投标的各个过程,在建设工程招标投标活动中的违法行为应承担一定的法律责任。《招标投标法》对从事招标投标活动的单位和个人的法律责任给出了明确的规定。

4.5.1 招标人的法律责任

(1) 必须进行招标的项目而不招标的,将必须进行招标的项目化整为零或者以其他任何方式规避招标的,责令限期改正,可以处项目合同金额 5‰ 以上 10‰ 以下的罚款;对全部或者部分使用国有资金的项目,可以暂停项目执行或者暂停资金拨付;对单位直接负责的主管人员和其他直接责任人员依法给予处分。

(2) 招标人以不合理的条件限制或者排斥潜在投标人的,对潜在投标人实行歧视待遇的,强制要求投标人组成联合体共同投标的,或者限制投标人之间竞争的,责令改正,可以处 1 万元以上 5 万元以下的罚款。

(3) 依法必须进行招标的项目的招标人向他人透露已获取招标文件的潜在投标人的名称、数量或者可能影响公平竞争的有关招标投标的其他情况的,或者泄露标底的,给予警告,可以并处 1 万元以上 10 万元以下的罚款;对单位直接负责的主管人员和其他直接责任人员依法给予处分;构成犯罪的,依法追究刑事责任。影响中标结果的,中标无效。

(4) 依法必须进行招标的项目,招标人违反规定,与投标人就投标价格、投标方案等实质性内容进行谈判的,给予警告,对单位直接负责的主管人员和其他直接责任人员依法给予处分。影响中标结果的,中标无效。

(5) 招标人在评标委员会依法推荐的中标候选人以外确定中标人的,依法必须进行招标的项目在所有投标被评标委员会否决后自行确定中标人的,中标无效。责令改正,可以处中标项目金额 5‰ 以上 10‰ 以下的罚款;对单位直接负责的主管人员和其他直接责任人员依法给予处分。

(6) 招标人与中标人不按照招标文件和中标人的投标文件订立合同的,或者招标人、中标人订立背离合同实质性内容的协议的,责令改正;可以处中标项目金额 5‰ 以上 10‰ 以下的罚款。

【知识拓展】

《中华人民共和国招标投标法实施条例》(以下简称《招标投标法实施条例》)对招标人的违法行为给出了具体规定。

招标人有下列限制或者排斥潜在投标人行为之一的,由有关行政监督部门依照招标投标法第 51 条的规定处罚:①依法应当公开招标的项目不按照规定在指定媒介发布资格预审公告或者招标公告;②在不同媒介发布的同一招标项目的资格预审公告或者招标公告的内容不一致,影响潜在投标人申请资格预审或者投标。

招标人有下列情形之一的,由有关行政监督部门责令改正,可以处 10 万元以下的罚款:①依法应当公开招标而采用邀请招标;②招标文件、资格预审文件的发售、澄清、修改的时限,或者确定的提交资格预审申请文件、投标文件的时限不符合招标投标法和本条例规定;③接受未通过资格预审的单位或者个人参加投标;④接受应当拒收的投标文件。招标人有以上第①、③、④项所列行为之一的,对单位直接负责的主管人员和其他直接责任人员依法给予处分。

依法必须进行招标的项目的招标人有下列情形之一的,由有关行政监督部门责令改正,可以处中标项目金额 10‰ 以下的罚款;给他人造成损失的,依法承担赔偿责任;对单位直接负责的主管人员和其他直接责任人员依法给予处分:①无正当理由不发出中标通知书;②不按照规定确定中标人;③中标通知书发出后无正当理由改变中标结果;④无正当理由不与中标人订立合同;⑤在订立合同时向中标人提出附加条件。

4.5.2 投标人的法律责任

《招标投标法》对投标人的法律责任给出了明确的规定。

(1)《招标投标法》第53条规定,投标人相互串通投标或者与招标人串通投标的,投标人以向招标人或者评标委员会成员行贿的手段谋取中标的,中标无效,处中标项目金额5‰以上10‰以下的罚款,对单位直接负责的主管人员和其他直接责任人员处单位罚款数额5%以上10%以下的罚款;有违法所得的,并处没收违法所得;情节严重的,取消其1年至2年内参加依法必须进行招标的项目的投标资格并予以公告,直至由工商行政管理机关吊销营业执照;构成犯罪的,依法追究刑事责任。给他人造成损失的,依法承担赔偿责任。

(2)《招标投标法》第54条规定,投标人以他人名义投标或者以其他方式弄虚作假,骗取中标的,中标无效,给招标人造成损失的,依法承担赔偿责任;构成犯罪的,依法追究刑事责任。依法必须进行招标的项目的投标人有以上所列行为尚未构成犯罪的,处中标项目金额5‰以上10‰以下的罚款,对单位直接负责的主管人员和其他直接责任人员处单位罚款数额5%以上10%以下的罚款;有违法所得的,并处没收违法所得;情节严重的,取消其1年至3年内参加依法必须进行招标的项目的投标资格并予以公告,直至由工商行政管理机关吊销营业执照。

【知识拓展】

> 《招标投标法实施条例》对投标人的违法行为给出了具体规定。
>
> 投标人有下列行为之一的,属于招标投标法第53条规定的情节严重行为,由有关行政监督部门取消其1年至2年内参加依法必须进行招标的项目的投标资格:①以行贿谋取中标;②3年内2次以上串通投标;③串通投标行为损害招标人、其他投标人或者国家、集体、公民的合法利益,造成直接经济损失30万元以上;④其他串通投标情节严重的行为。投标人自以上规定的处罚执行期限届满之日起3年内又有以上所列违法行为之一的,或者串通投标、以行贿谋取中标情节特别严重的,由工商行政管理机关吊销营业执照。
>
> 投标人有下列行为之一的,属于招标投标法第54条规定的情节严重行为,由有关行政监督部门取消其1年至3年内参加依法必须进行招标的项目的投标资格:①伪造、变造资格、资质证书或者其他许可证件骗取中标;②3年内2次以上使用他人名义投标;③弄虚作假骗取中标给招标人造成直接经济损失30万元以上;④其他弄虚作假骗取中标情节严重的行为。投标人自以上规定的处罚执行期限届满之日起3年内又有以上所列违法行为之一的,或者弄虚作假骗取中标情节特别严重的,由工商行政管理机关吊销营业执照。
>
> 出让或者出租资格、资质证书供他人投标的,依照法律、行政法规的规定给予行政处罚;构成犯罪的,依法追究刑事责任。
>
> 投标人或者其他利害关系人捏造事实、伪造材料或者以非法手段取得证明材料进行投标,给他人造成损失的,依法承担赔偿责任。

4.5.3 招标代理机构的法律责任

《招标投标法》规定,招标代理机构违反本法规定,泄露应当保密的与招标投标活动有关的情况和资料的,或者与招标人、投标人串通损害国家利益、社会公共利益或者他人合法权益的,处5万元以上25万元以下的罚款,对单位直接负责的主管人员和其他直接责任人员处单位罚款数额5%以上10%以下的罚款;有违法所得的,并处没收违法所得;情节严重的,禁止其1年至2年内代理依法必须进行招标的项目并予以公告,由工商行政管理机关吊销营业执照;构成犯罪的,依法追究刑事责任。给他人造成损失的,依法承担赔偿责任。以上所列行为影响中标结果的,中标无效。

【知识拓展】

> 《招标投标法实施条例》规定,招标代理机构在所代理的招标项目中投标、代理投标或者向该项目投标人提供咨询的,接受委托编制标底的中介机构参加受托编制标底项目的投标或者为该项目的投标人编制投标文件、提供咨询的,依照招标投标法第50条的规定追究法律责任(即处5万元以上25万元以下的罚款,对单位直接负责的主管人员和其他直接责任人员处单位罚款数额5%以上10%以下的罚款;有违法所得的,并处没收违法所得;情节严重的,禁止其1年至2年内代理依法必须进行招标的项目并予以公告,由工商行政管理机关吊销营业执照;构成犯罪的,依法追究刑事责任。给他人造成损失的,依法承担赔偿责任)。取得招标职业资格的专业人员违反国家有关规定办理招标业务的,责令改正,给予警告;情节严重的,暂停一定期限内从事招标业务;情节特别严重的,取消招标职业资格。

4.5.4 评标委员会成员的法律责任

《招标投标法》规定,评标委员会成员收受投标人的财物或者其他好处的,评标委员会成员或者参加评标的有关工作人员向他人透露对投标文件的评审和比较、中标候选人的推荐以及与评标有关的其他情况的,给予警告,没收收受的财物,可以并处3000元以上5万元以下的罚款,对有所列违法行为的评标委员会成员取消担任评标委员会成员的资格,不得再参加任何依法必须进行招标的项目的评标;构成犯罪的,依法追究刑事责任。

【知识拓展】

> 《招标投标法实施条例》规定,评标委员会成员有下列行为之一的,由有关行政监督部门责令改正;情节严重的,禁止其在一定期限内参加依法必须进行招标的项目的评标;情节特别严重的,取消其担任评标委员会成员的资格:①应当回避而不回避;②擅离职守;③不按照招标文件规定的评标标准和方法评标;④私下接触投标人;⑤向招标人征询确定中标人的意向或者接受任何单位或者个人明示或者暗示提出的倾向或者排斥特定投标人的要求;⑥对依法应当否决的投标不提出否决意见;⑦暗示或者诱导投标人作出澄清、说明或者接受投标人主动提出的澄清、说明;⑧其他不客观、不公正履行职务的行为。
>
> 根据最高人民法院、最高人民检察院《关于办理商业贿赂刑事案件适用法律若干问题的意见》第6条的规定,依法组建的评标委员会的组成人员,在招标等事项的评标活动中,索取他人财物或者非法收受他人财物,为他人谋取利益,数额较大的,依照刑法第163条的规定,以非国家工作人员受贿罪定罪处罚。依法组建的评标委员会中国家机关或者其他国有单位的代表有以上行为的,依照刑法第385条的规定,以受贿罪定罪处罚。

4.5.5 中标人的法律责任

《招标投标法》对中标人的法律责任给出了明确的规定。

(1) 中标人将中标项目转让给他人的,将中标项目肢解后分别转让给他人的,违反本法规定将中标项目的部分主体、关键性工作分包给他人的,或者分包人再次分包的,转让、分包无效,处转让、分包项目金额5‰以上10‰以下的罚款;有违法所得的,并处没收违法所得;

可以责令停业整顿;情节严重的,由工商行政管理机关吊销营业执照。

(2)中标人不履行与招标人订立的合同的,履约保证金不予退还,给招标人造成的损失超过履约保证金数额的,还应当对超过部分予以赔偿;没有提交履约保证金的,应当对招标人的损失承担赔偿责任。中标人不按照与招标人订立的合同履行义务,情节严重的,取消其2年至5年内参加依法必须进行招标的项目的投标资格并予以公告,直至由工商行政管理机关吊销营业执照。因不可抗力不能履行合同的,不适用以上规定。

【知识拓展】

> 《招标投标法实施条例》规定,中标人无正当理由不与招标人订立合同,在签订合同时向招标人提出附加条件,或者不按照招标文件要求提交履约保证金的,取消其中标资格,投标保证金不予退还。对依法必须进行招标的项目的中标人,由有关行政监督部门责令改正,可以处中标项目金额10‰以下的罚款。

4.5.6 政府主管部门和国家工作人员的法律责任

《招标投标法》规定,对招标投标活动依法负有行政监督职责的国家机关工作人员徇私舞弊、滥用职权或者玩忽职守,构成犯罪的,依法追究刑事责任;不构成犯罪的,依法给予行政处分。

【知识拓展】

> 《招标投标法实施条例》规定,项目审批、核准部门不依法审批、核准项目招标范围、招标方式、招标组织形式的,对单位直接负责的主管人员和其他直接责任人员依法给予处分。有关行政监督部门不依法履行职责,对违反招标投标法和本条例规定的行为不依法查处,或者不按照规定处理投诉、不依法公告对招标投标当事人违法行为的行政处理决定的,对直接负责的主管人员和其他直接责任人员依法给予处分。项目审批、核准部门和有关行政监督部门的工作人员徇私舞弊、滥用职权、玩忽职守,构成犯罪的,依法追究刑事责任。
>
> 国家工作人员利用职务便利,以直接或者间接、明示或者暗示等任何方式非法干涉招标投标活动,有下列情形之一的,依法给予记过或者记大过处分;情节严重的,依法给予降级或者撤职处分;情节特别严重的,依法给予开除处分;构成犯罪的,依法追究刑事责任:①要求对依法必须进行招标的项目不招标,或者要求对依法应当公开招标的项目不公开招标;②要求评标委员会成员或者招标人以其指定的投标人作为中标候选人或者中标人,或者以其他方式非法干涉评标活动,影响中标结果;③以其他方式非法干涉招标投标活动。

4.5.7 其他法律责任

《招标投标法》规定,任何单位违反本法规定,限制或者排斥本地区、本系统以外的法人或者其他组织参加投标的,为招标人指定招标代理机构的,强制招标人委托招标代理机构办理招标事宜的,或者以其他方式干涉招标投标活动的,责令改正;对单位直接负责的主管人员和其他直接责任人员依法给予警告、记过、记大过的处分,情节较重的,依法给予降级、撤职、开除的处分。个人利用职权进行以上违法行为的,依照以上规定追究责任。

依法必须进行招标的项目违反本法规定,中标无效的,应当依照本法规定的中标条件从其余投标人中重新确定中标人或者依照本法重新进行招标。

【知识拓展】

《招标投标法实施条例》规定,依法必须进行招标的项目的招标投标活动违反招标投标法和本条例的规定,对中标结果造成实质性影响,且不能采取补救措施予以纠正的,招标、投标、中标无效,应当依法重新招标或者评标。

根据《刑法》第 226 条的规定,以暴力、威胁手段,实施下列行为之一,情节严重的,处 3 年以下有期徒刑或者拘役,并处或者单处罚金;情节特别严重的,处 3 年以上 7 年以下有期徒刑,并处罚金;……(3)强迫他人参与或者退出投标、拍卖的;……

【案例 4-5】

某政府投资的工程,采用无标底公开招标方式选定施工单位。工程实施中发生了下列事件,阅读具体事件,回答相应问题。

事件 1:工程招标时,A、B、C、D、E、F、G 共 7 家投标单位通过资格预审,并在投标截止时间前提交了投标文件。评标时,发现 A 投标单位的投标文件虽加盖了公章,但没有投标单位法定代表人的签字,只有法定代表人授权书中被授权人的签字(招标文件中对是否可由被授权人签字没有具体规定);B 投标单位的投标报价明显高于其他投标单位的投标报价,分析其原因是施工工艺落后;C 投标单位以招标文件规定的工期 380 天作为投标工期,但在投标文件中明确表示如果中标,合同工期按定额工期 400 天签订;D 投标单位投标文件中的总价金额汇总有误。

事件 2:经评标委员会评审,推荐 G、F、E 投标单位为前 3 名中标候选人。在中标通知书发出前,建设单位分别找 G、F、E 投标单位重新报价,以价格低者为中标单位,按原投标报价签订施工合同后,建设单位与中标单位再以新报价签订协议书作为实际履行合同的依据。

问题:

1. 事件 1 中 A、B、C、D 投标单位的投标文件是否有效?说明理由。
2. 事件 2 中,建设单位的要求违反了招标投标有关法律的哪些具体规定?

【案例分析】

1.(1)A 单位的投标文件有效。招标文件对此没有具体规定,且签字人有法定代表人的授权书。

(2)B 单位的投标文件有效。招标文件中对高报价没有限制。

(3)C 单位的投标文件无效。没有响应招标文件的实质性要求(或:附有招标人无法接受的条件)。

(4)D 单位的投标文件有效。总价金额汇总有误属于细微偏差(或:明显的计算错误允许补正)。

2.(1)确定中标人前,招标人不得与投标人就投标文件实质性内容进行协商。

(2)招标人与中标人必须按照招标文件和中标人的投标文件订立合同,不得再行订立背离合同实质性内容的其他协议。

【案例4-6】

某省重点工程项目计划于2018年12月28日开工,由于工程复杂,技术难度高,一般施工队伍难以胜任,业主自行决定采取邀请招标方式,并于2018年9月8日向通过资格预审的A、B、C、D、E共5家施工承包企业发出了投标邀请书。5家企业均接受了邀请,并于规定时间9月20日—9月22日购买了招标文件。

招标文件中规定,10月18日16时是招标文件规定的投标截止时间。评标标准:能够最大限度地满足招标文件中规定的各项综合评价标准。在投标截止时间之前,A、B、D、E 4家企业提交了投标文件,但C企业于10月18日17时才送达,原因是堵车。10月21日下午由当地招标投标监督管理办公室主持公开开标。

评标委员会成员共由7人组成,其中招标人代表3人(包括E企业总经理1人、D企业副总经理1人、业主代表1人)、技术经济方面专家4人。评标委员会于10月28日提出了书面评标报告。B、A企业分列综合得分第一名、第二名。招标人考虑到B企业投标报价高于A企业,要求评标委员会按照投标价格标准将A企业排名第一、B企业排名第二。11月10日招标人向A企业发出了中标通知书,并于12月12日签订了书面合同。

依据《招标投标法》回答下面问题。

1. 业主自行决定采取邀请招标方式的做法是否妥当?说明理由。
2. C企业投标文件是否有效?说明理由。
3. 请指出开标工作的不妥之处,说明理由。
4. 请指出评标委员会成员组成的不妥之处,说明理由。
5. 招标人要求按照价格标准评标是否违法?说明理由。
6. 合同签订的日期是否违法?说明理由。

【案例分析】

1. 不妥。根据《招标投标法》(第11条)的规定,省、自治区、直辖市人民政府确定的地方重点项目中不适宜公开招标的项目,要经过省、自治区、直辖市人民政府批准,方可进行邀请招标。因此,本案业主自行决定对省重点工程项目采取邀请招标方式的做法是不妥的。

2. 无效。根据《招标投标法》(第28条)的规定,在招标文件要求提交投标文件的截止时间后送达的投标文件,招标人应当拒收。本案C企业的投标文件送达时间迟于投标截止时间,因此,该投标文件应被拒收。

3. (1)根据《招标投标法》(第34条)的规定,开标应当在招标文件确定的提交投标文件截止时间的同一时间公开进行。

本案招标文件规定的投标截止时间是10月18日16时,但迟至10月21日下午才开标,是不妥之处之一。

(2)根据《招标投标法》(第35条)的规定,开标应由招标人主持。

本案由属于行政监督部门的当地招标投标监督管理办公室主持,是不妥之处之二。

4. 根据《招标投标法》(第37条)的规定,与投标人有利害关系的人不得进入评标委员会。本案由E企业总经理、D企业副总经理担任评标委员会成员是不妥的。

《招标投标法》还规定评标委员技术、经济等方面的专家不得少于成员总数的2/3。本案技术、经济方面专家比例为4/7,低于规定的比例要求。

5. 违法。根据《招标投标法》(第40条)的规定,评标委员会应当按照招标文件确定的评标标准和方法,对投标文件进行评审和比较。

招标文件规定的评标标准:能够最大限度地满足招标文件中规定的各项综合评价标准。本案招标人按照投标价格评标不符合招标文件的要求,属于违法行为。

6. 略。

【本章小结】

本章主要对建设工程招标投标的概念、招标投标活动的基本原则、必须招标项目的范围和规模、招标的主要类别及组织形式、投标文件的组成、评标委员会的组成、开标的程序、废标的概念、中标后的相关规定、建设工程招标投标的法律责任等内容进行了阐述。

【习题】

一、单项选择题

1. 下列关于招标投标活动中公开原则的叙述中,(　　)是错误的。
   A. 首先要求进行招标活动的信息公开
   B. 开标程序、评标标准和程序、中标结果等都应公开
   C. 开标程序、中标结果都应公开,但评标标准和程序不能公开
   D. 招标公告必须通过国家指定的报刊、信息网络或者其他公共媒介发布

2. 在招标活动的基本原则中,依法必须进行招标的项目的招标公告,必须通过国家指定的报刊、信息网络或者其他公共媒介发布,体现了(　　)。
   A. 公开原则　　　　B. 公平原则
   C. 公正原则　　　　D. 诚实信用原则

3. 《工程建设项目招标范围和规模标准规定》中规定重要设备、材料等货物的采购,单项合同估算价在(　　)万人民币以上的,必须进行招标。
   A. 40　　　　B. 100　　　　C. 300　　　　D. 200

4. 根据《工程建设项目招标范围和规模标准规定》的规定,属于工程建设项目招标范围的工程建设项目,施工单项合同估算价在(　　)人民币以上的,必须进行招标。
   A. 100万元　　B. 200万元　　C. 300万元　　D. 400万元

5. 按照《招标投标法》及相关规定,必须进行施工招标的工程项目是(　　)。
   A. 施工企业在其施工资质许可范围内自建自用的工程
   B. 属于利用扶贫资金实行以工代赈需要使用农民工的工程
   C. 施工主要技术采用不可替代的专利或者专有技术的工程
   D. 经济适用房工程

6. 招标人以招标公告邀请不特定的法人或者组织投标,这种招标方式称为(　　)。
   A. 公开招标　　B. 邀请招标　　C. 议标　　D. 定向招标

7. 依法必须进行招标的项目,招标人应当自确定中标人之日起(　　)日内,向有关行

政监督部门提交招标投标情况的书面报告。

A. 20　　　　B. 15　　　　C. 25　　　　D. 30

8. 某项目的招标人具有编制招标文件和组织评标的能力,则招标人(　　)。

A. 可以采用直接委托方式发包　　B. 可以自行招标,但应当备案
C. 可以自行招标,无须备案　　　　D. 必须委托中介机构代理招标

9. 从发放招标文件起至接受投标文件止,不得少于(　　)。

A. 10 天　　　B. 15 天　　　C. 20 天　　　D. 30 天

10. 投标有效期是指(　　)。

A. 在该期间投标无效
B. 从获取招标文件起至递交投标文件止的时间
C. 从投标截止日起至公布中标者日止的时间
D. 在该期间招标有效

11. 施工项目招标,招标文件开始出售的时间为3月20日,停止出售的时间为3月30日,提交投标文件的截止时间为4月25日,评标结束的时间为4月30日,则投标有效期开始的时间为(　　)。

A. 3月20日　　B. 3月30日　　C. 4月25日　　D. 4月30日

12. 同一专业的两个以上不同资质等级的单位实行联合承包的,应当按照(　　)单位的业务许可范围承揽工程。

A. 资质等级较高的　　　　B. 承担主要任务的
C. 资质等级较低的　　　　D. 联合体牵头

13. 甲公司与乙公司组成联合体投标,下面说法中,正确的是(　　)。

A. 共同投标协议在中标后提交
B. 甲公司与乙公司必须是同一专业
C. 甲公司与乙公司必须是同一资质等级
D. 联合体以一个投标人的身份共同投标

14. 甲、乙两个同一专业的施工单位分别具有该专业二、三级企业资质,甲、乙两个单位的项目经理数量合计符合一级企业资质要求。甲、乙两单位组成联合体参加投标,则该联合体资质等级应为(　　)。

A. 一级　　　B. 二级　　　C. 三级　　　D. 暂定级

15. 投标人少于(　　)个的,招标人应当依法重新招标。

A. 5　　　　B. 2　　　　C. 3　　　　D. 4

16. 评标委员会成员名单一般应于(　　)确定。

A. 开标过程中　　B. 开标后　　C. 招标前　　D. 开标前

17. 某建设项目递交投标文件的截止时间为2018年3月1日9时,某投标人由于交通拥堵于2018年3月1日9时5分将投标文件送达,开标时的正确做法是(　　)。

A. 招标人不予受理,该投标文件作为无效标书处理
B. 经招标办审查批准后,该投标有效,可以进入开标程序
C. 经其他全部投标人过半数同意,该投标可以进入开标程序
D. 由评标委员会按废标处理

18. 开标应在招标文件确定的（　　）公开进行。
  A. 提交投标文件截止时间之后 1 日内
  B. 提交投标文件截止时间之后 2 日内
  C. 提交投标文件截止时间的同一时间
  D. 提交投标文件截止时间之后 3 日内
19. 开标地点应当为（　　）。
  A. 招标投标双方确认的地点　　　　B. 建设行政主管部门指定的场所
  C. 招标文件中预先确定的地点　　　D. 投标人共同认可的地点

二、多项选择题

1. 下列可以不进行招标的项目是（　　）。
  A. 中国农业银行投资建设的项目　　B. 保密工程
  C. 抢险救灾等特殊情况下的工程项目　D. 使用扶贫资金的项目
  E. 涉及国家安全的项目
2. 如果以下工程均属于必须招标的工程建设项目范围，则其中必须招标的有（　　）。
  A. 施工单项合同，估算价为 300 万元
  B. 普通设备采购，单项合同估算价为 240 万元
  C. 设计服务采购，单项合同估算价为 120 万元
  D. 勘查服务采购，单项合同估算价为 31 万元，项目总投资额为 3500 万元
  E. 监理服务采购，单项合同估算价为 29 万元，项目总投资额为 5100 万元
3. 在工程项目招标中，可采取的主要方式有（　　）。
  A. 公开招标　B. 邀请招标　C. 协议招标　D. 直接招标　E. 议标
4. 招标投标活动应遵循（　　）的原则。
  A. 公平　　B. 公正　　C. 公开　　D. 诚实信用　　E. 等价有偿
5. 招标代理机构应具备以下哪些条件？（　　）
  A. 有从事招标代理业务的营业场所和相应资金
  B. 有能够编制招标文件和组织评标的相应专业力量
  C. 有符合相应规定的技术、经济等方面的专家库
  D. 有符合国家规定的注册资金
  E. 以上都不对
6. 建设工程实行招标投标时，一般应具备下列哪些条件？（　　）
  A. 有批准的项目建议书　　　B. 可行性研究报告
  C. 建设资金落实　　　　　　D. 建设地点落实
  E. 以上都不对
7. 本省行政区域内的建设工程，以下哪些必须应实行设计招标投标？（　　）
  A. 总投资在 40 万元以上的市政工程
  B. 总投资在 200 万元以上的市政工程
  C. 建设单位要求进行招标投标的
  D. 总投资在 120 万元以上的市政工程
  E. 以上都不对

8. 招标文件一般包括以下哪些内容？（　　）
   A. 投标文件格式　　　　　　B. 合同主要条款
   C. 技术规格　　　　　　　　D. 投标人须知
   E. 投标书

9. 招标投标活动包括（　　）。
   A. 招标　　B. 投标　　C. 评标　　D. 开标　　E. 废标

10. 投标文件出现哪些情况招标人可不予受理？（　　）
    A. 逾期送达的　　　　　　　B. 未按招标文件要求密封的
    C. 密封完好的　　　　　　　D. 不是法定代表人送达的
    E. 按时送到指定的地点

11. 不能担任评标委员会成员的有（　　）。
    A. 投标人或者投标人主要负责人的近亲属
    B. 项目主管部门或者行政监督部门的人员
    C. 与投标人有经济利益关系，可能影响对投标公正评审的
    D. 招标代理单位根据规定所设立的专家库的成员
    E. 曾因在招标、评标以及其他与招标投标有关活动中从事违法行为而受过行政处罚或刑事处罚的

12. 下列属于评标依据的是（　　）。
    A. 招标文件　　　　B. 评标办法　　　　C. 公司营业执照
    D. 投标单位多少　　E. 中标通知书

13. 下列关于开标程序的说法中正确的有（　　）。
    A. 开标应当在招标文件确定的提交投标文件截止时间的同一时间公开进行
    B. 开标由政府主管部门主持
    C. 开标时由投标人或者其推选的代表检查投标文件的密封情况，也可由招标人委托的公正机构检查并公正
    D. 开标时招标人可以有选择地宜读投标文件
    E. 开标过程应当记录，并存档备查

三、案例分析

某工程的招标人于 2018 年 8 月 21 日向具备承担该项目能力的 A、B、C、D、E、F 6 家承包商发出投标邀请书，其中说明，8 月 27 日 9 至 16 时在该招标人基建处领取招标文件，9 月 16 日 9 时为投标截止时间。

该 6 家承包商均接受邀请，在规定时间内提交了投标文件。但 A 承包商在送出投标文件后发现报价估算有较严重的失误，于是赶在开标时递交了一份书面声明，并撤回已提交的投标文件。开标时，F 承包商项目经理由于单位有事，故没能出席，但在开标前向招标人递交了一份书面声明。

开标时，由招标人检查投标文件的密封情况，确认无误后，由工作人员当众拆封。由于 A 承包商已撤回投标文件，故招标人宣布有 B、C、D、E、F 5 家承包商投标，并宣读该 5 家承包商的投标价格、工期和其他主要内容。

评标委员会委员由招标人随机抽取，由 7 人组成，其中招标人代表 3 人，本系统技术专

家 1 人、经济专家 1 人,外系统技术专家 1 人、经济专家 1 人。招标人在开标前将评委名单以书面形式通知各投标人。

在评标过程中,评标委员会要求 B、F 两投标人分别对其施工方案作详细说明,并对若干技术要点和难点提出问题,要求其提出具体、可靠的实施措施。作为评标委员的招标人代表希望 D 承包商再适当考虑一下缩短工期的可能性。

按照招标文件中确定的评标标准,5 个投标人综合得分从高到低的顺序依次为 B、F、D、C、E,由于考虑到 D 可以再将工期缩短一个月,故评标委员会确定 D 承包商为中标人。由于 D 承包商为外地企业,招标人于 11 月 14 日以电话的形式通知承包商 D 中标。

从报价情况来看,5 个投标人的报价从低到高的顺序依次为 C、F、D、B、E,因此,从 11 月 16 日至 12 月 14 日招标人与 D 承包商就合同价格进行了多次谈判,结果 D 承包商将价格降低 2%,最终双方于 12 月 15 日签订了书面合同。

问题:从所介绍的背景资料来看,该工程的招标投标中哪些方面不符合规定?请逐一说明。

扫码看答案

第 5 章　建设工程合同法律制度

【教学目标】

能　力　目　标	知　识　目　标
1. 能正确应用合同相关知识进行案例分析 2. 能纠正合同中不符合规定的条款 3. 能明确建设各方的合同责任和义务	1. 了解建设工程合同概念 2. 熟悉建设工程合同订立、履行、变更、转让 3. 掌握无效合同、效力待定合同、可变更可撤销合同的内容 4. 掌握建设工程合同的违约责任 5. 熟悉建设工程合同的纠纷处理

【学习要点】

1. 建设工程合同概念；
2. 建设工程合同订立过程；
3. 要约、承诺的相关知识；
4. 无效合同、效力待定合同、可变更可撤销合同的内容；
5. 合同的履行、变更、转让、终止；
6. 建设工程合同的违约责任与纠纷处理。

【引例】

2020年2月，甲乙双方签订一份价值4万元的铝合金型材购销合同。合同约定乙方向甲方提供4万元的铝合金型材，交货日期为同年4月份，交货方式为乙方送货，甲方预付定金8000元，违约金5％，合同中对型材的规格、质量等有明确要求。合同签订后，甲方依约交付了定金。而届时，乙方却未能交货，经甲方多次派人催促（花费差旅费500元），双方同意延期至同年6月份交货，届时，乙方只交付了2万元的型材。甲方收货后，即存放在仓库并继续催货。8月份，甲方从仓库取货使用，发现型材规格不符合合同要求，遂要求退货，并要求解除未履行部分的合同；乙方既不同意退货，亦不同意解除未履行部分的合同。甲方因急需用材，从其他单位另行购进了4万元的同种型料，后甲方诉至法院。

问：（1）乙方已履行部分能否退货？请说明理由。

（2）合同未履行部分能否解除？请说明理由。

（3）定金如何处理？

（4）乙方应承担哪些违约责任？

5.1 建设工程合同法律制度概述

合同的形式、内容

1. 合同的概念

合同，又称契约。合同广义上说是指以确定权利、义务为内容的协议。它不仅包括私法上的合同即民事合同，还包括行政合同和劳动合同。狭义的合同专指民事合同，它是设立、变更、终止民事权利义务关系的协议。《民法典》第三篇合同第一章第464条规定"合同是民事主体之间设立、变更、终止民事法律关系的协议。婚姻、收养、监护等有关身份关系的协议，适用有关该身份关系的法律规定；没有规定的，可以根据其性质参照适用本编规定"。

2. 合同的法律特征

（1）合同是一种法律行为。合同依法成立，不履行合同就应承担法律责任。

（2）合同的当事人法律地位平等。合同当事人无论是法人，还是自然人或其他组织，在法律上地位上都是平等的，双方自愿协商，任何一方不得将自己的观点、主张强加给另一方。

（3）合同是两个或两个以上当事人意思表示一致的法律行为。合同的成立必须有两个或两个以上当事人，当事人不仅作出意思表示，而且意思表示是一致的。

（4）合同是当事人的合法行为。依法签订的合同受法律的保护，相反，违反法律法规强制性规定签订的合同无效，当事人还要承担相应的法律责任。

3. 我国合同法律制度的建立

（1）1999年3月15日，中华人民共和国第九届全国人民代表大会第二次会议通过了《中华人民共和国合同法》（以下简称《合同法》），该法自1999年10月1日起施行，原有的《中华人民共和国经济合同法》、《中华人民共和国技术合同法》和《中华人民共和国涉外经济合同法》三部合同法律同时废止。《合同法》由总则、分则和附则三部分组成。总则包括八章内容：一般规定、合同的订立、合同的效力、合同的履行、合同的变更和转让、合同的权利义务终止、违约责任、其他规定。分则按照合同标的的特点分为买卖合同，借款合同，租赁合同，融资租赁合同，承揽合同，建设工程合同等15种。附则规定本法施行时间及替代前法名称及废止时间。

（2）2020年5月28日第十三届全国人民代表大会第三次会议通过了《中华人民共和国民法典》（以下简称《民法典》），本法自2021年1月1日起施行，原《中华人民共和国民法通则》、《中华人民共和国合同法》、《中华人民共和国物权法》等九部法律同时废止。《民法典》第三篇合同由第一分编通则、第二分编典型合同和第三分编准合同三部分组成。通则包括一般规定、合同的订立、合同的效力、合同的履行、合同的保全、合同的变更和转让、合同的权利义务终止、违约责任8章的内容。典型合同按照合同标的的特点分为买卖合同、借款合同、租赁合同、融资租赁合同、承揽合同、建设工程合同等19种。准合同包括无因管理和不当得利的内容。

4. 合同的基本原则

合同规定了当事人法律地位平等原则、订立合同自愿原则、公平原则、诚实信用原则和合法原则。

1）平等原则

《民法典》第 4 条规定"民事主体在民事活动中的法律地位一律平等"。合同当事人的法律地位平等，享有民事权利和承担民事义务的资格是平等的，因此在订立合同中双方当事人的意思表示必须是完全自愿的，不能是在强迫和压力下所作出的非自愿的意思表示。

建设工程合同是平等主体之间的法律行为，发包人与承包人的法律地位平等，只有订立建设工程合同的当事人平等协商，才有可能订立意思表示一致的协议。

2）自愿原则

《民法典》第 5 条规定"民事主体从事民事活动，应当遵循自愿原则，按照自己的意思设立、变更、终止民事法律关系"。合同当事人通过协商，自愿决定和调整相互的权利义务关系。自愿原则体现了民事活动的基本特征，是民事关系区别于行政法律关系、刑事法律关系的特有原则。民事主体合法的民事权利可以抗御非正当行使的国家权力，也不受其他民事主体的非法干预。

自愿的原则有以下几层含义：第一，合同当事人有订立或者不订立合同的自由；第二，合同当事人有权选择合同相对人；第三，合同当事人有权决定合同内容；第四，合同当事人有权决定合同形式的自由。即合同当事人有权决定是否订立合同，有权选择与谁订立合同，有权拟定或者接受合同条款，有权以书面或者口头的形式订立合同。当然，合同的自愿原则应受到法律限制，这种限制对于不同的合同而言有所不同。

需要说明的是，由于建设工程合同的重要性，法律法规对建设工程合同的干预较多，对当事人的合同自愿的限制也较多。建设工程合同内容中的质量条款，必须符合国家的质量标准；建设工程合同的形式，则必须是书面形式，当事人也没有选择的权利。

3）公平原则

《民法典》第 6 条规定"民事主体从事民事活动，应当遵循公平原则，合理确定各方的权利和义务"。在合同的订立和履行中，合同当事人应当正当行使合同权利和履行合同义务，兼顾他人利益，维系当事人的利益均衡。在双务合同中，一方当事人在享有权利的同时，也要承担相应义务，取得的利益要与付出的代价相适应。合同双方当事人之间的权利义务要公平合理，大体上平衡，强调一方给付与对方给付之间的等值性，合同上的负担和风险的合理分配。

建设工程合同也不例外，如果建设工程合同显失公平，则属于可变更或者可撤销的合同。

4）诚实信用原则

《民法典》第 7 条规定"民事主体从事民事活动，应当遵循诚信原则，秉持诚实，恪守承诺"。这是市场经济活动中形成的道德规则，它要求人们在交易活动（订立和履行合同）中讲究信用，信守诺言，诚实不欺。诚实信用原则要求当事人在订立、履行合同，以及合同终止后的全过程中，都要诚实、讲信用、相互协作。

对于建设工程合同，不论是发包人还是承包人，在行使权利时都应当充分尊重他人和社会的利益，忠实地履行约定的义务。如在招标投标阶段，招标文件和投标文件中都应当如实说明自己和项目的情况；在合同履行阶段，合同当事人双方都应当相互协作，如发生不可抗力时，应当相互告知，并尽量减少损失。

5) 合法原则

《民法典》第 8 条规定"当民事主体从事民事活动,不得违反法律,不得违背公序良俗"。这要求合同当事人双方应遵守法律法规和公序良俗原则。该原则要求当事人订立、履行合同时,不但应当遵守法律、行政法规,而且应当尊重社会公德,不得扰乱社会经济秩序,损害社会公共利益。

5. 合同的分类

《民法典》第三篇合同第二分编将合同分为 19 类:买卖合同;供用电、水、气、热力合同;赠予合同;借款合同;保证合同;租赁合同;融资租赁合同;保理合同;承揽合同;建设工程合同;运输合同;技术合同;保管合同;仓储合同;委托合同;物业服务合同;行纪合同;中介合同;合伙合同。《民法典》第三篇合同第二分编典型合同对每一类合同都作了较为详细的规定。

根据合同的法律特征,按照不同的标准,可以将合同作如下分类。

1) 有名合同与无名合同

根据法律是否明文规定了合同的名称,可以将合同分为有名合同与无名合同。

有名合同(又称典型合同),是指法律上已经确定了一定的名称及具体规则的合同。《民法典》第三篇合同中所规定的 19 类合同,都属于有名合同,如建设工程合同等。

无名合同(又称非典型合同),是指法律上尚未确定名称与规则的合同。无名合同当事人可以自由决定合同的内容,即使当事人订立的合同不属于有名合同的范围,只要不违背法律的禁止性规定和社会公共利益,仍然是有效的。

有名合同应当直接适用《民法典》第三篇合同的相关规定。无名合同首先应当适用《民法典》第三篇合同第一篇通则的一般规则,然后可比照最相似的有名合同的规则,确定合同效力、当事人权利义务等。

2) 双务合同与单务合同

根据合同当事人是否互相负有给付义务,可以将合同分为双务合同和单务合同。

双务合同,是指当事人双方互负对待给付义务的合同,即双方当事人互享债权、互负债务,一方的合同权利正好是对方的合同义务,彼此形成对价关系。例如,建设工程施工合同中,承包人有获得工程价款的权利,而发包人则有按约支付工程价款的义务。大部分合同都是双务合同。

单务合同,是指当事人中仅有一方负担义务,而另一方只享有合同权利的合同。例如,在赠予合同中,受赠人享有接受赠予物的权利,但不负担任何义务。无偿委托合同、无偿保管合同均属于单务合同。

3) 诺成合同与实践合同

根据合同的成立是否需要交付标的物,可以将合同分为诺成合同和实践合同。

诺成合同(又称不要物合同),是指当事人双方意思表示一致就可以成立的合同。大多数的合同都属于诺成合同,如建设工程合同、买卖合同、租赁合同等。

实践合同(又称要物合同),是指除当事人双方意思表示一致以外,尚须交付标的物才能成立的合同,如保管合同。

4) 要式合同与不要式合同

根据法律对合同的形式是否有特定要求,可以将合同分为要式合同与不要式合同。

要式合同,是指根据法律规定必须采取特定形式的合同。如《民法典》第三篇合同规定,建设工程合同应当采用书面形式。

不要式合同,是指当事人订立的合同依法并不需要采取特定的形式,当事人可以采取口头形式,也可以采取书面形式或其他形式的合同。

要式合同与不要式合同的区别,实际上是一个关于合同成立与生效的条件问题。如果法律规定某种合同必须经过批准或登记才能生效,则合同未经批准或登记便不生效;如果法律规定某种合同必须采用书面形式才成立,则当事人未采用书面形式时合同便不成立。

5) 有偿合同与无偿合同

根据当事人取得权益是否需付相应对价,可以将合同分为有偿合同和无偿合同。

有偿合同,是指一方通过履行合同规定的义务而给对方某种利益,对方要得到该利益必须为此支付相应对价的合同。有偿合同是商品交换最典型的法律形式,绝大多数反映交易关系的合同都是有偿合同。

无偿合同,是指一方给付对方某种利益,对方取得该利益时并不支付任何代价的合同,如赠予合同、借用合同等。

6) 主合同与从合同

根据合同相互间的主从关系,可以将合同分为主合同与从合同。

凡不依赖其他合同的存在而能独立存在的合同,称为主合同。凡以其他合同存在为前提的合同,称为从合同。如为担保借款合同而订立的抵押合同,则借款合同为主合同,抵押合同为从合同。

主合同的无效、终止将导致从合同的无效、终止,但从合同的无效、终止不能影响主合同。

6. 建设工程合同

《民法典》第788条规定"建设工程合同是承包人进行工程建设,发包人支付价款的合同。建设工程合同包括工程勘察、设计、施工合同"。第789条规定"建设工程合同应当采用书面形式"。

工程建设一般经过勘察、设计、施工等过程,因此,建设工程合同的发包人是业主或者业主委托的管理机构,而承担勘察、设计、建筑安装任务的勘察人、设计人、施工人是工程承包人。建设工程合同包括建设工程勘察合同、建设工程设计合同、建设工程施工合同。需要说明的是,采购合同属于买卖合同,监理合同属于委托合同,这两者均不属于建设工程合同。

建设工程合同实质上是一种特殊的承揽合同。《民法典》第三篇合同第十八章建设工程合同第808条规定:"本章没有规定的,适用承揽合同的有关规定。"

5.2 建设工程合同订立

1. 合同订立的过程

施工合同范本(简易)

《民法典》第471条规定"当事人订立合同,采取要约、承诺方式或者其他方式"。

1) 要约

《民法典》第472条规定:"要约是希望和他人订立合同的意思表示,该意思表示应当符合下列规定:①内容具体确定;②表明经受要约人承诺,要约人即受该意思表示约束。"具体地讲,要约必须是特定人的意思表示,必须以缔结合同为目的。要约必须是对相对人发出的行为,必须由相对人承诺,虽然相对人可能为不特定的多数人。另外,要约必须具备合同的一般条款。在招标投标活动中,投标文件属于要约。发出要约的人称为要约人,接受要约的人称为受要约人。

(1) 要约的生效。

要约的生效是指要约开始发生法律效力。自要约生效起,其一旦被有效承诺,合同即告成立。

《民法典》第474条规定:要约生效的时间适用本法第137条的规定:"①以对话方式作出的意思表示,相对人知道其内容时生效。②以非对话方式作出的意思表示,到达相对人时生效。③以非对话方式作出的采用数据电文形式的意思表示,相对人指定特定系统接收数据电文的,该数据电文进入该特定系统时生效;未指定特定系统的,相对人知道或者应当知道该数据电文进入其系统时生效。当事人对采用数据电文形式的意思表示的生效时间另有约定的,按照其约定"。

(2) 要约的撤回。

要约的撤回是指在要约发生法律效力之前,要约人使其不发生法律效力而取消要约的行为。《民法典》第475条规定:要约可以撤回。要约的撤回适用本法第141条的规定:"行为人可以撤回意思表示。撤回意思表示的通知应当在意思表示到达相对人前或者与意思表示同时到达相对人"。

(3) 要约的撤销。

要约的撤销是指要约在发生法律效力之后,要约人欲使其丧失法律效力而取消该项要约的意思表示。为了保护当事人的利益,《民法典》第476条规定:要约可以撤销,但是有下列情形之一的除外:

①要约人确定了承诺期限或者以其他形式明示要约不可撤销;

②受要约人有理由认为要约是不可撤销的,并已经为履行合同作了准备工作。

《民法典》第477条规定:撤销要约的意思表示以对话方式作出的,该意思表示的内容应当在受要约人作出承诺之前为受要约人所知道;撤销要约的意思表示以非对话方式作出的,应当在受要约人作出承诺之前到达受要约人。

(4) 要约失效。

《民法典》第478条规定有下列情形之一的,要约失效:

①要约被拒绝;

②要约被依法撤销;

③承诺期限届满,受要约人未作出承诺;

④受要约人对要约的内容作出实质性变更。

2) 要约邀请

《民法典》第473条规定:"要约邀请是希望他人向自己发出要约的意思表示。拍卖公告、招标公告、招股说明书、债券募集办法、基金招募说明书、商业广告和宣传、寄送的价目表等为要约邀请。商业广告和宣传的内容符合要约条件的,构成要约。"

要约邀请并不是合同成立的必经过程,它是当事人订立合同的预备行为,行为人在法律上无须承担责任。这种意思表示的内容往往不确定,不含有合同成立的主要内容,也不含相对人同意后受其约束的表示。在招标投标活动里,投标邀请函、招标公告被视为要约邀请。

3)承诺

《民法典》第479条规定:承诺是受要约人同意要约的意思表示,即受要约人同意接受要约的条件以成立合同的意思表示。一般而言,要约一经承诺并送达要约人,合同即告成立。

承诺必须符合一定条件才能发生法律效力。承诺必须具备如下条件。

①承诺必须由受要约人作出。非受要约人向要约人作出的接受要约的意思表示是一种要约而非承诺。

②承诺必须在承诺期限内发出。超过期限发出的,除要约人及时通知受要约人该承诺有效的以外,为新要约。

③承诺的内容应当与要约的内容一致。受要约人对要约的内容作出实质性变更的,为新要约。有关合同标的、数量、质量、价款或者报酬、履行期限、履行地点和方式、违约责任和解决争议方法等的变更,是对要约内容的实质性变更。承诺对要约的内容作出非实质性变更的,除要约人及时表示反对或者要约表明承诺不得对要约的内容作出任何变更的以外,该承诺有效,合同的内容以承诺的内容为准。

④承诺的方式必须符合要约要求。《民法典》第480条规定:"承诺应当以通知的方式作出,但根据交易习惯或者要约表明可以通过行为作出承诺的除外。"

在建设工程合同订立过程中,招标人发出中标通知书的行为是承诺。

4)与承诺有关的概念

①承诺生效。

承诺应当在要约确定的期限内到达要约人,承诺通知到达要约人时生效;要约没有确定承诺期限的,承诺应当依照下列规定到达:①要约以对话方式作出的,应当即时作出承诺;②要约以非对话方式作出的,承诺应当在合理期限内到达。承诺不需要通知的,根据交易习惯或者要约的要求作出承诺的行为时生效。承诺生效则合同成立。

②承诺超期。

承诺超期是指受要约人超过承诺期限发出承诺,或者在承诺期限内发出承诺,按照通常情形不能及时到达要约人的,为新要约;但是,要约人及时通知受要约人该承诺有效的除外。

③承诺延误。

承诺延误是指要约在承诺期限内发出承诺,按照通常情形能够及时到达要约人,但因其他原因承诺到达要约人时超过承诺期限的,除要约人及时通知受要约人因承诺超过期限不接受该承诺的以外,该承诺有效。

④承诺的撤回。

承诺的撤回,是指承诺发出以后,受要约阻止承诺发生法律效力的意思表示。承诺可以撤回,撤回承诺的通知应当在承诺通知到达要约人之前或者与承诺通知同时到达要约人。

【案例 5-1】

施工合同规定,由建设单位提供建筑材料,于是,建设单位于2019年3月1日以信件的方式向上海B建材公司发出要约:"愿意购买贵公司水泥1万吨,按350元/吨的价格,你方负责运输,货到付款,30天内答复有效。"3月10信件到达B建材公司,B建材公司收发员李某签收,但由于正逢下班时间,于第二天将信交给公司办公室。恰逢 B 建材公司董事长外出,2019 年 4 月 6 日才回来,看到建设单位的要约,他立即以电话的方式告知建设单位:"如果价格为 380 元/吨,可以卖给贵公司 1 万吨水泥。"建设单位不予理睬。4 月 20 日上海 C 建材公司经理吴某在 B 建材公司董事长办公室看到了建设单位的要约,当天回去就向建设单位发了传真:"我们愿意以 350 元/吨的价格出售 1 万吨水泥。"建设单位第二天回电 C 建材公司:"我们只需要 5000 吨。"C 建材公司当天回电:"明日发货"。

问题:

1. 2019 年 4 月 6 日 B 建材公司电话告知建设单位的内容是要约还是承诺？为什么？
2. 建设单位对 2019 年 4 月 6 日 B 建材公司电话不予理睬是否构成违约？为什么？
3. 2019 年 4 月 20 日 C 建材公司的传真是要约还是承诺？为什么？
4. 2019 年 4 月 21 日建设单位对 C 建材公司的回电是要约还是承诺？为什么？
5. 2019 年 4 月 21 日 C 建材公司对建设单位的回电是要约还是承诺？为什么？

【案例分析】

1. 2019 年 4 月 6 日 B 建材公司电话告知建设单位的内容是要约,因为 B 建材公司修改了原建设单位要约的价格,所以是新要约,不是承诺。

2. 建设单位对 2019 年 4 月 6 日 B 建材公司电话不予理睬是未构成违约,因为建设单位和建材公司没有承诺,合同未成立,故不违约。

3. 2019 年 4 月 20 日 C 建材公司的传真是要约,因为建设单位并未向 C 建材公司发出要约,所以为新要约。

4. 2019 年 4 月 21 日建设单位对 C 建材公司的回电是要约,因为建设单位改变了水泥的数量,所以是新要约,不是承诺。

5. 2019 年 4 月 21 日 C 建材公司对建设单位的回电是承诺,因为双方已同意,达成一致意见。

2. 合同的形式

《民法典》第 469 条规定:"当事人订立合同,可以采用书面形式、口头形式或者其他形式。"法律、行政法规规定采用书面形式的,应当采用书面形式。当事人约定采用书面形式的,应当采用书面形式。

书面形式是指以文字等可以有形地表现内容的形式达成的协议。这种形式明确肯定,有据可查,对于防止争议和解决纠纷,有积极意义。书面形式是合同书、信件、电报、电传、传真等可以有形地表现所载内容的形式。以电子数据交换、电子邮件等方式能够有形地表现所载内容,并可以随时调取查用的数据电文,视为书面形式。

口头形式是指当事人面对面地谈话或者以通信设备(如电话)交谈达成协议。以口头形式订立合同的特点是直接、简便、快速,数额较小的或者现金交易通常采用口头形式。口头形式没有凭证,发生争议后,难以取证,不易分清责任。

除了书面形式和口头形式,合同还可以其他形式订立。如默示合同就是指当事人未用语言明确作出意思表示,而是可以根据当事人的行为或者特定情形推定的合同。

3. 合同的内容

合同的内容,即合同当事人的权利、义务。《民法典》第 470 条规定:"合同的内容由当事人约定,一般包括以下条款:当事人的名称或者姓名和住所,标的,数量,质量,价款或者报酬,履行期限、地点和方式,违约责任,解决争议的方法。当事人可以参照各类合同的示范文本订立合同。"

(1) 当事人的名称或者姓名和住所。

合同主体包括自然人、法人、其他组织。明确合同主体,对了解合同当事人的基本情况、合同的履行和确定诉讼管辖具有重要的意义。如果当事人是自然人,其住所就是其户籍所在地的居住地;自然人的经常居住地与住所不一致的,其经常居住地视为住所。如果当事人是法人,其住所是其主要办事机构所在地。如果法人有两个以上的办事机构,即应区分哪一个为主要办事机构,主要办事机构之外的办事机构为次要办事机构,而以该主要办事机构所在地为法人的住所。国家对建设工程合同的当事人有一些特殊的要求,如要求施工企业作为承包人时必须具有相应的资质等级。

(2) 标的。

标的是合同当事人双方权利和义务共同指向的对象。标的的表现形式为物、劳务、行为、智力成果、工程项目等。没有标的合同不能成立,当事人的权利义务无所依托;标的不明确的合同无法履行,合同也不能成立。所以,标的是合同的首要条款,签订合同时标的必须明确、具体,且符合国家法律和行政法规的规定。特别是作为标的的同一种物品会因产地的差异和质量的不同而存在差别时,更需要详细说明标的的具体情况。

(3) 数量。

数量是衡量合同标的多少的尺度,以数字和计量单位表示。没有数量或数量的规定不明确,当事人双方权利义务的多少、合同是否完全履行都无法确定。因此,合同双方当事人应选择共同接受的计量单位和计量方法,并允许规定合理的磅差和尾差。数量必须严格按照国家规定的法定计量单位填写,以免当事人产生不同的理解。建设工程施工合同中的数量主要体现的是工程量的大小。

(4) 质量。

标的物的质量主要包括以下几个方面:第一,标的物的物理和化学成分;第二,标的物的规格,通常是用度、量、衡来确定的质量特性;第三,标的物的性能,如强度、硬度、弹性、抗腐蚀性、耐水性、耐热性、传导性和牢固性等;第四,标的物的款式,如标的物的色泽、图案、式样等;第五,标的物的感觉要素,如标的物的味道、新鲜度等。质量是标的的内在品质和外观形态的综合指标。

签订合同时,必须明确质量标准。合同对质量标准的约定应当准确而具体,对于技术上较为复杂和容易引起歧义的词语、标准,应当加以说明和解释。对于强制性的标准,当事人必须执行,合同约定的质量标准不得低于该强制性标准。当事人没有约定质量标准的,如果有国家标准,则依国家标准执行;如果没有国家标准,则依行业标准执行;没有行业标准,则依地方标准执行;没有地方标准,则依企业标准执行。对于推荐性的标准,国家鼓励采用。建设工程中的质量标准大多是强制性的质量标准,建设工程合同约定的质量标准不得低于这些强制性的标准。

(5) 价款或者报酬。

价款是购买标的物所应支付的代价,报酬是获得服务应当支付的代价,这两项作为合同的主要条款应予以明确规定。在大宗买卖或对外贸易中,合同价款还应对运费、保险费、装卸费、保管费和报关费作出规定。

价款或者报酬在勘察、设计合同中表现为勘察费、设计费,在监理合同中体现为监理费,在施工合同中则体现为工程款。

(6) 履行期限、地点和方式。

履行期限是合同当事人各方按照合同规定全面履行各自义务的时间。当事人可以就履行期限是即时履行、定时履行、分期履行作出规定。

履行地点是指当事人交付标的和支付价款或酬金的地点,包括标的的交付、提取地点,服务、劳务或工程项目建设的地点,价款或劳务的结算地点。当事人应对履行地点是在出卖人所在地,还是买受人所在地作出规定。施工合同的履行地点是工程所在地。

履行方式是指当事人完成合同规定义务的具体方法,包括标的的交付方式和价款或酬金的结算方式。当事人应对合同履行方式是一次交付还是分批交付,是空运、水运还是陆运作出明确规定。

履行期限、地点和方式是确定合同当事人是否适当履行合同的依据。

(7) 违约责任。

违约责任是任何一方当事人不履行或者不适当履行合同规定的义务而应当承担的法律责任。当事人可以在合同中约定,一方当事人违反合同时,向另一方当事人支付一定数额的违约金;或者约定违约损害赔偿的计算方法及赔偿范围等。

(8) 解决争议的方法。

在合同履行过程中不可避免地会产生争议,为使争议发生后有一个各方都能接受的解决办法,应当在合同条款中对此作出规定。当事人可以约定在双方协商不成的情况下,是仲裁解决还是诉讼解决,还可以约定解决争议的仲裁机构或诉讼法院。

如果当事人希望将仲裁作为解决争议的最终方式,则必须在合同中约定仲裁条款,因为仲裁是以自愿为原则的。

建设工程合同也应当包括这些条款,但由于建设工程合同往往比较复杂,合同中的内容往往并不全部包含在狭义的合同文本中,如有些内容反映在招标、投标等文件中,有些内容反映在当事人约定采用的规范标准中。

4. 缔约过失责任

缔约过失责任,是指在合同订立过程中,一方以损害对方利益为目的,恶意进行磋商、存在其他欺诈行为或者因违背依据诚实信用原则的,应负有的义务,而致另一方的信赖利益的损失,并应承担赔偿责任。

《民法典》第500条确立了缔约过失责任制度:"当事人在订立合同过程中有下列情形之一,给对方造成损失的,应当承担赔偿责任:①假借订立合同,恶意进行磋商;②故意隐瞒与订立合同有关的重要事实或者提供虚假情况;③有其他违背诚实信用原则的行为。"缔约过失责任实质上是诚实信用原则在缔约过程中的体现,它既不同于违约责任,也有别于侵权责任,是一种独立的责任。

1) 缔约过失责任的构成

缔约过失责任的构成要件如下。

(1) 缔约过失责任发生在缔约过程中,是违反先合同义务,而不是发生在合同成立以后。若合同已经成立,因一方当事人过失而致使他方损害,就不属于缔约过失责任,而是违约责任,合同他方可以行使违约责任请求权或合同损害赔偿请求权。

(2) 对方当事人受到损失。该损失为信赖利益的损失,而非履行利益损失。

(3) 违反先合同义务与该损失之间有因果关系。

(4) 违反先合同义务有过错,即对合同无效、被撤销、不成立的有过错。合同违约责任不以过错为要件,这也是两种责任的主要区别所在。

2) 承担缔约过失责任的情形

《民法典》第500条、第501条规定的承担缔约过失责任如下。

①假借订立合同,恶意进行磋商。

恶意磋商,是指一方没有订立合同的诚意,假借订立合同与对方磋商而导致另一方遭受损害的行为。实践中,受害人一方必须证明另一方具有假借磋商、谈判而使其遭受损害的恶意,才能使另一方承担缔约过失责任。

②故意隐瞒与订立合同有关的重要事实或者提供虚假情况。

故意隐瞒与订立合同有关的重要事实或者提供虚假情况,是指对涉及合同成立与否的事实予以隐瞒或者提供与事实不符的情况而引诱对方订立合同的行为。

故意隐瞒与订立合同有关的重要事实就是没有履行如实告知义务,即本来应当告知对方的情况而故意不告知。提供虚假情况则是指一方当事人在订立合同的过程中,故意将客观上不存在或者不符合客观事实的资料、信息交给对方当事人。因以上情况给对方造成损失的,应当承担赔偿责任。

③泄露或者不正当地使用在订立合同过程中知悉的商业秘密或者信息。

当事人在订立合同过程中知悉的商业秘密,无论合同是否成立,均不得泄露或者不正当使用。泄露是指将商业秘密透露给他人,包括在要求对方保密的条件下向特定人、少部分人透露商业秘密。不正当使用是指未经授权而使用该秘密或将该秘密转让给他人。泄露或者不正当使用商业秘密给对方造成损失的,不论其行为人主观上出于故意还是过失都应当承担赔偿责任。

④有其他违背诚实信用原则的行为。

其他违背诚实信用原则的行为主要指当事人保护、说明等义务。一方当事人违反诚实信用原则,实施欺诈行为导致合同无效或者被撤销,给对方当事人造成损失的,应当承担赔偿责任。

3) 缔约过失责任的承担方式

缔约过失责任的承担方式是损害赔偿。缔约过失责任产生后,就在当事人之间形成了损害赔偿的权利义务关系。赔偿损失的范围视具体情况而定:一是当合同不成立、无效或者被撤销时,其赔偿范围应为相对人相信其合同能有效成立所受的损失,包括缔约费用、准备履行合同所支出的费用等,但不得超过当事人在订立合同时所应当预见的因合同不成立、无效或被撤销所可能造成的损失;二是当相对人的人身遭受损害时,赔偿范围为相对人所受的一切损失。此外,在缔约当事人双方都有过失时,应根据双方的过失大小,各自承担相应的责任。在具体的计算方法上可实行过失相抵的原则,就剩余部分,由一方向另一方赔偿。

【案例 5-2】

2019 年 8 月 8 日,某建筑公司向某水泥厂发放了一份购买水泥的要约,要约中明确规定承诺期限为 2019 年 8 月 12 日 12:00。为保证工作的快捷,要约中同时约定了采用电子邮件方式作出承诺并提供了电子信箱。水泥厂接到要约后经过研究,同意出售给建筑公司水泥,水泥厂 2019 年 8 月 12 日 11:30 给建筑公司发出了同意出售水泥的电子邮件。但是,由于建筑公司所在地区的网络出现故障,直到当天下午 15:30 才收到邮件。

问题:该承诺是否有效?

【案例分析】

该承诺是否有效由建筑公司决定。

采用数据电文形式订立合同的,收件人指定特定系统接收数据电文的,该数据电文进入该特定系统的时间,视为到达时间。

水泥厂 2019 年 8 月 12 日 11:30 给建筑公司发出的电子邮件,正常情况下,建筑公司即可收到承诺,但却由于外界原因而没有在承诺期限内收到承诺,属于承诺延误。建筑公司可以承认该承诺的效力,也可以不承认。如果不承认该承诺的效力,就要及时通知水泥厂,若不及时通知,就视为已经承认承诺的效力。

5.3 建设工程合同效力

无效合同

5.3.1 合同的成立

合同的成立是指合同当事人完成了签订合同的过程,已经就合同的内容达成一致。合同成立的一般要件为:存在订约当事人;订约当事人对合同主要条款达成一致。

1. 合同成立的时间

《民法典》第 490 条规定:"当事人采用合同书形式订立合同的,自双方当事人均签名、盖章或者按指印时合同成立。在签名、盖章或者按指印之前,当事人一方已经履行主要义务,对方接受时,该合同成立。"各方当事人签字或者盖章不在同一时间的,最后一方签字或者盖章时合同成立。

《民法典》第 491 条规定:"当事人采用信件、数据电文等形式订立合同要求签订确认书的,签订确认书时合同成立。"确认书即为正式的承诺。

2. 合同成立的地点

《民法典》第 492 条规定:"承诺生效的地点为合同成立的地点。采用数据电文形式订立合同的,收件人的主营业地为合同成立的地点;没有主营业地的,其经常居住地为合同成立的地点。当事人另有约定的,按照其约定。"

《民法典》第 493 条规定:"当事人采用合同书形式订立合同的,最后签名、盖章或者按指印的地点为合同成立的地点。"

5.3.2 合同的生效

1. 合同生效的要件

《民法典》第 502 条规定:"依法成立的合同,自成立时生效。但是法律另有规定或者当事人另有约定的除外。"合同的成立只意味着当事人之间已经就合同的内容达成一致,但是合同能否产生法律效力还要看它是否符合法律规定。合同生效是指已经成立的合同因符合法律规定而受到法律保护,并能够产生当事人所预想的法律结果。《民法典》第143条规定,具备下列条件的民事法律行为有效:行为人具有相应的民事行为能力;意思表示真实;不违反法律、行政法规的强制性规定,不违背公序良俗。

1) 行为人具有相应的民事行为能力

订立合同的人必须具备一定的独立表达自己的意思以及理解自己的行为的性质和后果的能力。当事人合同当事人必须具有相应的民事权利能力和民事行为能力以及缔约能力,才能成为合格的合同主体。若主体不合格,合同不能产生法律效力。

对于自然人而言,民事权利能力始于出生,完全民事行为能力人可以订立一切法律允许自然人作为合同主体的合同。法人和其他组织的权利能力就是它们的经营、活动范围,民事行为能力则与它们的权利能力相一致。

2) 意思表示真实

当事人意思表示真实,是指行为人的意思表示应当真实反映其内心的意思。合同成立后,当事人的意思表示是否真实往往难以从其外部判断,法律对此一般不主动干预。缺乏意思表示真实这一要件即意思表示不真实,并不绝对导致合同一律无效。

意思表示不真实的合同是不能取得法律效力的。如一方采用欺诈、胁迫的手段订立的合同,就是意思表示不真实的合同,这样的合同就欠缺生效的必要条件。

3) 不违反法律、行政法规的强制性规定,不违背公共利益

就合同的目的和内容而言:一是合同的内容合法,即合同条款中约定的权利、义务及其指向的对象即标的等,应符合法律的规定和社会公共利益的要求;二是合同的目的合法,即当事人缔约的原因合法,并且是直接的内心原因合法,不存在以合法的方式达到非法目的等规避法律的事实。不违反法律或者社会公共利益,实际是对合同自由的限制。

《民法典》第502条规定:"依法成立的合同,自成立时生效,但是法律另有规定或者当事人另有约定的除外。依照法律、行政法规的规定,合同应当办理批准等手续的,依照其规定。"由此可见,适用于此条款的合同如果没有进行办理批准、登记手续的,合同不能发生法律效力。

2. 合同生效的时间

1) 合同生效时间的规定

《民法典》第502条规定:"依法成立的合同,自成立时生效,但是法律另有规定或者当事人另有约定的除外。"

法律规定应当采用书面形式的,当事人虽然未采用书面形式但已经履行全部或者主要义务的,可以视为合同有效。合同中有违反法律或社会公共利益的条款的,当事人取消或改正的,不影响合同其他条款的效力。法律、行政法规规定应当办理批准、登记等手续生效的,依照其规定。

2) 附条件和附期限合同的生效时间

《民法典》第158条规定:民事法律行为可以附条件,但是根据其性质不得附条件的除外。附生效条件的民事法律行为,自条件成就时生效。附解除条件的民事法律行为,自条件成就时失效。

《民法典》第 159 条规定:附条件的民事法律行为,当事人为自己的利益不正当地阻止条件成就的,视为条件已经成就;不正当地促成条件成就的,视为条件不成就。

附条件合同的成立与生效不是同一时间。合同成立后虽然并未开始履行,任何一方不得撤销要约和承诺,否则应承担缔约过失责任,赔偿对方因此而受到的损失;合同生效后,当事人双方必须忠实履行合同约定的义务,如果不履行或未正确履行义务,应按违约责任条款的约定追究责任。如果一方不正当地阻止条件成就,视为合同已生效,同样要追究其违约责任。

《民法典》第 160 条规定:民事法律行为可以附期限,但是根据其性质不得附期限的除外。附生效期限的民事法律行为,自期限届至时生效。附终止期限的民事法律行为,自期限届满时失效。

3. 合同的效力

《民法典》第 507 条规定:"合同不生效、无效、被撤销或者终止的,不影响合同中有关解决争议方法的条款的效力。"即合同成立后,合同中有关解决争议的条款是独立存在的,合同的无效、变更、解除、终止,不影响有关解决争议的条款的效力。

5.3.3 无效合同

1. 无效合同的概念

无效合同是指当事人违反了法律规定的条件而订立的,国家不承认其效力,不给予法律保护的合同。无效合同从订立之时起就没有法律效力,不论合同履行到什么阶段,合同被确认无效后,这种无效的确认要追溯到合同订立时。理论上说,无效合同属于成立但不生效的合同。但通常,成立但不生效的合同多指合同在形式上不具备当事人约定的生效条件(附条件、附期限的合同),或尚未履行法定的登记、批准、公证、交付财产等手续;而无效合同多指程序上合法,但内容违反法律、行政法规的强制性规定的合同。

2. 无效合同法律规定

有下列情形之一的,合同无效。

(1)《民法典》第 144 条规定:无民事行为能力人实施的民事法律行为无效。

(2)《民法典》第 146 条规定:行为人与相对人以虚假的意思表示实施的民事法律行为无效。

(3)《民法典》第 153 条规定:违反法律、行政法规的强制性规定的民事法律行为无效。但是,该强制性规定不导致该民事法律行为无效的除外。违背公序良俗的民事法律行为无效。

(4)《民法典》第 154 条规定:行为人与相对人恶意串通,损害他人合法权益的民事法律行为无效。

3. 无效合同中的免责条款

无效合同免责条款是指当事人双方在合同中事先约定的、旨在限制或免除其未来责任的条款。

《民法典》第 506 条规定合同中的下列免责条款无效:

(1)造成对方人身伤害的;

(2)因故意或者重大过失造成对方财产损失的。

4. 无效合同的法律后果

《民法典》第 157 条规定:民事法律行为无效、被撤销或者确定不发生效力后,行为人因该行为取得的财产,应当予以返还;不能返还或者没有必要返还的,应当折价补偿。有过错的一方应当赔偿对方由此所受到的损失;各方都有过错的,应当各自承担相应的责任。

(1) 返还财产。

由于无效合同自始没有法律约束力,因此,返还财产是处理无效合同的主要方式。合同被确认无效后,当事人依据该合同所取得的财产,应当返还给对方;不能返还的,应当作补偿。建设工程合同一般都无法返还财产,无论是勘察设计成果还是工程施工,承包人的付出都是无法返还的,因此,一般应当采用作价补偿的方法处理。

(2) 赔偿损失。

合同被确认无效,过错的一方应赔偿对方因此受到的损失。双方均有过错的,应根据过错的大小各自承担相应的责任。

(3) 追缴财产,收归国有。

双方恶意串通,损害国家或者第三人利益的,国家采取强制性措施收缴国库或者返还第三人。无效合同不影响善意第三人取得合法权益。

5. 无效建设工程合同的处理

由于建设施工合同本身的特点,对无效建筑工程的处理,应根据建筑法及相关司法解释,并结合工程的进行情况及造成无效的原因来具体处理。

(1) 合同订立后尚未履行。

当事人双方均不得继续履行,可按照缔约过失原则处理。一方在订立合同过程中,故意隐瞒重要事实或者提供虚假情况,给对方造成损失的,应当承担赔偿责任,双方均有过错的,按照过错大小承担相应的责任。

(2) 合同已开始履行,但尚未完工。

如已完成部分工程质量合格,发包方应该按照完成的比例参照合同约定的价款折价支付工程款。如已完成部分工程质量低劣,无法补救,已完成部分应拆除,承包方无权要求支付工程款。已完成部分质量不合格但经修复后可满足质量要求的,由承包人承担修复费用,发包人向承包人支付已完成工程部分的工程款。

(3) 合同履行完毕。

根据《最高人民法院关于审理建设工程施工合同纠纷案件适用法律问题的解释》(以下简称《解释》)第 2 条规定,建设工程施工合同无效,但建设工程经竣工验收合格,承包人请求参照合同约定支付工程价款的,应予支持。根据《解释》第 3 条规定:建设工程施工合同无效,且建设工程竣工验收不合格的,按照下列情形处理:修复后的建设工程经竣工验收合格,发包人请求承包人承担修复费用的,应予支持;修复后的建设工程经竣工验收不合格,承包人请求支付工程价款的,不予支持的。因建设工程不合格造成的损失,发包人有过错的,也应承担相应的民事责任。

5.3.4 可变更、可撤销合同

1. 可变更或可撤销合同的概念

可变更或可撤销的合同,是指欠缺生效条件,但双方当事人可依照自己的意思使合同的内容变更或者使合同的效力归于消灭的合同。如果合同当事人对合同的可变更或可撤销发生争议，只有人民法院或者仲裁机构有权变更或者撤销合同。可变更或可撤销的合同不同于无效合同，当事人提出请求是合同被变更、撤销的前提，人民法院或者仲裁机构不得主动变更或者撤销合同。当事人如果只要求变更，人民法院或者仲裁机构不得撤销。

2. 合同的撤销

合同的撤销是指意思表示不真实，通过撤销权人行使撤销权，使已经有效的合同归于无效。它具有如下特征。

(1) 可撤销的合同是意思表示不真实的合同。

(2) 合同的撤销要由撤销权人行使撤销权来实现。

(3) 不行使撤销权，合同继续有效；行使撤销权，合同自始归于无效。

3. 可变更或可撤销合同的情形

有下列情形之一的，为可变更或可撤销合同。

(1)《民法典》第147条规定：基于重大误解实施的民事法律行为，行为人有权请求人民法院或者仲裁机构予以撤销。

(2)《民法典》第148条规定：一方以欺诈手段，使对方在违背真实意思的情况下实施的民事法律行为，受欺诈方有权请求人民法院或者仲裁机构予以撤销。

(3)《民法典》第149条规定：第三人实施欺诈行为，使一方在违背真实意思的情况下实施的民事法律行为，对方知道或者应当知道该欺诈行为的，受欺诈方有权请求人民法院或者仲裁机构予以撤销。

(4)《民法典》第150条规定：一方或者第三人以胁迫手段，使对方在违背真实意思的情况下实施的民事法律行为，受胁迫方有权请求人民法院或者仲裁机构予以撤销。

(5)《民法典》第151条规定：一方利用对方处于危困状态、缺乏判断能力等情形，致使民事法律行为成立时显失公平的，受损害方有权请求人民法院或者仲裁机构予以撤销。

4. 撤销权的行使及其法律后果

撤销权是指撤销权人因合同欠缺一定生效要件，而享有的以其单方意思表示撤销已成立的合同的权利。

由于可撤销的合同只是涉及当事人意思表示不真实的问题，因此对撤销权的实效进行了限制。《民法典》第152条规定有下列情形之一的，撤销权消灭：

①当事人自知道或者应当知道撤销事由之日起一年内、重大误解的当事人自知道或者应当知道撤销事由之日起九十日内没有行使撤销权；

②当事人受胁迫，自胁迫行为终止之日起一年内没有行使撤销权；

③当事人知道撤销事由后明确表示或者以自己的行为表明放弃撤销权。

当事人自民事法律行为发生之日起五年内没有行使撤销权的，撤销权消灭。

《民法典》第155条规定：无效的或者被撤销的民事法律行为自始没有法律约束力。

5.3.5 效力待定合同

所谓效力待定合同，是指合同虽然已经成立，但因其不完全符合有关生效要件的规定，因此其效力能否发生，尚未确定，一般须经有权人表示承认才能生效。

效力待定合同

这类合同的效力较为复杂,不能直接判断是否生效,而是需要经过后续事件和行为确定是否具有法律效力。

1. 效力待定合同的类型

(1)限制行为能力人缔结的合同。

限制民事行为能力人所签订的合同从主体资格上讲,是有瑕疵的,因为当事人缺乏完全的缔约能力、代签合同的资格和处分能力。限制民事行为能力人签订的合同要具有效力,一个最重要的条件就是,要经过其法定代理人的追认。所谓追认是指法定代理人明确无误的表示,同意限制民事行为能力人与他人签订的合同。这种同意是一种单方意思表示,无须合同的相对人同意即可发生效力。这里需要强调的是,法定代理人的追认应当以明示的方式作出,并且应当为合同的相对人所了解,才能产生效力。

《民法典》第145条规定:限制民事行为能力人实施的纯获利益的民事法律行为或者与其年龄、智力、精神健康状况相适应的民事法律行为有效;实施的其他民事法律行为经法定代理人同意或者追认后有效。相对人可以催告法定代理人自收到通知之日起三十日内予以追认。法定代理人未作表示的,视为拒绝追认。民事法律行为被追认前,善意相对人有撤销的权利。撤销应当以通知的方式作出。所谓催告,是指的相对人要求法定代理人在一定时间内明确答复是否承认限制民事行为能力人签订的合同,法定代理人逾期不作表示的,则视为法定代理人拒绝追认。

(2)无代理权人以被代理人名义缔结的合同。

所谓无权代理的合同就是无代理权的人代理他人从事民事行为,而与相对人签订的合同。《民法典》第171条规定:行为人没有代理权、超越代理权或者代理权终止仍然实施代理行为,未经被代理人追认的,对被代理人不发生效力。相对人可以催告被代理人自收到通知之日起三十日内予以追认。被代理人未作表示的,视为拒绝追认。行为人实施的行为被追认前,善意相对人有撤销的权利。撤销应当以通知的方式作出。

因无权代理而签订的合同有以下三种情形。

①根本没有代理权而签订的合同,是指签订合同的人根本没有经过被代理人的授权,就以被代理人的名义签订的合同。

②超越代理权而签订的合同,是指代理人与被代理人之间有代理关系而存在,但是代理人超越了被代理人的授权,与他人签订的合同。

③代理关系中止后签订的合同,这是指行为人与被代理人之原有代理关系,但是由于代理期限届满、代理事务完成或者被代理人取消委托关系等原因,被代理人与代理人之间的代理关系已不复存在,但原代理人仍以被代理人名义与他人签订的合同。

【知识拓展】

【表见代理】

《民法典》第172条规定:"行为人没有代理权、超越代理权或者代理权终止后仍然实施代理行为,相对人有理由相信行为人有代理权的,代理行为有效。"这里所规定的就是表见代理合同的效力。依此规定,表见代理的代理人虽然也没有代理权,但表见代理不同于狭义的无权代理。构成表见代理合同必须具备以下条件。

> ①成立表见代理的第一要件是行为人无代理权。行为人没有代理权而以被代理人的名义订立合同。表见代理属于广义无权代理的一种,只存在行为人无代理权的情况下,才会发生表见代理。如果代理人拥有代理权,则属于有代理权,不发生表见代理的问题。
> ②相对人有正当理由相信行为人有代理权。即客观上有足以使第三人相信行为人有代理权的事实,如行为人持有曾是被代理人签发的授权书、被代理人的介绍信,有被代理人盖章的空白合同书。是否具备此条件是表见代理与狭义无权代理的根本区别。
> ③表见代理人与相对人订立的合同具备生效要件。
> ④相对人善意且不存在过错。善意是指相对人不知代理人无代理权;无过错是指相对人对于代理人无代理权已尽了交易上必要的注意。

(3) 无处分权人处分财产订立的合同。

《民法典》第311条规定:"无处分权人将不动产或者动产转让给受让人的,所有权人有权追回;除法律另有规定外,符合下列情形的,受让人取得该不动产或者动产的所有权:①受让人受让该不动产或者动产时是善意;②以合理的价格转让;③转让的不动产或者动产依照法律规定应当登记的已经登记,不需要登记的已经交付给受让人。受让人依据前款规定取得不动产或者动产的所有权的,原所有权人有权向无处分权人请求损害赔偿。"无权处分是指无处分权人以自己名义擅自处分他人财产。

【案例 5-3】

S省某建筑工程公司因施工期紧迫,而事先未能与有关厂家订好供货合同,造成施工过程中水泥短缺,急需100吨水泥。该建筑工程公司同时向A市海天水泥厂和B市的丰华水泥厂发函,函件中称:"如贵厂有300号矿渣水泥现货(袋装),吨价不超过1500元,请接到信10天内发货100吨。货到付款,运费由供货方自行承担。"

A市海天水泥厂接信当天回信,表示愿以吨价1600元发货100吨,并于第3天发货100吨至S省建筑工程公司,建筑工程公司于当天验收并接收了货物。

B市丰华水泥厂接到要货的信件后,积极准备货源,于接信后第7天,将100吨袋装300号矿渣水泥装车,直接送至某建筑工程公司,结果遭到某建筑工程公司的拒收。理由是:本建筑工程仅需要100吨水泥,至于给丰华水泥厂发函,只是进行询问协商,不具有法律约束力。丰华水泥厂不服,遂向人民法院提起了诉讼,要求依法处理。

问题:
(1) 丰华水泥厂与某建筑工程公司之间是否存在生效的合同关系?
(2) 某建筑工程公司拒收丰华水泥厂的100吨水泥属于什么行为?
(3) 丰华水泥厂能否请求建筑工程公司支付违约金?
(4) 对海天水泥厂的发货行为如何定性?

【案例分析】

(1) 丰华水泥厂与建筑工程公司之间存在生效的合同关系。
(2) 建筑工程公司拒收丰华水泥厂水泥的行为构成违约。

（3）丰华水泥厂不可以请求建筑工程公司支付违约金，但可以请求其赔偿因其拒收行为致丰华水泥厂的损失。

（4）海天水泥厂的发货行为是要约行为。

【案例 5-4】

甲将其电脑借给乙使用，乙却将该电脑卖给丙。关于乙丙之间买卖电脑的合同效力有效还是无效？

【案例分析】

该合同属于效力待定合同中的无处分权人订立的合同。

5.4 建设工程合同的履行

合同的履行是指合同生效后，合同各方当事人按照合同约定的标的、数量、质量、价款、履行期限、地点和方式等，全部履行自己的义务，实现各自权利的行为。签订合同的目的在于履行合同，通过合同的履行而取得某种权益。合同的履行以有效的合同为前提和依据，因为无效合同从订立之时起就没有法律效力，不存在合同履行的问题。合同履行是该合同具有法律约束力的首要表现。

1. 合同履行的原则

《民法典》第 509 条规定"当事人应当按照约定全面履行自己的义务。当事人应当遵循诚实信用原则，根据合同的性质、目的和交易习惯履行通知、协助、保密等义务"。即合同履行应遵循以下原则。

1）全面履行原则

全面履行原则也称严格遵守合同约定原则，是当事人必须遵守合同的约定履行合同义务，包括履行义务的主体、标的、数量、质量、价款或者报酬以及履行的方式、地点、期限等。按照约定履行自己的义务，既包括全部履行义务，也包括正确适当履行合同义务。不能以单方面的意思改变合同义务或者解除合同。

合同有明确约定的，应当依约定履行。但是，合同约定不明确并不意味着合同无须全面履行或约定不明确部分可以不履行。

《民法典》第 510 条规定"合同生效后，当事人就质量、价款或者报酬、履行地点等内容没有约定或者约定不明确的，可以协议补充；不能达成补充协议的，按照合同有关条款或者交易习惯确定"。按照合同有关条款或者交易习惯确定，一般只适用于部分常见条款欠缺或者不明确的情况。如果仍不能确定合同如何履行的，《民法典》第 511 条又作了进一步规定。因此针对因合同内容约定不明确无法全面正确适当履行时，可采取下列 6 项具体措施。

①质量要求不明确的，按照强制性国家标准履行；没有强制性国家标准的，按照推荐性国家标准履行；没有推荐性国家标准的，按照行业标准履行；没有国家标准、行业标准的，按照通常标准或者符合合同目的的特定标准履行。

②价款或者报酬不明确的。按照订立合同时履行地的市场价格履行；依法应当执行政

府定价或者政府指导价的,依照规定履行。建设工程施工合同中,合同履行地为工程所在地。因此,约定不明确时,应当执行工程所在地的市场价格。

③履行地点约定不明确,给付货币的,在接受货币一方所在地履行;交付不动产的,在不动产所在地履行;其他标的,在履行义务一方所在地履行。

④履行期限不明确的,债务人可以随时履行,债权人也可以随时要求履行,但是应当给对方必要的准备时间。

⑤履行方式约定不明确的,按照有利于实现合同目的的方式履行。(这是一个相对模糊的概念,需要当事人各方遵循诚实信用原则来履行,最终还是要更好地实现合同目的。)

⑥履行费用的负担约定不明确的,由履行义务的一方负担;因债权人原因增加的履行费用,由债权人负担。

合同中执行政府定价或者政府指导价的,《民法典》第513条规定:"执行政府定价或者政府指导价的,在合同约定的交付期限内政府价格调整时,按照交付时的价格计价。逾期交付标的物的,遇价格上涨时,按照原价格执行;价格下降时,按照新价格执行。逾期提取标的物或者逾期付款的,遇价格上涨时,按照新价格执行;价格下降时,按照原价格执行。"

2) 诚实信用履行原则

当事人应当遵循诚实信用原则,根据合同性质、目的和交易习惯履行通知、协助和保密的义务,当事人首先要保证自己全面履行合同约定的义务,基于诚实信用原则应相互给予对方方便,为对方履行义务创造必要的条件。当事人双方应关心合同履行情况,发现问题应及时协商解决,一方当事人在履行过程中发生困难,另一方当事人应在法律允许的范围内给予帮助,共同促进合同目的的实现。

2. 合同履行中的抗辩权

抗辩权,是指在双务合同履行中,合同的当事人双方都应当履行自己的债务,一方有依法对抗对方要求或否认对方权利主张的权利。《民法典》第525、526、527条分别规定了同时履行抗辩权、先履行抗辩权、不安抗辩权。

1) 同时履行抗辩权

《民法典》第525条规定:当事人互负债务,没有先后履行顺序的,应当同时履行。一方在对方履行之前有权拒绝其履行要求。一方在对方履行债务不符合约定时,有权拒绝其相应的履行要求。

(1) 合同同时履行,是指合同订立后,在合同有效期限内,当事人双方不分先后地履行各自的义务的行为。

(2) 同时履行抗辩权,是指在没有规定履行顺序的双务合同中,当事人一方在当事人另一方未为对待给付以前,有权拒绝先为给付的权利。

(3) 同时履行抗辩权的适用条件:

①基于同一双务合同产生互负的债务,只有在同一双务合同中才能产生同时履行抗辩权;

②双方互负的债务均已届清偿期,且没有先后履行顺序;只有在当事人双方的债务同时到期时才可能产生同时履行抗辩权;

③当事人另一方未履行债务或未提出履行债务,或者履行不适当;

④当事人双方的给付义务是可能履行的义务,倘若对方所负债务已经没有履行的可能,

则不发生同时履行抗辩问题,当事人可依照法律规定解除合同。

2) 后履行抗辩权

《民法典》第526条规定:"当事人互负债务,有先后履行顺序,应当先履行一方未履行的,后履行一方有权拒绝其履行要求。先履行一方履行债务不符合约定的,后履行一方有权拒绝其相应的履行要求。"后履行抗辩权是指在有履行顺序的双务合同中,后履行合同的一方有权要求应当先履行的一方履行其义务,如果应当先履行的一方未履行债务或者履行债务不符合约定,后履行的一方当事人有权拒绝履行。如材料供应合同按照约定应由供货方先行交付订购的材料后,采购方再行付款结算,若合同履行过程中供货方交付的材料质量不符合约定的标准,采购方有权拒付材料款。

行使后履行抗辩权需满足以下条件:
①基于同一双务合同产生互负的对价给付债务;
②合同中约定了履行的顺序,且后履行一方的债务已届清偿期;
③应当先履行的合同当事人没有履行合同债务或者没有正确履行债务;
④应当先履行的对价给付是可能履行的义务。

3) 先履行抗辩权

先履行抗辩权,又称不安抗辩权。是指合同中约定履行的顺序,合同成立后履行的一方发生了财务状况恶化等情况,先履行合同的一方在对方未履行或者提供担保前有权拒绝先为履行。设立不安抗辩权的目的在于,预防合同成立后情况发生变化而损害合同先履行另一方的利益。

为避免合同先履行故意以抗辩权方不履行应先履行义务,《民法典》第527条、第528条对先履行抗辩权使用条件作了严格的规定。

《民法典》第527条规定:应当先履行债务的当事人,有确切证据证明对方有下列情形之一的,可以中止履行:①经营状况严重恶化;②转移财产、抽逃资金,以逃避债务;③丧失商业信誉;④有丧失或者可能丧失履行债务能力的其他情形。当事人没有确切证据中止履行的,应当承担违约责任。

《民法典》第528条规定:当事人依照本法第527条的规定中止履行的,应当及时通知对方。对方提供适当担保的,应当恢复履行。中止履行后,对方在合理期限内未恢复履行能力且未提供适当担保的,视为以自己的行为表明不履行主要债务,中止履行的一方可以解除合同并可以请求对方承担违约责任。

由上述法律条文可知,先履行抗辩权是指在双务合同中,当事人互负债务,合同约定有先后履行顺序的,先履行债务的当事人一方应当先履行其债务。但是,在应当先履行债务的一方当事人有确切证据证明对方有丧失或者可能丧失履行债务能力的情况,则可以中止履行其债务。此时,先履行的一方当事人有权行使的抗辩权是先履行抗辩权,也称不安抗辩权。

行使先履行抗辩权需满足以下条件:
(1) 基于同一双务合同而互负债务;
(2) 负有先履行义务的一方当事人才能享有先履行抗辩权;
(3) 后给付另一方当事人的履行能力明显降低,有不能履行的实际风险。

3. 合同不当履行时的处理

1) 因债权人致使债务人履行困难的处理

《民法典》第529条规定"债权人分立、合并或者变更住所没有通知债务人,致使履行债务发生困难的,债务人可以中止履行或者将标的物提存"。即合同生效后,当事人不得因姓名、名称的变更或法定代表人、负责人、承办人的变动而不履行合同义务。债权人分立、合并或者变更住所如果没有通知债务人,会使债务人不知向谁履行债务或者不知在何地履行债务,致使履行债务发生困难。出现这些情况,债务人可以中止履行或者将标的物提存。

中止履行是指债务人暂时停止合同的履行或者延期履行合同。提存是指由于债权人的原因致使债务人无法向其交付标的物,债务人可以将标的物交给有关机关保存以此消灭合同的制度。

提存的条件如下。①提存人具有行为能力,意思表示真实。②提存的债务真实、合法。③存在提存的原因。提存的原因包括债权人无正当理由拒绝受领;债权人下落不明;债权人死亡未确定继承人,或者丧失民事行为能力未确定监护人;法律规定的其他情形。④存在适宜提存的标的物。⑤提存的物与债的标的物相符。

提存人应当首先向提存机关提出申请,提存机关收到申请后,要按照法定条件对申请进行审查,符合条件的,提存机关应当接受提存标的物并采取必要的措施加以保管。标的物提存后,除了债权人下落不明外,债务人应当及时通知债权人或者债权人的继承人、监护人。无论债权人是否受领提存物,提存都将消灭债务,解除债务人的责任,债权人只能向提存机关领取提存物,不能再向债务人请求清偿。

在提存期间发生的提存物的毁损、灭失的风险由债权人承担。同时,提存的费用也由债权人承担。

2) 提前或者部分履行的处理

提前履行是指债务人在合同规定的履行期限到来之前就开始履行自己的义务。部分履行是指债务人没有按照合同约定履行全部义务而只履行了自己的一部分义务。提前或者部分履行会给债权人行使权利带来困难或者增加实现债权的费用。

《民法典》第530条规定:债权人可以拒绝债务人提前履行债务,但提前履行不损害债权人利益的除外。债务人提前履行债务给债权人增加的费用,由债务人负担。

《民法典》第531条规定:债权人可以拒绝债务人部分履行债务,但部分履行不损害债权人利益的除外。债务人部分履行债务给债权人增加的费用,由债务人负担。

3) 合同不当履行中的保全措施

保全措施是指为防止因债务人的财产不当减少而给债权人带来危害时,确保其债权的实现而采取的法律措施。这些措施包括代位权和撤销权两种,它们共同构成了债权的保全体系。

(1) 代位权。《民法典》第535条规定"因债务人怠于行使其到期债权或者与该债权有关的从权利,影响债权人的到期债权实现的,债权人可以向人民法院请求以自己的名义代位行使债务人的债权,但该权利专属于债务人自身的除外。代位权的行使范围以债权人的到期债权为限。债权人行使代位权的必要费用,由债务人负担"。代位权是指当债务人怠于行使其对第三方享有的到期债权,而损害债权人的债权时,债权人以自己的名义代位行使债务人对第三人的债权的权利。

（2）撤销权。《民法典》第538条规定"债务人以放弃其债权、放弃债权担保、无偿转让财产等方式无偿处分财产权益，或者恶意延长其到期债权的履行期限，影响债权人的债权实现的，债权人可以请求人民法院撤销债务人的行为。"债务人以明显不合理的低价转让财产，对债权人造成损害，并且受让人知道该情形的，债权人也可以请求人民法院撤销债务人的行为。撤销权的行使范围以债权人的债权为限。债权人行使撤销权的必要费用，由债务人负担。撤销权则是债权人请求人民法院撤销债务人危害其债权行为的权利。

《民法典》第541条规定：撤销权自债权人知道或者应当知道撤销事由之日起一年内行使。自债务人的行为发生之日起五年内没有行使撤销权的，该撤销权消灭。

5.5 建设工程合同的变更、转让和终止

5.5.1 合同的变更

1. 合同变更的概念

合同变更是指当事人对已经发生法律效力，但尚未履行或者尚未完全履行的合同，双方依法对合同的内容进行修订或调整所达成的协议。

《民法典》第543条规定：当事人协商一致，可以变更合同。

2. 合同变更的条件与程序

（1）合同关系已经存在。

合同变更是针对已经存在的合同，无合同关系就无从变更。合同无效、合同被撤销，视为无合同关系，也不存在合同变更的可能。

（2）合同内容需要变更。

合同内容变更可能涉及合同标的变更、数量、质量、价款或者酬金、期限、地点、计价方式等。合同生效后，当事人不得因其主体名称的变更或者法定代表人、负责人、承办人的变动而主张和请求合同变更。

（3）需经合同当事人协商一致。

合同变更需经合同当事人协商一致或者法院判决、仲裁庭裁决，或者援引法律直接规定符合法律、行政法规要求的方式。

3. 合同变更的效力

合同的变更仅涉及发生变更的部分，已经发生变更的部分以变更后的为准；已经履行的部分不因合同变更而失去法律依据；未变更部分继续保留原有的效力。例如，合同因欺诈而被法院或者仲裁庭变更，在被欺诈人遭受损失的情况下，合同变更后继续履行，但不影响被欺诈人要求欺诈人赔偿的权利。

《民法典》第544条规定：当事人对合同变更的内容约定不明确的，推定为未变更。

4. 建设工程施工合同变更

施工合同变更可能的六种情形：

(1) 合同项下任何工作数量需要改变；

(2) 合同项下的任何工作质量或者其他特性需要改变；

(3) 合同约定的工程技术规格（诸如标高、位置或尺寸）需要改变；

(4) 合同项下任何工作的删减；
(5) 工期改变；
(6) 工作顺序的改变或者施工方法的改变。

【特别提示】

> 注意：因施工合同变更而给承包人造成损失而要求索赔。因变更导致合同价款的增减及造成的承包人损失，由发包人承担，延误的工期相应顺延。

5.5.2 合同的转让

合同转让是指合同当事人一方依法将合同权利义务全部或部分转让给第三人的法律行为。合同的转让包括债权转让和债务转让两种情况，当事人也可以将权利和义务一并转让。合同转让的特征如下。

① 合同转让只是合同主体（合同当事人）发生变化，不涉及合同权利义务内容变化。

② 合同转让的核心在于处理好原合同当事人之间，以及原合同当事人中的转让人与原合同当事人之外的受让人之间，因合同转让而产生的权利义务关系。

1. 债权转让

1) 债权转让的规定

债权转让，指在不改变合同权利义务内容基础上，享有合同权利的当事人将其权利转让给第三人享有。

《民法典》第545条规定：债权人可以将债权的全部或者部分转让给第三人，但是有下列情形之一的除外：①根据债权性质不得转让；②按照当事人约定不得转让；③依照法律规定不得转让。

《民法典》第546条规定：债权人转让债权，未通知债务人的，该转让对债务人不发生效力。债权转让的通知不得撤销，但是经受让人同意的除外。

《民法典》第547条规定：债权人转让债权的，受让人取得与债权有关的从权利，但是该从权利专属于债权人自身的除外。

2) 债权转让的条件

① 被转让的合同权利须有效存在。无效合同或者已经被终止的合同不产生有效的债权，不产生债权转让。

② 被转让的合同权利应具有可转让性。

3) 债权转让的特点

① 债权的转让在合同内有约定，但不改变当事人之间的权利义务关系。

② 在合同履行期限内，第三人可以向债务人请求履行，债务人不得拒绝。

③ 对第三人履行债务原则上不能增加履行的难度和履行费用，否则增加费用部分应由合同当事人的债权人给予补偿。

④ 债务人未向第三人履行债务或履行债务不符合约定，应向合同当事人的债权人承担违约责任，即仍由合同当事人依据合同追究对方的违约责任。

4) 债权转让的效力

① 受让人成为合同新债权人。

②其他权利随之转移:从权利随之转移;抗辩权随之转移;抵销权的转移。

《民法典》第 548 条规定:"债务人接到债权转让通知后,债务人对让与人的抗辩,可以向受让人主张。"由于债权已经转让,原合同的债权人已经由第三人代替,所以,债务人的抗辩权就不能再向原合同的债权人行使了,而要向接受债权的第三人行使。

《民法典》549 条规定:有下列情形之一的,债务人可以向受让人主张抵销:①债务人接到债权转让通知时,债务人对让与人享有债权,且债务人的债权先于转让的债权到期或者同时到期;②债务人的债权与转让的债权是基于同一合同产生。如果原合同当事人存在可以依法抵销的债务,则在债权转让后,债务人的抵销权可以向受让人主张。

2. 债务转移

1) 债务转移的相关规定

债务转移,指在不改变合同权利义务内容基础上,承担合同义务的当事人将其义务转由第三人承担。

《民法典》第 551 条规定:"债务人将合同的义务全部或者部分转移给第三人的,应当经债权人同意。"否则,这种转移不发生法律效力。

《民法典》第 553 条规定:债务人转移义务的,新债务人可以主张原债务人对债权人的抗辩;原债务人不对债权人权有债权的,新债务人不得向债权人主张抵销。

《民法典》第 554 条规定:债务人转移义务的,新债务人应当承担与主债务有关的从债务,但是该从债务专属于原债务人自身的除外。

《民法典》第 555 规定:当事人一方经对方同意,可以将自己在合同中的权利和义务一并转让给第三人。

2) 债务转移的条件

(1) 被转移的债务有效存在。

(2) 被转移的债务应具有可转移性。如下合同不具有可转移性:①某些合同债务与债务人的人身有密切联系,如以特别人身信任为基础的合同(例如委托监理合同);②当事人特别约定合同债务不得转移;③法律强制性规范规定不得转让债务,如建设工程施工合同中主体结构不得分包。

(3) 须经债权人同意。

3) 债务转移的特点

①债务转移属于合同内的约定,但当事人之间的权利义务关系并不因此而改变。

②在合同履行期限内,债权人可以要求第三人履行债务,但不能强迫第三人履行债务。

③第三人不履行债务或履行债务不符合约定,仍由合同当事人的债务方承担违约责任,即债权人不能直接追究第三人的违约责任。

4) 债务转移的效力

①承担人成为合同新债务人。

②抗辩权随之转移。债务人转移义务的,新债务人可以主张原债务人对债权人的抗辩。

③从债务随之转移。

3. 合同权利和义务同时转让

合同权利义务同时转移是指合同当事人一方将其合同权利义务一并转让给第三方,由该第三方继受这些权利义务。

《民法典》第555条规定:"当事人一方经对方同意,可以将自己在合同中的权利和义务一并转让给第三人。"由此可见,经对方同意是同时转让的一个必要条件。因为同时转让包含了债务转移,而债务转移要征得债权人的同意。

《民法典》第556条规定:合同的权利和义务一并转让的,适用债权转让、债务转移的有关规定。

债权债务的概括转移的条件如下。①转让人与承受人达成合同转让协议。这是债权债务的概括转移的关键。如果承受人不接受该债权债务,则无法发生债权债务的转移。②原合同必须有效。③原合同为双务合同。④符合法定的程序。

5.5.3 合同的终止

合同终止,是指合同关系不再存在,合同当事人之间的债权债务关系终止,当事人不再受合同关系的约束。合同的终止也就是合同效力的完全终结。合同终止是随着一定法律事实发生而发生的,与合同中止不同之处在于,合同中止只是在法定的特殊情况下,当事人暂时停止履行合同,当这种特殊情况消失以后,当事人仍然承担履行的义务;而合同终止是合同关系的消灭,不可能恢复。

《民法典》第557条规定:"有下列情形之一的,合同的权利义务终止:①债务已经履行;②债务相互抵销;③债务人依法将标的物提存;④债权人免除债务;⑤债权债务同归于一人;⑥法律规定或者当事人约定终止的其他情形。"

1. 合同终止的效力

合同终止,合同中债权的担保及其他从属的权利,随合同终止而同时消灭,如为担保债权而设定的保证、抵押权或者质权,事先在合同中约定的利息或者违约金因此而消灭。但合同的权利义务终止,不影响合同中结算与清理条款的效力。合同无效、被撤销或者终止的,不影响合同中独立存在的有关解决争议方法的条款的效力。

《民法典》第558条规定:债权债务终止后,当事人应当遵循诚实信用原则,根据交易习惯履行通知、协助、保密等义务。

2. 合同终止的几种重要情形

1) 债务已按照约定履行

债务已按照约定履行即债务的清偿,是按照合同约定实现债权目的的行为。清偿是合同的权利义务终止的最主要和最常见的原因,其含义与履行相同。

2) 合同解除

合同解除,是指对已经发生法律效力、但尚未履行或者尚未完全履行的合同,因当事人一方的意思表示或者双方的协议而使债权债务关系提前归于消灭的行为。合同解除是合同终止的一种不正常的方式。合同解除有两种方式。一种称为约定解除,是双方当事人协议解除,即合同双方当事人通过达成协议,约定原有的合同不再对双方当事人产生约束力,使合同归于终止。另一种方式称为法定解除,即在合同有效成立以后,由于产生法定事由,当事人依据法律规定行使解除权而解除合同。

(1) 约定解除。

约定解除是当事人通过行使约定的解除权或者双方协商决定而进行的合同解除。《民法典》第562条规定:当事人协商一致,可以解除合同。当事人可以约定一方解除合同的事由。解除合同的事由发生时,解除权人可以解除合同。

约定解除可以分为两种形式。一是在合同订立时,当事人在合同中约定合同解除的事由,在合同生效后履行完毕之前,一旦这些事由发生,当事人则享有合同解除权,从而可以以自己的意思表示通知对方而终止合同关系。二是在合同订立以后,且在合同未履行或者尚未完全履行之前,合同双方当事人在原合同之外,又订立了一个以解除原合同为内容的协议,使原合同被解除。这不是单方行使解除权而是双方都同意解除合同。

（2）法定解除。

法定解除是合同解除制度中最核心最重要的问题,它是解除条件直接由法律规定的合同解除。当法律规定的解除条件具备时,当事人可以解除合同。它与合同约定解除权的解除都是具备一定解除条件时,由一方行使解除权,区别则在于解除条件的来源不同。

《民法典》第563条规定:有下列情形之一的,当事人可以解除合同:①因不可抗力致使不能实现合同目的;②在履行期限届满之前,当事人一方明确表示或者以自己的行为表明不履行主要债务;③当事人一方迟延履行主要债务,经催告后在合理期限内仍未履行;④当事人一方迟延履行债务或者有其他违约行为致使不能实现合同目的;⑤法律规定的其他情形。

《民法典》第565条规定:当事人一方依照规定主张解除合同的,应当通知对方。合同自通知到达对方时解除;通知载明债务人在一定期限内不履行债务则合同自动解除,债务人在该期限内未履行债务的,合同自通知载明的期限届满时解除。对方对解除合同有异议的,任何一方当事人均可以请求人民法院或者仲裁机构确认解除行为的效力。

《民法典》第566条规定:合同解除后,尚未履行的,终止履行;已经履行的,根据履行情况和合同性质,当事人可以要求恢复原状、采取其他补救措施,并有权要求赔偿损失。

《民法典》第567条规定:合同的权利义务终止,不影响合同中结算和清理条款的效力。

3）债务相互抵销

债务相互抵销是指互负到期债务的当事人,根据法律的规定或双方的约定,消灭相互间所负相当额的债务的行为。债务抵销可以分为法定债务抵销和约定债务抵销两类。

①法定债务抵销。

《民法典》第568条规定:"当事人互负债务,该债务的标的物种类、品质相同的,任何一方可以将自己的债务与对方的到期债务抵销;但是,根据债务性质、按照当事人约定或者依照法律规定不得抵销的除外。当事人主张抵销的,应当通知对方。通知自到达对方时生效。抵销不得附条件或者附期限。"法定债务抵销的条件是比较严格的,要求必须是互负到期债务,且债务标的物的种类、品质相同。另外,除了法律规定或者合同性质决定不能抵销的以外,当事人都可以互相抵销。

②约定债务抵销。

约定抵销是指通过双方当事人之间达成协议,将相互负有的债务进行抵消而使合同终止。《民法典》第569条规定:"当事人互负债务,标的物种类、品质不相同的,经协商一致,也可以抵销。"约定债务抵销的债务要求不高,标的物的种类、品质可以不相同,但要求当事人必须协商一致。

3. 合同标的物的提存

提存是指由于债权人的原因而使得债务人无法向其交付合同的标的物时,债务人将该标的物提交提存机关而消灭债务的制度。

《民法典》第 570 条规定:有下列情形之一,难以履行债务的,债务人可以将标的物提存:①债权人无正当理由拒绝受领;②债权人下落不明;③债权人死亡未确定继承人、遗产管理人,或者丧失民事行为能力未确定监护人;④法律规定的其他情形。

【案例 5-5】

兴达公司与山川厂于某年 12 月 30 日签订了一份财产租赁合同。合同规定兴达公司租用山川厂 5 台翻斗车运输土方,租赁期为 1 年,租金必须按月付清,逾期未付,承租人承担滞纳金;超过 30 天仍不付清租金的,出租方有权解除合同。次年 2 月 1 日兴达公司接车后,未付租金。山川厂两次书面通知兴达公司按约付租金,并言明逾期将依约解除合同。但兴达公司仍未付。同年 6 月 10 日,山川厂单方通知解除与兴达公司的合同,并向兴达公司提起诉讼,要求赔偿其损失 12000 元。

问题:

1. 山川厂是否有权解除合同?
2. 山川厂的损失应由谁承担?

【案例分析】

1. 山川厂有权解除合同。《民法典》第 562 条规定:当事人协商一致,可以解除合同。当事人可以约定一方解除合同的事由。解除合同的事由发生时,解除权人可以解除合同。本案中双方当事人在合同中约定,租金必须按月付清,逾期未付,承租人承担滞纳金,超过 30 天仍不付清租金的,出租方有权解除合同。兴达公司次年 2 月 1 日起接车后,未付租金,山川厂两次通知其给付租金,并言明逾期将依约解除合同,兴达公司仍未付,至同年 6 月 10 日长达四个月时间,合同约定的解除条件已成就,故山川厂有权单方解除合同。根据《民法典》第 565 条规定:当事人一方依照当事人一方依法主张解除合同的,应当通知对方。山川厂通知兴达公司解除合同的做法也是合法的。

2. 川厂的损失应由兴达公司承担赔偿责任。《民法典》第 566 条规定:合同解除后,尚未履行的,终止履行;已经履行的,根据履行情况和合同性质,当事人可以要求恢复原状或者采取其他补救措施,并有权请求赔偿损失。据此,山川厂有权要求兴达公司赔偿损失。兴达公司应承担山川厂损失的赔偿责任。

5.6 建设工程合同的违约责任与纠纷处理

5.6.1 违约责任

《民法典》第 577 条规定:"当事人一方不履行合同义务或者履行合同义务不符合约定的,应当承担继续履行、采取补救措施或者赔偿损失等违约责任。"违约行为的表现形式包括不履行和不适当履行。不履行是指当事人不能履行或者拒绝履行合同义务。不能履行合同的当事人一般也应承担违约责任。不适当履行则包括不履行以外的其他所有违约情况。

《民法典》第 578 条规定:"当事人一方明确表示或者以自己的行为表明不履行合同义务

的,对方可以在履行期限届满之前要求其承担违约责任。"也就是说,对于违约产生的后果,并不是一定要等到合同义务全部履行后才追究违约方的责任。

1. 违约责任的认定条件

当事人承担违约责任的条件,是指当事人承担违约责任应当具备的要件。承担违约责任的条件采用严格责任原则,只要当事人有违约行为,即当事人不履行合同或者履行合同不符合约定的条件,就应当承担违约责任。需要说明的是,违反合同而承担的违约责任,是以合同有效为前提的。无效合同从订立之时起就没有法律效力,所以谈不上违约责任的问题,但对部分无效合同中有效条款的不履行,仍应承担违约责任。

例如,我国《建设工程施工合同(示范文本)》通用条款中对施工合同的违约责任作了以下规定。

当发生下列情况时,作为业主违约:①业主不按时支付预付工程款。②业主不按合同约定支付工程款,导致施工无法进行。③业主无正当理由不支付工程竣工结算价款。④业主不履行合同义务或不按合同约定履行义务的其他情况。

当发生下列情况时,作为承包商违约:①承包商不按照协议书约定的竣工日期或工程师同意顺延的工期竣工。②因承包商的原因致使工程质量达不到协议书约定的质量标准。③承包商不履行合同义务或不按合同约定履行义务的其他情况。

2. 违约责任的承担

1) 继续履行

继续履行是指违反合同的当事人不论是否承担了赔偿金或者承担了其他形式的违约责任,都必须根据对方的要求,在自己能够履行的条件下,对合同未履行的部分继续履行。《民法典》第580条规定:当事人一方不履行非金钱债务或者履行非金钱债务不符合约定的,对方可以要求履行,但有下列情形之一的除外。①法律上或者事实上不能履行;②债务的标的不适于强制履行或者履行费用过高;③债权人在合理期限内未要求履行。

承担赔偿金或者违约金责任不能免除当事人的履约责任。当事人一方不履行债务或者履行债务不符合约定的,对方也可以要求继续履行。例如,业主无正当理由不支付工程竣工结算价款,承包商可以诉讼法律,请求法院或仲裁机构强制业主继续履行付款义务,给付工程款。

2) 采取补救措施

采取补救措施,是指在当事人违反合同的事实发生后,为防止损失发生或者扩大,而由违反合同一方依照法律规定或者约定采取的修理、更换、重新制作、退货、减少价款或者报酬等措施,以给债权人弥补或者挽回损失的责任形式。建设工程合同中,采取补救措施是施工单位承担违约责任常用的方法。例如,在合同履行过程中,业主或监理工程师发现,承包商的部分工程施工质量不符合合同约定的质量标准,可以要求承包商对该工程进行返修或者返工。承包商的返修或返工行为就是一种补救措施。

《民法典》第582条规定:履行不符合约定的,应当按照当事人的约定承担违约责任。对违约责任没有约定或者约定不明确,依照《民法典》第510条的规定仍不能确定的,受损害方根据标的的性质以及损失的大小,可以合理选择要求对方承担修理、更换、重作、退货、减少价款或者报酬等违约责任。

3）赔偿损失

《民法典》第583条规定："当事人一方不履行合同义务或者履行合同义务不符合约定的，在履行义务或者采取补救措施后，对方还有其他损失的，应当赔偿损失。"例如，工程质量不合格，承包商采取补救措施，进行返工后，虽然质量达到了要求，但是导致总工期拖延了较长的时间，这可能给业主造成很大的损失。业主的这部分损失是由承包商的违约引起的，应当由承包商来赔偿。如果由于业主违约造成工期拖延的，业主除了给予承包商经济上的赔偿外，还应当给予工期上的赔偿，顺延延误的工期。

《民法典》第584条规定："当事人一方不履行合同义务或者履行合同义务不符合约定，造成损失的，损失赔偿额应当相当于因违约所造成的损失，包括合同履行后可以获得的利益，但是，不得超过违约一方订立合同时预见到或者应当预见到的因违约可能造成的损失。"具体的赔偿金额及计算方法可以由承包商和业主在合同的专用条款中约定。

《民法典》第591条规定：当事人一方违约后，对方应当采取适当措施防止损失的扩大；没有采取适当措施致使损失扩大的，不得就扩大的损失请求赔偿。当事人因防止损失扩大而支出的合理费用，由违约方承担。

4）支付违约金

《民法典》第585条规定："当事人可以约定一方违约时应当根据违约情况向对方支付一定数额的违约金，也可以约定因违约产生的损失赔偿额的计算方法。约定的违约金低于造成的损失的，人民法院或者仲裁机构可以根据当事人的请求予以增加；约定的违约金过分高于造成的损失的，人民法院或者仲裁机构可以根据当事人的请求予以适当减少。当事人就迟延履行约定违约金的，违约方支付违约金后，还应当履行债务。"但是，违约金与赔偿损失不能同时采用。

5）行定金罚则

《民法典》第586条规定：当事人可以约定一方向对方给付定金作为债权的担保。定金合同自实际交付定金时成立。定金的数额由当事人约定；但是，不得超过主合同标的额的百分之二十，超过部分不产生定金的效力。实际交付的定金数额多于或者少于约定数额的，视为变更约定的定金数额。

《民法典》第587条规定：债务人履行债务的，定金应当抵作价款或者收回。给付定金的一方不履行债务或者履行债务不符合约定，致使不能实现合同目的的，无权请求返还定金；收受定金的一方不履行债务或者履行债务不符合约定，致使不能实现合同目的的，应当双倍返还定金。

《民法典》第588条规定：当事人既约定违约金，又约定定金的，一方违约时，对方可以选择适用违约金或者定金条款。定金不足以弥补一方违约造成的损失的，对方可以请求赔偿超过定金数额的损失。

6）免责事由

《民法典》第590条规定："当事人一方因不可抗力不能履行合同的，根据不可抗力的影响，部分或者全部免除责任，但法律另有规定的除外。因不可抗力不能履行合同的，应当及时通知对方，以减轻可能给对方造成的损失，并应当在合理期限内提供证明。当事人迟延履行后发生不可抗力的，不免除其违约责任。"例如，在施工过程中，发生了双方都无法预料的连续的暴风雨的天气，导致了工期拖延并对已完工成品造成了损坏，由此造成的损失，承包商可以免除责任。但是如果按照正常的施工计划,本来能在雨期来临之前竣工的工程,因承包商的违约,迟延履行而延迟到了雨期,由此造成的损失,承包商就应当承担违约责任。

《民法典》第591条规定:当事人一方违约后,对方应当采取适当措施防止损失的扩大;没有采取适当措施致使损失扩大的,不得就扩大的损失请求赔偿。当事人因防止损失扩大而支出的合理费用,由违约方负担。

此外,当事人可以在合同中约定不可抗力的范围。为了避免当事人滥用不可抗力的免责权,约定不可抗力的范围是很有必要的。

5.6.2 建设工程合同纠纷的解决

合同纠纷,是指因合同的生效、解释、履行、变更、终止等行为而引起的合同当事人的所有争议。合同纠纷的范围涵盖了合同从成立到终止的整个过程,尤其是大型建设工程合同及涉外的建设工程合同。

1. 施工合同常见纠纷

工程施工合同中,常见的纠纷有以下几个方面。

1) 工程进度款支付、竣工结算及审价纠纷

工程量、质量、工期的纠纷都会导致付款纠纷,尽管合同中已列出了工程量,约定了合同价款,但实际施工过程中业主按进度支付工程款时,会扣除监理工程师未予确认的工程量和认为存在质量问题的已完成工程量的部分。另外,施工中会有很多变化,包括设计变更、现场工程师签发的变更指令、现场条件变化如地质、地形等,以及计量方法等引起的工程数量的增减,这种工程量的变化几乎每天或每月都会发生。而承包商通常在其每月申请工程进度付款报表中列出,希望得到(额外)付款,从而导致工程款纠纷。

在整个施工过程中发包人在按进度支付工程款时往往会根据监理工程师的意见扣除未予确认的工程量或存在质量问题的已完工程的应付款项,这种未付款项累积起来往往可能形成一笔很大的金额使承包商感到无法承受而引起纠纷,而且这类纠纷在工程施工的中后期可能会越来越严重。承包商会认为由于未得到足够的应付工程款而不得不将工程进度放慢,而发包人则会认为在工程进度拖延的情况下更不能多支付给承包商任何款项,这就会形成恶性循环而使争端愈演愈烈。

更主要的是,大量的发包人在资金尚未落实的情况下就开始工程的建设,致使发包人千方百计要求承包商垫资施工、不支付预付款、尽量拖延支付进度款、拖延工程结算及工程审价进程,致使承包商的权益得不到保障,最终引起纠纷。

2) 工程价款支付主体责任纠纷

施工企业被拖欠巨额工程款在建设领域中屡见不鲜。往往出现工程的发包人并非工程真正的建设单位,也不是工程的权利人。在该种情况下发包人通常不具备工程价款的支付能力,施工单位该向谁主张权利以维护自身合法权益,会成为争议的焦点。在此情况下,施工企业应理顺关系,寻找突破口,向真正的发包方主张权利,以保证合法权利不受侵害。

3) 工程工期拖延纠纷

一项工程的工期延误,往往是错综复杂的原因造成的。在许多合同条件中都约定了竣工逾期违约金。由于工期延误的原因可能是多方面的,要分清各方的责任往往十分困难,对工期延误的责任认定容易产生分歧。我们经常可以看到,发包人要求承包商承担工程竣工

逾期的违约责任,而承包商则提出因诸多发包人的原因及不可抗力等,工期应相应顺延,有时承包商还就工期的延长要求发包人承担停工窝工的费用。

4) 安全损害赔偿纠纷

安全损害赔偿纠纷包括相邻关系纠纷引发的损害赔偿、设备安全、施工人员安全、施工导致第三人安全、工程本身发生安全事故等方面的纠纷。其中,建筑工程相邻关系纠纷发生的频率已越来越高,其牵涉主体和财产价值也越来越多,业已成为城市居民十分关心的问题。

《建筑法》第 39 条为建筑施工企业设定了义务:施工现场对毗邻的建筑物、构筑物和特殊作业环境可能造成损害的,建筑施工企业应当采取安全防护措施。

5) 合同终止及终止纠纷

终止合同造成的纠纷如下:承包商因这种终止造成的损失严重而得不到足够的补偿,发包人对承包商提出的就终止合同的补偿费用计算持有异议,承包商因设计错误或发包人拖欠应支付的工程款而造成困难提出终止合同,发包人不承认承包商提出的终止合同的理由,也不同意承包商的责难及其补偿要求等。

除不可抗拒力外,任何终止合同的纠纷都是难以调和的矛盾造成的。终止合同一般都会给某一方或者双方造成严重的损害。如何合理处置终止合同后的双方的权利和义务,往往是这类争议的焦点。终止合同可能有以下几种情况:

①属于承包商责任引起的终止合同;
②属于发包人责任引起的终止合同;
③不属于任何一方责任引起的终止合同;
④任何一方由于自身需要而终止合同。

6) 工程质量及保修纠纷

质量方面的纠纷包括工程中所用材料不符合合同约定的技术标准要求,偷工减料,提供的设备性能和规格不符,或者不能生产出合同规定的合格产品,或者是性能试验不能达到规定的产量要求,施工和安装有严重缺陷等。这类质量纠纷在施工过程中主要表现为工程师或发包人要求拆除和移走不合格材料或者返工重做或者修理后予以降价处置。对于设备质量问题,则常见于在调试和性能试验后,发包人不同意验收移交,要求更换设备或部件,甚至退货并赔偿经济损失。而承包商则认为缺陷是可以改正的或者业已改正;对生产设备质量问题,承包方则认为是性能测试方法错误,或者制造产品所投入的原料不合格或者是操作方面的问题等,质量争议往往变成责任问题纠纷。

此外,在保修期的缺陷修复问题往往是发包人和承包商争议的焦点,特别是发包人要求承包商修复工程缺陷,而承包商拖延修复,或发包人未经通知承包商就自行委托第三方对工程缺陷进行修复。在此情况下,发包人要从预留的保修金中扣除相应的修复费用,承包商则主张产生缺陷的原因不在承包商,或发包人未履行通知义务且其修复费用未经其确认,而不予同意。

2. 施工合同纠纷解决方式

合同当事人在履行施工合同时,解决所发生争议、纠纷的方式有和解、调解、仲裁、诉讼四种。在这四种解决纠纷的方式中,和解和调解的结果没有强制执行的法律效力,要靠当事人的自觉履行。当然,这里所说的和解和调解是狭义的,不包括仲裁和诉讼程序中在仲裁庭和法院的主持下的和解和调解。

1）和解

和解是指合同当事人依据有关法律规定或合同约定，以合法、自愿、平等为原则，在互谅互让的基础上，经过谈判和磋商，自愿对争议事项达成协议，从而解决分歧和矛盾的一种方法。和解方式无须第三者介入，简便易行，能及时解决争议，避免当事人经济损失扩大，有利于双方的协作和合同的继续履行。

合同发生纠纷时，当事人应首先考虑通过和解解决纠纷。事实上，在合同的履行过程中，绝大多数纠纷都可以通过和解解决。合同纠纷和解解决有以下优点。

①简便易行，能经济、及时地解决纠纷。
②有利于维护合同双方的友好合作关系，使合同能更好地得到履行。
③有利于和解协议的执行。

2）调解

调解，是指合同当事人对合同所约定的权利、义务发生争议，不能达成和解协议时，在第三方的主持下，通过对当事人进行劝说引导，以合法、自愿、平等为原则，在分清是非的基础上，促使双方互相作出适当的让步，平息争端，自愿达成协议，以求解决经济合同纠纷的方法。合同纠纷的调解往往是当事人经过和解仍不能解决纠纷后采取的方式，因此与和解相比，它面临的纠纷要大一些。与诉讼、仲裁相比，仍具有与和解相似的优点：它能够较经济、及时地解决纠纷；有利于消除合同当事人的对立情绪，维护双方的长期合作关系。运用调解方式解决纠纷，双方不伤和气，有利于今后继续履行合同。

调解有民间调解、仲裁机构调解和法庭调解三种。调解协议书对当事人具有与合同一样的法律约束力。

3）仲裁

仲裁又称公断，是当事人双方在纠纷发生前或纠纷发生后达成协议，自愿将纠纷交给第三者（仲裁机构）作出裁决并负有履行裁决义务的一种解决纠纷的方式。这种纠纷解决方式必须是自愿的，因此必须有仲裁协议。如果当事人之间有仲裁协议，纠纷发生后又无法通过和解和调解解决，则应及时将纠纷提交仲裁机构仲裁。

仲裁包括国内仲裁和国际仲裁。仲裁须经双方同意并约定具体的仲裁委员会。仲裁可以不公开审理从而保守当事人的商业秘密，节省费用，一般不会影响双方日后的正常交往。采用仲裁来解决纠纷应坚持以下几个原则：合同当事人双方自愿原则、公平合理原则、仲裁依法独立进行原则、一裁终局的原则。

4）诉讼

诉讼，是指合同当事人相互间发生纠纷后，只要不存在有效的仲裁协议，任何一方向有管辖权的法院起诉并在其主持下，维护自己的合法权益的活动。合同当事人依法请求人民法院行使审判权，审理双方之间发生的合同纠纷，作出由国家强制保证实现其合法权益从而解决纠纷的活动。通过诉讼，当事人的权利可得到法律的严格保护。

【案例 5-6】

某建筑公司与某钢厂于 2019 年 5 月签订钢材买卖合同，交货期为自合同成立之日起至次年 4 月底,货款一次付清。某建筑公司依约给付了全部货款,但某钢厂因生产能力有限,且钢材质量达不到合同约定的标准,至次年 4 月底,仅向某建筑公司给付一半钢材。某建筑公司经多次催告,某钢厂仍未能依约履行。为不影响工程进度,某建筑公司提出终止与某钢厂签订的合同,并采取其他措施加以补救。但某钢厂不同意,而且在生产形势好转的情况下,请求某建筑公司继续提货。但某建筑公司因其建设工程已完工,不再需要钢材,故请求某钢厂退回多付的货款。为此双方协商不成,某建筑公司遂诉至法院。

问题:本案应如何处理?

【案例分析】

《民法典》第 563 条明确规定:当事人一方迟延履行主要债务,经催告后在合理期限内仍未履行,另一方当事人可解除合同。本案当事人某钢厂在交货期限届满时仅向某建筑公司给付一半钢材,某钢厂的行为构成部分迟延履行。因某钢厂迟延履行部分债务的行为致使某建筑公司不能实现其合同目的,其建设工程不能按期完工。在此情况下,某建筑公司享有合同解除权,而且根据法律的规定,这种解除权的行使可以不经催告。只要某建筑公司通知了某钢厂,即发生解除合同的效力。因此,可以认为,某建筑公司与某钢厂的合同已经解除,某建筑公司自然没有义务接受给付,而且某钢厂多收的货款应返还给某建筑公司。如果某钢厂的违约行为给某建筑公司造成损害,某建筑公司还可请求某钢厂承担损害赔偿责任。

【本章小结】

本章主要对建设工程合同法律制度的概念、原则、建设工程合同的订立过程,无效合同、效力待定合同、可变更可撤销合同的内容,合同的履行、变更、转让、终止及建设工程合同的违约责任与纠纷处理等内容进行了阐述。

要约是希望和他人订立合同的意思表示,该意思表示应当符合下列规定:①内容具体确定;②表明经受要约人承诺,要约人即受该意思表示约束。

承诺是受要约人同意要约的意思表示,即受要约人同意接受要约的条件以成立合同的意思表示。一般而言,要约一经承诺并送达要约人,合同即告成立。

合同的内容一般包括当事人的名称或者姓名和住所,标的,数量,质量,价款或者报酬,履行期限、地点和方式,违约责任,解决争议的方法。

【习题】

一、单项选择题

1. 某商店橱窗内展示的衣服上标明"正在出售",并且标示了价格,则"正在出售"的标示为(   )。
    A. 要约   B. 承诺
    C. 要约邀请   D. 既是要约又是承诺
2. 下列关于以招标投标方式订立施工合同的说法中,正确的是(   )。
    A. 提交投标文件是承诺通知书是承诺   B. 发放招标文件是要约
    C. 签订书面合同是承诺   D. 发放中标通知书是承诺

3. 我国《民法典》第三篇合同对要约生效的时间采取（   ）。
   A. 发信主义   B. 到达主义
   C. 了解主义   D. 以上答案都不对
4. 在以招标方式订立合同时，属于要约性质的行为是（   ）。
   A. 招标   B. 投标   C. 开标   D. 决标
5. 下列哪种情形视为承诺？（   ）
   A. 甲向乙发出要约，要求一个月内给予答复，过期视为承诺，乙未能如期做出答复。
   B. 甲向乙发出要约，丙得知后表示接受甲的条件
   C. 甲向乙发出要约，乙经过考虑后向丁作出同意甲的要约的表示
   D. 刘某依广告上的价格，给某厂汇款购买其产品，该厂向刘某寄出指定的产品
6. 甲与乙订立一份手机的购销合同，双方在价格条款一栏中填写的内容为"随市价"，合同履行时双方就价格条款发生争议，且未达成补充协议。"随市价"应如何理解？（   ）
   A. 合同订立时订立地的市场价格
   B. 合同订立时履行地的市场价格
   C. 合同履行时订立地的市场价格
   D. 合同履行时履行地的市场价格
7. 甲公司得知乙公司正在与丙公司谈判。甲公司本来并不需要这个合同，但为排挤乙公司，就向丙公司提出了更好的条件。乙公司退出后，甲公司也借故中止谈判，给丙公司造成了损失。甲公司的行为如何定性？（   ）
   A. 欺诈   B. 以合法形式掩盖非法目的
   C. 恶意磋商   D. 正常的商业竞争
8. 甲收藏唐伯虎名画一幅，价值约10万元，甲的其他财产价值为10万元，甲因生意失败欠债60万元。一日，甲将唐伯虎的画以1万元卖给从香港回来的表弟乙，则下列表述正确的是（   ）。
   A. 若乙不知甲欠巨额外债，则甲的债权人只能行使代位权
   B. 只有在乙明知此买卖有害于债权人的债权的情况下，债权人才可行使代位权
   C. 不管乙是否知道此买卖有害于债权人的债权，债权人均可行使撤销权
   D. 若乙明知此买卖有害于债权人的债权，则债权人可行使撤销权
9. 北京碧溪公司与上海浦东公司订立了一份书面合同，碧溪公司签字、盖章后邮寄给浦东公司签字盖章。该合同于何时成立？（   ）
   A. 自碧溪公司与浦东公司口头协商一致并签订备忘录时成立
   B. 自碧溪公司签字，盖章时成立
   C. 自碧溪公司将签字、盖章的合同交付邮寄时成立
   D. 自浦东公司签字、盖章时成立
10. 深夜，急于分娩的孕妇万某在丈夫的搀扶下准备乘出租车去医院，司机要求其支付相当于正常乘车费10倍的车费。万某的丈夫考虑到情况紧急，只好答应，双方达成的合同是（   ）。
    A. 可撤销合同，理由是显失公平
    B. 可撤销合同，理由是乘人之危

C. 无效合同,理由是受欺诈

D. 无效合同,理由是受胁迫

11. 在下列情形中,当事人之间产生合同法律关系的是( )。

A. 甲拾得乙遗失的一块手表

B. 甲邀请乙看球赛,乙因为有事没有前去赴约

C. 甲因放暑假,将一台电脑放入乙家

D. 甲鱼塘之鱼跳入乙鱼塘

12. 下列情形中属于效力待定合同的有( )。

A. 10 周岁的少年出售劳力士金表给 40 岁的李某

B. 5 周岁的儿童因发明创造而接受奖金

C. 成年人甲误将本为复制品的油画当成真品购买

D. 出租车司机借抢救重病人之机将车价提高 10 倍

13. 甲公司与乙公司签订买卖合同。合同约定甲公司先交货,交货前夕,甲公司派人调查乙公司的偿债能力,有确切材料证明乙公司负债累累,根本不能按时支付货款,甲公司遂暂时不向乙公司交货。甲公司的行为是( )。

A. 违约行为   B. 行使同时履行抗辩权

C. 行使先履行抗辩权   D. 行使不安抗辩权

14. 债权人胡某下落不明,债务人沙某难以履行债务,遂将标的物提存。沙某将标的物提存以后,该标的物如果意外损毁、灭失,其损失应由谁承担?( )

A. 应由胡某承担   B. 应由沙某承担

C. 应由沙某与胡某共同承担 D. 应由提存机关承担

15. 甲将其电脑借给乙使用,乙却将该电脑卖给丙。下列关于乙、丙买卖电脑的合同效力的表述哪一项是正确的?( )

A. 无效   B. 有效   C. 效力待定   D. 可变更或撤销

二、多项选择题

1. 下列属于要约邀请的有( )。

A. 某时装店在其橱窗内展示流行服装样品

B. 甲公司向社会公众公告其招股说明书

C. 某公司为了推销本公司商品,向街上过往行人发放商品价目表

D. 拍卖会上竞买者向拍卖方提出的叫价

E. 甲公司向乙公司发放中标通知书

2. 下列合同中属于无效合同的是( )。

A. 甲明知乙没有获得丙的授权,但是仍与乙签订了合同,供应丙钢材 20 吨

B. 甲乙二人签订的买卖军用枪支的合同

C. 一民营企业以欺诈手段与国有银行签订一份贷款合同

D. 甲乙双方为了逃避税收,将汽车整车的进口签订为一份进口汽车配件的合同

E. 甲公司向乙公司发放中标通知书并在三天后签订了合同

3. 《民法典》第三篇合同规定,合同效力表述正确的有( )。

A. 不得约定解除合同的条件

B. 可以约定合同生效的条件

C. 附生效条件的合同,自条件成就时合同生效

D. 附解除条件的合同,自条件成就时失效

E. 附生效期限的合同,自期限届至时生效

4. A 市甲厂与 B 市乙厂签订了一份买卖合同,约定由甲厂供应乙厂钢材 10 吨,乙厂支付货款 3 万元。但合同对付款地点和交货地点未约定,双方为此发生纠纷,付款地点和交货地点应为( )。

A. 付款地点为 A 市　　　　　　B. 交货地点为 A 市

C. 付款地点在 B 市　　　　　　D. 交货地点在 B 市

E. 付款地点在 A 市或者 B 市都可以

5. 当事人在订立合同过程中有( )情形,给对方造成损失的,应当承担损害赔偿责任。

A. 不履行合同意向

B. 假借订立合同,恶意进行磋商

C. 因经营状况严重恶化而不签订合同

D. 故意隐瞒与订立合同有关的重要事实或者提供虚假情况

E. 有其他违背诚实信用原则的行为

三、案例分析

【案例1】 甲商场准备于某年10月1日开张。为了尽可能多地吸引客源,甲商场印制了大量的广告彩页,派人在城市的各个街道发放。广告将商场出售的各种商品的名称、品牌、图案详尽地列出,并作了下述说明:"为了庆祝本商场开张,10月1日至10月3日本店全场价格优惠,具体商品价格请见本广告内页。数量有限,售完为止,欢迎广大顾客惠顾。"成年人乙发现广告将某品牌化妆品的价格标为128元,而这种化妆品在其他的几个商店都要卖到2000多元。15岁中学生丙发现这个商场的电脑很便宜。10月1日,乙到甲商场购买了10瓶某品牌化妆品,在付款时商场发现广告将该化妆品的价格印错,实际价格为1280元,遂要求乙补足价款,遭到乙的拒绝。10月2日,丙到甲商场购买了价格为12000元的电脑一台,其家长知道后要求商场退货,遭到商场的拒绝。

问题:1. 甲商场广告的法律性质是什么?

2. 甲、乙之间合同的性质是什么?如何处理?

3. 甲、丙之间合同的性质是什么?为什么?如何处理?

【案例2】 甲与乙订立了一份卖牛合同,合同约定甲向乙交付5头牛,分别为牛1、牛2、牛3、牛4、牛5,总价款为1万元;乙向甲交付定金3000元,余下款项由乙在半年内付清,双方还约定,在乙向甲付清牛款之前,甲保留该5头牛的所有权。甲向乙交付了该5头牛。

根据相关法律回答下列问题。

1. 假设在牛款付清之前,牛1被雷电击死,该损失由谁承担?为什么?

2. 假设在牛款付清之前,牛2生下一头小牛,该小牛由谁享有所有权?为什么?

3. 假设在牛款付清之前,牛3踢伤丙,丙花去的医药费和误工损失共计1000元,该损失应由谁承担?为什么?

4. 假设在牛款付清之前,乙与丁达成一项转让牛4的合同,在向丁交付牛4之前,该合

同的效力如何？为什么？

5. 假设在牛款付清之前，丁不知甲保留了此牛的所有权，乙与丁达成一项转让牛 4 的合同，作价 2000 元且将牛 4 交付丁。丁能否据此取得该牛的所有权？为什么？

6. 假设在牛款付清之前，乙将牛 5 租给戊，租期 3 个月，租金 200 元。该租赁协议是否有效？租金应如何处理？

7. 合同中的定金条款效力如何？为什么？

【案例 3】 建华建筑有限责任公司（以下简称建华公司）于 2020 年 3 月承包新月小区建设工程。当时由于钢材供应短缺，又没有存货，工程急等着施工。为此建华公司向河北省前进钢材有限责任公司（以下简称前进公司）、清华金钢厂和内蒙古大成钢厂发了通知，在通知中说明："我公司因为建设所需，需要钢材 1000 吨，如贵公司有货，请速与我公司联系。我公司希望购买此类钢材。"建华公司于同一天收到三家钢材公司的复函，都说自己公司备有现货，并将价格一并通知了建华公司。

前进公司在发出复函的第二天，派本公司车队载运 200 吨钢材送往建华公司。建华公司在收到三家公司复函后，认为内蒙古大成钢厂所提出的价格最合理，且其是老牌钢厂，产品质量信得过，所以于当天下午即去函称将向其购买 1000 吨钢材，请其速备货。内蒙古大成钢厂随即复函建华公司，说其有现货并于第三天将钢材运往河北。在建华公司收到内蒙古大成钢厂复函的第二天，前进公司的车队运送钢材到了建华公司，要求建华公司收货并支付货款。建华公司当即函电内蒙古大成钢厂，请其仅运送 800 吨钢材到河北，内蒙古大成钢厂复电说，全部 1000 吨钢材已经发往河北。建华公司收到内蒙古大成钢厂复电后，就对前进公司说，为照顾其损失，只收下其中 100 吨钢材，其余的不收。前进公司对此不服，认为建华公司应当收取全部钢材。建华公司同时再次向内蒙古大成钢厂发函称，本公司将仅收其中的 900 吨钢材，对此造成的损失，由内蒙古大成钢厂自行负责。第三天，内蒙古大成钢厂的钢材 1000 吨运到建华公司，建华公司仅收取了其中的 900 吨，剩余的不予收货，为此发生纠纷，内蒙古大成钢厂和前进公司双双向人民法院起诉，要求建华公司承担赔偿责任。

问题：本案应如何处理？

扫码看答案

第6章　建设工程监理制度

【教学目标】

能 力 目 标	知 识 目 标
1. 能应用所学知识进行监理案例的分析； 2. 能根据掌握的监理合同内容签订监理合同； 3. 能利用相关法律知识，维护监理的相关权利与利益。	1. 了解建设工程监理的含义、工程监理的性质； 2. 熟悉建设工程监理的范围、依据、内容； 3. 掌握建设工程监理合同当事人的权利与义务； 4. 熟悉工程监理人员、工程监理单位的行为规范与法律责任。

【学习要点】

1. 建设工程监理的含义；
2. 建设工程监理的范围；
3. 建设工程监理合同；
4. 建设工程监理人员与监理单位的法律责任。

【引例】

某工程在实施过程中发生下列事件，请根据具体情况回答相应问题。

事件1：建设单位于2018年11月底向中标的监理单位发出监理中标通知书，监理中标价为280万元；建设单位与监理单位协商后，于2019年1月10日签订了委托监理合同。监理合同约定：合同价为260万元；因非监理单位原因导致监理服务期延长，每延长一个月增加监理费8万元；监理服务自合同签订之日起开始，服务期26个月。

建设单位通过招标确定了施工单位，并与施工单位签订了施工承包合同，合同约定：开工日期为2019年2月10日，施工总工期为24个月。

事件2：由于吊装作业危险性较大，施工项目部编制了专项施工方案，并送现场监理员签收。吊装作业前，起重机司机使用风速仪检测到风力过大，拒绝进行吊装作业。施工项目经理便安排另一名起重机司机进行吊装作业，监理员发现后立即向专业监理工程师汇报，该专业监理工程师回答说，这是施工单位内部的事情。

事件3：监理员将施工项目部编制的专项施工方案交给总监理工程师后，发现现场吊装作业起重机发生故障。为了不影响进度，施工项目经理调来另一台起重机，该起重机比施工方案确定的起重机吨位稍小，但经安全检测可以使用。监理员立即将此事向总监理工程师汇报，总监理工程师以专项施工方案未经审查批准就实施为由，签发了停止吊装作业的指令。施工项目经理签收暂停令后,仍要求施工人员继续进行吊装。总监理工程师将情况报告了建设单位,建设单位负责人称工期紧迫,要求总监理工程师收回吊装作业暂停令。

事件4:建设单位负责采购的一批材料,因规格、型号与合同约定的不相符合,施工单位不予接收保管,建设单位要求项目监理机构协调处理。专业监理工程师在现场巡视时发现总承包单位在某隐蔽工程施工时,未通知项目监理机构即进行隐蔽。

事件5:由于施工单位的原因,施工总工期延误5个月,监理服务期达31个月。监理单位要求建设单位增加监理费32万元,而建设单位认为监理服务期延长是施工单位造成的,监理单位对此负有责任,不同意增加监理费。

请思考:

1. 指出事件1中建设单位做法的不妥之处和事件2中专业监理工程师做法的不妥之处,写出正确做法。
2. 指出事件2和事件3中施工项目经理在吊装作业中的不妥之处,写出正确做法。
3. 分别指出事件3中建设单位、总监理工程师工作中的不妥之处,写出正确做法。
4. 针对事件4,项目监理机构应如何处理?
5. 事件5中,监理单位要求建设单位增加监理费是否合理?说明理由。

6.1 建设工程监理制度概述

6.1.1 建设工程监理的含义

建设工程监理,是指工程监理单位接受建设单位的委托和授权,根据国家批准的工程项目建设文件、有关工程建设的法律、法规和工程建设监理合同以及其他法规、规范,对工程建设的全过程或项目实施阶段进行监督和管理的活动。

根据《建筑法》的有关规定,建设单位与其委托的工程监理单位应当订立书面委托合同。工程监理单位应当根据建设单位的委托,客观、公正地执行监理业务。建设单位和工程监理单位之间是一种委托代理关系,适用《民法通则》有关代理的法律规定。

现阶段建设工程监理主要发生在项目建设的实施阶段。项目建设的实施阶段包括设计阶段、招标阶段、施工阶段以及竣工验收和保修阶段。

6.1.2 我国建设监理制度的建立与发展

1. 建设工程监理制度

我国的工程监理制度先后经历了试点、稳步发展和全面推行三个阶段。1988年至1992年,重点在北京、上海、天津等八个城市和交通、水电两个行业开展试点工作;1993年至1995年,全国地级以上城市稳步开展了工程监理工作;1995年全国第六次建设工程监理工作会议明确提出,从1996年开始,在建设领域全面推行工程监理制度。

2. 建设工程监理立法概况

(1) 1997年11月《建筑法》以法律制度的形式作出规定,国家推行建筑工程监理制度(《建筑法》第30条规定)。从此建设工程监理在全国范围内进入全面推行阶段。

(2) 2000年1月,为加强对建设工程质量的管理,保证建设工程质量,保护人民生命和财产安全,根据《建筑法》制定的《建设工程质量管理条例》中明确规定了工程监理单位的质量责任和义务。

(3) 2000年12月,为了提高建设工程监理水平,规范建设工程监理行为,建设部(现为住房和城乡建设部)以建标〔2000〕277号文颁发了《建设工程监理规范》。

(4) 2000年12月29日经第36次建设部常务会议讨论,通过了《建设工程监理范围和规模标准规定》。

(5) 2001年1月,建设部发布了《建设工程监理范围和规模标准规定》。

(6) 2004年2月1日起施行的《建设工程安全生产管理条例》也明确规定了工程监理单位的安全责任。

(7) 2005年12月3日,建设部第83次常务委员会讨论通过了《注册监理工程师管理规定》,于2006年4月1日起施行。

(8) 2006年12月11日,建设部第112次常务委员会讨论通过了《工程监理企业资质管理规定》,于2007年8月1日起施行。

(9) 2007年4月,建设部发布了《建设工程监理与相关服务收费管理规定》。

(10) 2007年5月,建设部建筑市场管理司起草了《关于加强工程监理人员从业管理的若干意见(征求意见稿)》。

(11) 2011年5月,国家发展和改革委员会发布《关于降低部分建设项目收费标准规范收费行为等有关问题的通知》(发改价格[2011]534号)。

(12) 2012年3月,国家住房和城乡建设部发布《建设工程监理合同(示范文本)》(GF-2012-0202)。

(13) 2013年5月,国家住房和城乡建设部发布了修订稿《建设工程监理规范》(GB/T 50319—2013)。

这些法律法规、规范标准、文件等,都对我国工程监理事业的健康发展提供了强有力的支持。

6.1.3 建设工程监理的性质

(1) 服务性。

建设工程监理是工程监理企业接受建设单位委托而开展的一种高智能有偿技术服务。建设工程监理的主要方法是规划、控制、协调,主要任务是控制建设工程的投资、进度和质量,最终应当达到的基本目的是协助建设单位在计划的目标内将建设工程建成投入使用。这就是建设工程监理的管理服务的内涵。

工程监理企业既不直接进行设计,也不直接进行施工;既不向建设单位承包造价,也不参与承包商的利益分成。在建设工程中,监理人员利用自己的知识、技能和经验、信息以及必要的试验、检测手段,为建设单位提供管理服务。

工程监理企业不能完全取代建设单位的管理活动。它不具有建设工程重大问题的决策权,只能在授权范围内代表建设单位进行管理。

建设工程监理的服务对象是建设单位。监理服务是按照委托监理合同的规定进行的,是受法律约束和保护的。

(2) 科学性。

科学性是由建设工程监理要达到的基本目的决定的。建设工程监理以协助建设单位实现其投资目的为己任,力求在计划的目标内建成工程。面对工程规模日趋庞大,环境日益复杂,功能、标准要求越来越高,新技术、新工艺、新材料、新设备不断涌现,参加建设的单位越来越多,市场竞争日益激烈,风险日渐增加的情况,只有采用科学的思想、理论、方法和手段,才能为建设单位提供高水平的专业技术服务。

科学性主要表现在:工程监理企业应当有足够数量的、有丰富的管理经验和应变能力的监理工程师队伍;要有一套健全的管理制度;要有科学、先进、现代化的管理手段;要掌握先进的管理理论、方法和手段;要积累足够的技术、经济资料和数据;要有科学的工作态度和严谨的工作作风,要实事求是、创造性地开展工作。

(3) 独立性。

《建筑法》明确指出,工程监理企业应当根据建设单位的委托,客观、公正地执行监理任务。《建设工程监理规范》要求工程监理企业按照"公正、独立、自主"的原则开展监理工作。

按照独立性要求,工程监理单位应当严格地按照有关法律、法规、规章、建设工程文件、建设工程技术标准、建设工程委托监理合同、有关的建设工程合同等的规定实施监理;在委托监理的工程中,与承建单位不得有隶属关系和其他利害关系;在开展工程监理的过程中,必须建立自己的组织,按照自己的工作计划、程序、流程、方法、手段,根据自己的判断,独立地开展工作。

(4) 公正性。

公正性是社会公认的职业道德准则,是监理行业能够长期生存和发展的基本职业道德准则。在开展建设工程监理的过程中,工程监理企业应当排除各种干扰,客观、公正地对待监理的委托单位和承建单位,应当成为"公正的第三方"。

当建设单位与承建单位发生利益冲突或者矛盾时,工程监理企业应以事实为依据,以法律和有关合同为准绳,在维护建设单位的合法权益时,不损害承建单位的合法权益。

6.1.4 建设工程监理制度的推行目的

(1) 保证建设工程质量,保障安全生产。

建设工程是一种特殊的产品,不仅投资大、工期长、施工过程复杂、参建单位多,而且关系到人民的生命财产安全与健康,仅仅依靠承建单位的自我管理和政府的宏观监督是不够的。承建单位是从产品生产者的角度进行管理,而监理是从产品需求者的角度对建设工程生产过程进行管理。

在政府监督、承建单位自我管理的基础上,社会化、专业化的工程监理企业介入建设工程生产全过程,对保证建设工程质量和使用安全有着重要意义。

(2) 提高工程建设水平。

建设单位委托工程监理企业进行工程项目管理(即全过程监理),可大大提高项目投资的经济效益。工程监理企业可协助建设单位选择适当的工程咨询机构,管理工程咨询合同的实施,并对咨询结果(如项目建议书、可行性研究报告)进行评估,提出有价值的修改意见和建议;或者直接从事工程咨询工作,为建设单位提供建设方案。工程监理企业参与或承担项目决策阶段的监理工作,有利于提高项目投资决策的科学化水平,避免项目投资决策失误,促使项目投资符合国家经济发展规划,符合市场要求,也为实现建设工程投资综合效益最大化打下了良好的基础。

(3) 充分发挥投资效益。

就建设单位而言,建设工程投资效益最大化有以下三种不同的表现:

①在满足建设工程预定功能和质量标准的前提下,建设投资额最少。

②在满足建设工程预定功能和质量标准的前提下,建设工程寿命周期费用(全寿命费用)最少。

③建设工程本身的投资效益与环境、社会效益的综合效益最大化。

建设单位委托建设工程监理后,工程监理企业不仅能协助建设单位实现建设工程的投资效益,而且能大大提高我国全社会的投资效益,从而促进国民经济的发展。

(4) 规范工程建设参与各方的建设行为。

首先需要政府对工程建设参与各方的建设行为进行全面的监督管理,这是最基本的约束,也是政府的主要职能之一。同时还要建立一种约束机制——建设工程监理制。

建设工程监理制贯穿于工程建设的全过程,采用事前、事中和事后控制相结合的方式。一方面,这样可有效地规范各承建单位的建设行为,最大限度地避免不当建设行为的发生,或最大限度地减少其不良后果,这是约束机制的根本目的;另一方面,工程监理单位可以向建设单位提出适当的建议,从而避免发生建设单位的不当建设行为,起到一定的约束作用。

要发挥这些约束作用,工程监理企业首先必须规范自身的行为,并接受政府的监督管理。

6.2 建设工程监理的范围、依据、内容

建设部对必须实行监理的建设工程范围和规模标准作出了规定。建筑工程监理应当依照法律、行政法规及有关的技术标准、设计文件和建筑工程承包合同,对承包单位在施工质量、建设工期和建设资金使用等方面,代表建设单位实施监督。

6.2.1 实行强制监理的建设工程范围

并不是所有的工程都需要实行监理,《建筑法》第30条第1款规定,国家推行建筑工程监理制度。国务院可以规定实行强制监理的建筑工程的范围。

2019年4月23日施行的《建设工程质量管理条例》第12条规定了必须实行监理的建设工程范围。

1. 国家重点建设项目

国家重点建设项目是指依据《国家重点建设项目管理办法》所确定的对国民经济和社会发展有重大影响的项目。

2. 大中型公用事业工程

大中型公用事业工程是指项目总投资额在3000万元以上的下列工程项目:

(1) 供水、供电、供气、供热等市政工程项目;

(2)科技、教育、文化等项目；

(3)体育、旅游、商业等项目；

(4)卫生、社会福利等项目；

(5)其他公用事业项目。

3. 成片开发建设的住宅小区工程

(1)建筑面积在5万平方米以上的住宅建设工程必须实行监理；

(2)建筑面积在5万平方米以下的住宅建设工程,可以实行监理,具体范围和规模标准,由省、自治区、直辖市人民政府建设行政主管部门规定；

(3)为了保证住宅质量,对高层住宅及地基、结构复杂的多层住宅应当实行监理。

4. 利用外国政府或者国际组织贷款、援助资金的工程

利用外国政府或国际组织贷款、援助资金的工程包括：

(1)使用世界银行、亚洲开发银行等国际组织贷款资金的项目；

(2)使用外国政府及其机构贷款资金的项目；

(3)使用国际组织或者外国政府援助资金的项目。

5. 国家规定必须实行监理的其他工程

(1)项目总投资额在3000万元以上关系社会公共利益、公众安全的下列基础设施项目：

①煤炭、石油、化工、天然气、电力、新能源等项目；

②铁路、公路、管道、水运、民航以及其他交通运输业等项目；

③邮政、电信枢纽、通信、信息网络等项目；

④防洪、灌溉、排涝、发电、引(供)水、滩涂治理、水资源保护、水土保持等水利建设项目；

⑤道路、桥梁、地铁和轻轨交通、污水排放及处理、垃圾处理、地下管道、公共停车场等城市基础设施项目；

⑥生态环境保护项目；

⑦其他基础设施项目。

(2)学校、影剧院、体育场馆项目。

6.2.2 工程监理的依据、内容和权限

1. 工程监理的依据

根据《建筑法》《建设工程质量管理条例》《建设工程安全生产管理条例》的有关规定,工程监理的依据如下。

建设工程
监理规范

(1)国家或部门制定颁布的法律、法规、规章。

监理单位应当依据法律法规的规定,对承包单位实施监理。工程监理在监理过程中首先就要监督检查施工单位是否存在违法行为,另外,对建设单位的违法违规要求,也应拒绝。只有这样,才能体现监理公正、独立、自主的工作原则。

总之,监理单位必须依法执业,既要维护建设单位的利益,也不能损害承包单位的合法利益。

(2)国家现行的技术规范、技术标准、规程。

技术标准分为强制性标准和推荐性标准。强制性标准是各参建单位都必须执行的标

准,而推荐性标准则是可以自主决定是否采用的标准。通常情况下,建设单位如要求采用推荐性标准,应当与设计单位或施工单位在合同中予以明确约定。经合同约定采用的推荐性标准,对合同当事人同样具有法律约束力,设计或施工未达到该标准,将构成违约行为。

(3) 审查批准的设计文件、设计图纸。

施工单位的任务是按图施工,也就是按照施工图设计文件进行施工。如施工单位没有按照图纸的要求去修建工程就构成违约,擅自修改图纸更构成了违法。因此,设计文件就是监理单位的依据之一。

(4) 建设工程承包合同。

建设单位和承包单位通过订立建设工程承包合同,明确双方的权利和义务。合同中约定的内容要远远大于设计文件的内容。例如,进度、工程款支付等都不在设计文件的描述范围内。而这些内容也是当事人必须履行的义务。工程监理单位有权利也有义务监督检查承包单位是否按照合同约定履行这些义务。因此,建设工程承包合同也是工程监理的一个依据。

2. 工程监理的内容

工程监理在本质上是项目管理,是代表建设单位而进行的项目管理。其监理的内容与项目管理的内容是一致的,其内容包括"三控制""三管理""一协调"。"三控制"是工程建设监理的核心工作,即质量控制、投资控制、进度控制;"三管理"是监理在项目内部的管理,即合同管理、安全管理、信息管理;"一协调"是协调好参与工程建设各方的工作关系,并做好安全生产管理过程中的监理工作等,即组织协调。

施工阶段监理主要内容如下:

(1) 进度控制;

(2) 质量控制;

(3) 投资控制;

(4) 安全管理;

(5) 合同管理;

(6) 信息管理;

(7) 组织协调。

由于监理单位是接受建设单位的委托代表建设单位进行项目管理的,其权限将取决于建设单位的授权,因此,其监理的内容也不尽相同。因此,《建筑法》第33条规定:"实施建筑工程监理前,建设单位应当将委托的工程监理单位、监理的内容及监理权限,书面通知被监理的建筑施工企业。"

3. 工程监理的权限

《建筑法》第32条第2款、第3款分别规定了工程监理人员的监理权限和义务:

(1) 工程监理人员认为工程施工不符合工程设计要求、施工技术标准和合同约定的,有权要求建筑施工企业改正。

(2) 工程监理人员发现工程设计不符合建筑工程质量标准或合同约定的质量要求的,应当报告建设单位要求设计单位改正。

工程监理任务的承接有以下要求。

(1) 不能超越资质许可范围承揽工程。

工程监理单位应当在其资质等级许可的监理范围内承担工程监理业务。

(2) 不得转让工程监理业务。

建设工程委托监理合同通常是建立在信赖关系的基础上,具有较强的人身性。工程监理单位接受委托后,应当自行完成工程监理工作,不得转让监理业务。"不得转让"不仅仅指不得转包,也包括不得分包。

6.3 建设工程监理合同

6.3.1 建设工程监理合同的概念

建设工程监理合同是业主与监理单位签订的,为了委托监理单位承担监理业务而明确双方权利、义务关系的协议。

6.3.2 建设工程监理合同示范文本

《建设工程监理合同》是由监理业务主管部门,依据有关法律、法规,组织有关各方面的专家共同编制的。它能够比较准确地反映出合同双方所要实现的意图,具有很好的指导示范作用。

建设工程监理合同(示范文本)

推行建设工程监理合同示范文本,有利于提高监理合同签订的质量,有利于减少双方签订合同的工作量,也有利于保护合同当事人的合法权益。《建设工程监理合同》(GF-2018-0202)由建设工程监理合同(下称"合同")、建设工程监理合同通用条件(下称"通用条件")和建设工程监理合同专用条件(下称"专用条件")组成。

1) 合同

合同是一个总的协议,是纲领性的法律文件。合同是一份标准的格式文件,经当事人双方在空格内填写具体规定的内容并签字盖章后,即发生法律效力。其主要内容为工程概况、合同签订、生效、完成的时间、合同文件的组成,以及委托人向监理人支付报酬的期限和方式等。除双方签署的合同协议外,还包括以下文件。

(1) 监理投标书或中标通知书。

(2) 建设工程委托监理合同标准条件。

(3) 建设工程委托监理合同专用条件。

(4) 在实施过程中双方共同签署的补充协议与修正文件。

2) 通用条件

建设工程委托监理合同通用条件,其内容包括了合同中所用词语定义、适用范围和法规;签约双方的责任、权利和义务;合同生效、变更与终止;监理报酬;争议的解决以及其他一些情况。通用条件是委托监理合同的通用文件,适用于各类建设工程项目监理,各个委托人、监理人都应遵守。

3) 专用条件

由于标准条件适用于各行各业所有项目的建设工程监理,因此其条款相对于实际工程来说比较笼统。所以,具体签订某工程项目监理合同时,需要结合工程特点、地域特点和专业特点等,对于标准条件中的某些条款进行补充和修正。

(1) 补充条款。补充条款是指标准条件中的某些条款明确规定,在该条款确定的原则下,在专用条件的条款中进一步明确具体内容,使两个条件中相同序号的条款共同组成一条内容完备的条款。如标准条件中规定了建设工程委托监理合同适用的法律和专用条件中议定的部门规章,就具体的工程监理项目来说,则要求在专用条件的相同序号条款内写入履行本合同必须遵循的部门规章和地方法规的名称,作为双方都必须遵守的条件。

(2) 修正条款。修正条款是指标准条件中规定的程序方面的内容,如果双方认为不适合,可以协议修改。

6.3.3 建设工程监理合同当事人的义务

1) 监理人的义务

(1) 监理单位应按合同的约定向业主报送委派的总监理工程师及其监理机构主要成员名单、监理规划,完成监理合同专用条件中约定监理工程范围内的监理业务。在履行合同义务期间,应按合同约定定期向委托人报告监理工作。

(2) 监理在履行本合同的义务期间,应认真、勤奋地工作,为委托人提供与其水平相适应的咨询意见,公正维护各方面的合法权益。

(3) 监理人使用委托人提供的设施和物品属委托人的财产。在监理工作完成或中止时,应将其设施和剩余的物品按合同约定的时间和方式移交委托人。

(4) 在合同期内或合同终止后,未征得有关方同意的情况下,不得泄露与本工程、本合同业务有关的保密资料。

2) 委托人的义务

(1) 委托人在监理人开展监理业务之前应向监理人支付预付款。

(2) 委托人应当负责工程建设的所有外部关系的协调,为监理工作提供外部条件。根据需要,如将部分或全部协调工作委托监理人承担,则应在专用条件中明确委托的工作和相应的报酬。

(3) 委托人应当在双方约定的时间内免费向监理人提供与工程有关的监理工作所需要的工程资料。

(4) 委托人应当在专用条件约定的时间内就监理人书面提交并要求作出决定的一切事宜作出书面决定。

(5) 委托人应当授权一名熟悉工程情况、能在规定时间内作出决定的常驻代表(在专用条件中约定),负责与监理人联系。更换常驻代表,要提前通知监理人。委托人代表与现场总监理工程师的职权范围不得有交叉。

(6) 委托人应当将授予监理人的监理权利,以及监理人主要成员的职能分工、监理权限及时书面通知已选定的承包人,并在与第三人签订的合同中予以明确。

(7) 委托人应在不影响监理人开展监理工作的时间内提供如下资料:

①与本工程合作的原材料、构配件、设备等生产厂家名录。

②与本工程有关的协作单位、配合单位的名录。

(8) 委托人应免费向监理人提供办公用房、通信设施、监理人员工地住房及合同专用条件约定的设施,对监理人自备的设施给予合理的经济补偿。

(9) 根据情况需要,如果双方约定,由委托人免费向监理人提供其他人员,应在监理合同专用条件中予以明确。

6.3.4 建设工程监理合同当事人的权利

1) 监理人的权利

(1) 监理人在委托人委托的工程范围内,享有以下权利:

①选择工程总承包人的建议权。

②选择工程分包人的认可权。

③对工程建设有关事项包括工程规模、设计标准、规划设计、生产工艺设计和使用功能要求,向委托人的建议权。

④对工程设计中的技术问题,按照安全和优化的原则,向设计人提出建议;如果拟提出的建议可能会提高工程造价,或延长工期,应当事先征得委托人的同意。当发现工程设计不符合国家强制性标准时,应当书面报告委托人并要求设计人改正。

⑤审批工程施工组织设计和技术方案,按照保质量、保工期和降低成本的原则,向承包人提出建议,并向委托人提出书面报告。

⑥主持工程建设有关协作单位的组织协调,重要协调事项应当事先向委托人报告。

⑦征得委托人同意,监理人有权发布开工令、停工令、复工令,但应当事先向委托人报告。如在紧急情况下未能事先报告时,则应在 24 小时内向委托人作出书面报告。

⑧工程上使用的材料和施工质量的检验权。对于不符合设计要求和合同约定及国家质量标准的材料、构配件、设备,有权通知承包人停止使用;对于不符合分部分项工程规范和质量标准的工序和不安全施工作业,有权通知承包人停工整改、返工。承包人得到监理机构复工令后才能复工。

⑨工程施工进度的检查、监督权,以及工程实际竣工日期提前或超过工程施工合同规定的竣工期限的签认权。

⑩在工程施工合同约定的工程价格范围内,工程款支付的审核和签认权,以及工程结算的复核确认权与否决权。未经总监理工程师签字确认,委托人不支付工程款。

(2) 监理人在委托人授权下,可对任何承包人合同规定的义务提出变更。如果此变更严重影响了工程费用、进度或质量,则这种变更须经委托人事先批准。在紧急情况下未能事先报委托人批准时,监理人所做的变更也应尽快通知委托人。在监理过程中如果发现工程承包人员工作不力,监理机构可要求承包人调换有关人员。

(3) 在委托的工程范围内,委托人或承包人对对方的任何意见和要求(包括索赔要求),均必须首先向监理机构提出,由监理机构研究处置意见,再同双方协商确定。当委托人和承包人发生争议时,监理机构应根据自己的职能,以独立的身份判断,公正地进行调解。当双方的争议由政府建设行政主管部门调解或仲裁机关仲裁时,应当提供作证的事实材料。

2) 委托人的权利

(1) 委托人有选定工程总承包人,以及与其订立合同的权利。

(2) 委托人对工程规模、设计标准、规划设计、生产工艺设计和设计使用功能要求的认定权,以及对工程设计变更的审批权。

(3) 监理人调换总监理工程师必须先经委托人同意。

(4) 委托人有权要求监理人提交监理工作月报及监理业务范围内的专项报告。

(5) 委托人有权要求监理人更换不称职的监理人员,直到终止合同并要求监理人承担相应的赔偿责任。

6.3.5　建设工程监理的合同价款条款

1. 合同价款

建设工程监理的合同价款分为正常的监理工作的酬金,附加服务和额外服务的酬金以及合理化建议的奖励。

(1) 正常的监理工作的酬金。

正常的监理工作的酬金是完成监理合同的专用条款内注明的委托监理工作,应获得的酬金。

(2) 附加监理工作的酬金。

附加工作是指与完成正常工作相关,在委托正常监理工作范围以外监理人应完成的工作,可能包括:①由于委托人、第三方原因,监理工作受到阻碍或延误,以致增加了工作量或延续时间;②增加监理工作的范围和内容等,如由于委托人或承包人的原因,承包合同不能按期竣工而必须延长的监理工作时间。

附加监理工作的范围或内容属于监理合同的变更,双方应另行签订补充协议,并具体商定报酬额或报酬的计算方法,附加监理工作的酬金＝附加工作天数×合同约定的报酬/合同约定的监理服务天数。

(3) 额外监理工作的酬金。

额外监理工作是指正常工作和附加工作以外的工作。

额外监理工作的范围或内容属于监理合同的变更,双方应另行签订补充协议,并具体商定报酬额或报酬的计算方法,额外监理工作的酬金＝额外工作天数×合同约定的报酬/合同约定的监理服务天数。

(4) 奖金。

监理人在监理过程中提出的合理化建议使委托人得到了经济效益,有权按专用条款的约定获得经济奖励。奖金的计算办法是:奖励金额＝工程费用节省额×报酬比率。

2. 支付

(1) 在监理合同实施中,监理酬金支付方式可以根据工程的具体情况双方协商确定。一般采取首期支付多少,以后每月(季)等额支付,工程竣工验收后结算尾款。

(2) 支付过程中,如果委托人对监理人提交的支付通知书中酬金或部分酬金项目提出异议,应在收到支付通知书 24 小时内向监理人发出表示异议的通知,但不得拖延其他无异议酬金项目支付。

(3) 当委托人在议定的支付期限内未予支付的,自规定之日起向监理人补偿应支付酬金的利息。利息按规定支付期限最后 1 日银行贷款利率乘以拖欠酬金时间计算。

3. 合同的变更与终止条款

(1) 由于委托人或承包人的原因,监理工作受到阻碍或延误,以致发生了附加工作或延长了持续时间,则监理人应当将此情况与可能产生的影响及时通知委托人。完成监理业务的时间应当相应延长,并得到附加工作的报酬。

(2) 在委托监理合同签订后,实际情况发生变化,使得监理人不能全部或部分执行监理业务时,监理人应当立即通知委托人。该监理业务的完成时间应予延长。当恢复执行监理业务时,应当增加不超过42天的时间用于恢复执行监理业务。并按双方约定的数量支付监理报酬。

(3) 监理人向委托人办理完竣工验收或工程移交手续,承包人和委托人已签订工程保修责任书,监理人收到监理报酬尾款,合同即终止。保修期间的责任,双方在专用条款中约定。

(4) 当事人一方要求变更或解除合同时应当在42日前通知对方,因解除合同使一方遭受损失的,除依法可以免除责任的以外,应由责任方负责赔偿。变更或解除合同的通知或协议必须采取书面形式,协议未达成之前,原合同仍然有效。

(5) 监理人在应当获得监理报酬之日起30日内未收到支付单据,而委托人又未对监理人提出任何书面解释时,或根据合同约定已暂停执行监理业务时限超过6个月的,监理人可向委托人发出终止合同的通知。发出通知后14日内未得到委托人答复,可进一步发出终止合同的通知,如果第二份通知发出后42日内仍未得到委托人答复,可终止合同或自行暂停或继续暂停执行全部或部分监理业务。委托人承担违约责任。

(6) 监理人由于非自己的原因而暂停或终止执行监理业务,其善后工作以及恢复执行监理业务的工作,应当视为额外工作,有权得到额外报酬。

(7) 当委托人认为监理人无正当理由而又未履行监理义务时,可向监理人发出未履行义务的通知。若委托人发出通知后21日内没有收到答复,可在第一个通知发出后35日内发出终止委托监理合同的通知,合同即行终止。监理人承担违约责任。

(8) 合同协议的终止并不影响各方应有的权利和应承担的责任。

6.4 建设工程监理法律责任

6.4.1 工程监理人员的行为规范与法律责任

工程监理行业是为工程建设提供技术、管理服务的人才密集型咨询服务行业。工程监理人员的素质和从业能力直接决定着工程监理工作水平,影响着建设工程目标的实现。因此,加强对工程监理人员从业管理,规范从业行为,明确监理人员岗位执业技能要求,是从根本上保证监理队伍素质和监理业务水平的重要措施;是建立全国统一的监理从业管理体系和机制,规范监理市场秩序的重要手段;是推动企业建立多渠道、多层次、多目标的人才培养体系,实施人才战略发展措施,提高监理企业经营管理水平和竞争实力的有效途径;是促进监理行业建立并完善诚信机制,树立监理行业良好的社会形象,从而推动工程监理事业持续健康发展的必然要求。

1. 监理工程师须遵守的行为守则

(1) 维护国家的荣誉和利益,按照"守法、诚信、公正、科学"的准则执业。

(2) 执行有关工程建设的法律、法规、规范、标准和制度、履行监理合同规定的义务和职责。

(3) 努力学习专业技术和建设监理知识，不断提高业务能力和监理水平。

(4) 不以个人名誉承揽监理业务。

(5) 不同时在两个或两个以上监理单位注册和从事监理活动，不在政府部门和施工、材料设备的生产供应等单位兼职。

(6) 不为所监理项目指定承建商、建筑构配件、设备、材料和施工方法。

(7) 不收受被监理单位的任何礼金。

(8) 不泄露所监理工程各方认为需要保密的事项。

(9) 独立自主地开展工作。

2. 监理工程师的行为禁止

(1) 监理人员不准利用职务之便和工作关系谋取私利、索贿。在监理工作中必须做到秉公办事，公正合理，一丝不苟。不允许任何懈怠和渎职的现象存在。

(2) 监理人员不准利用监理权向承包人敲诈勒索、吃拿卡要，亦不得要求承包人为自己提供规定以外的任何方便和需要。

(3) 监理人员绝对不准由于得到承包人的某些关照而放松合同要求或降低质量标准。更不能参与承包人的经济活动，以"服务"为名，收取劳务费、服务费。

(4) 监理人员不得由于自己的无理要求未能得到满足而对承包人进行刁难，不给好处不办事。坚决杜绝行业不正之风。

(5) 监理人员因工作需要必须在外单位就餐时，应主动交纳伙食费。不准向外单位和有业务联系的单位索取接受礼物。

(6) 监理人员不准授意承包人邀请去卡拉OK歌舞厅。

(7) 监理人员不准以开会为名，绕道观光旅游。不准以各种名义大吃大喝，讲排场、请客送礼。

(8) 监理人员不准违反财经纪律，虚报冒领，重报多领，假公济私，损公肥私。

(9) 监理人员不准以各种名义变相截留公款。不准领取巧立名目的各种费用。

(10) 监理人员应在本职工作中为承包人排忧解难，热情服务。每个监理工作人员必须遵纪守法。

2. 监理工程师的法律责任

监理工程师的法律责任与其法律地位密切相关，主要来源于法律法规的规定和监理合同的约定。因而，监理工程师法律责任的表现行为主要有两个方面，一是违反法律法规的行为，二是违反合同约定的行为。

(1) 违法行为。现行法律法规对监理工程师的法律责任专门作出了具体规定。这些规定能够有效地规范、指导监理工程师的执业行为，提高监理工程师的法律责任意识，引导监理工程师公正守法地开展监理业务。

①对于未取得监理工程师执业资格证书、监理工程师注册证书和执业印章，以监理工程师名义执行业务的人员，政府建设行政主管部门将予以取缔，并处以罚款；有违法所得的，予以没收；

②对于以欺骗手段取得监理工程师执业资格证书、监理工程师注册证书和执业印章的人员，政府建设行政主管部门将吊销其证书，收回执业印章，并处以罚款；情节严重的，3年之内不允许考试及注册；

③如果监理工程师出借监理工程师执业资格证书、监理工程师注册证书和执业印章,情节严重的,将被吊销证书,收回执业印章,3年之内不允许考试和注册;

④监理工程师注册内容发生变更,未按照规定办理变更手续的,将被责令改正,并可能受到罚款的处罚;

⑤同时受聘于两个及以上单位执业的,将被注销其监理工程师注册证书,收回执业印章,并将受到罚款处理;有违法所得的,没收其所得;

⑥对于监理工程师在执业中出现的行为过失,产生不良后果,《建设工程质量管理条例》中有明确的规定:监理工程师因过错造成质量事故的,责令停止执业1年;造成重大质量事故的,吊销执业资格证书,5年以内不予注册;情节特别恶劣的,终身不予注册。

(2) 违约行为。监理工程师一般主要受聘于工程监理企业,从事工程监理业务。工程监理企业是订立委托监理合同的当事人,是法定意义的合同主体。但委托监理合同在具体履行时,是由监理工程师代表监理企业来实现的。因此,如果监理工程师出现工作过失,违反了合同约定,其行为将被视为监理企业违约,由监理企业承担相应的违约责任。当然,监理企业在承担违约赔偿责任后,有权在企业内部向有相应过失行为的监理工程师追偿部分损失。所以,由监理工程师个人过失引发的合同违约行为,监理工程师应当与监理企业承担一定的连带责任。

6.4.2 工程监理单位的行为规范与法律责任

1. 工程监理单位的行为规范

《建筑法》和《建设工程质量管理条例》有关条文都对建筑工程监理的行为规范作出了相关规定:

(1) 实行监理的建筑工程,由建设单位委托具有相应资质条件的工程监理单位监理。建设单位与其委托的工程监理单位应当订立书面委托监理合同。

(2) 建筑工程监理应当依照法律、行政法规及有关的技术标准、设计文件和建筑工程承包合同,对承包单位在施工质量、建设工期和建设资金使用等方面,代表建设单位实施监督。

工程监理人员认为工程施工不符合工程设计要求、施工技术标准和合同约定的,有权要求建筑施工企业改正。工程监理人员发现工程设计不符合建筑工程质量标准或者合同约定的质量要求的,应当报告建设单位要求设计单位改正。

(3) 工程监理单位应当在其资质等级许可的监理范围内,承担工程监理业务。

(4) 工程监理单位应当根据建设单位的委托,客观、公正地执行监理任务。

(5) 工程监理单位与被监理工程的承包单位以及建筑材料、建筑构配件和设备供应单位不得有隶属关系或者其他利害关系。

(6) 工程监理单位不得转让工程监理业务。建设工程委托监理合同通常是建立在信赖关系的基础上,具有较强的人身性。工程监理单位接受委托后,应当自行完成工程监理工作,不得转让监理业务。不得转让不仅仅指不得转包,也包括不得分包。

2. 工程监理单位的法律责任

(1) 工程监理单位超越本单位资质等级承揽工程的,责令停止违法行为,对工程监理单位处监理酬金1倍以上2倍以下的罚款,可以责令停业整顿,降低资质等级;情节严重的,吊销资质证书;有违法所得的,予以没收。未取得资质证书承揽工程的,可以取缔,依照前款规定处以罚款;有违法所得的,予以没收。以欺骗手段取得资质证书承揽工程的,吊销资质证书,依照本条第一款规定处以罚款;有违法所得的,予以没收。

(2) 工程监理单位允许其他单位或者个人以本单位名义承揽工程的,责令改正,没收违法所得,对工程监理单位处合同约定的监理酬金1倍以上2倍以下的罚款;可以责令停业整顿,降低资质等级;情节严重的,吊销资质证书。

(3) 工程监理单位转让监理业务的,责令改正,没收违法所得并处合同约定监理酬金25%以上50%以下的罚款;可以责令停业整顿,降低资质等级;情节严重的,吊销资质证书。

(4)《建筑法》规定,工程监理单位与建设单位或者建筑施工企业串通、弄虚作假、降低工程质量的,责令改正,处以罚款,降低资质等级或者吊销资质证书;有违法所得的,予以没收;造成损失的,承担连带赔偿责任;构成犯罪的,依法追究刑事责任。

(5) 工程监理单位不按照委托监理合同的约定履行监理义务,对应当监督检查的项目不检查或者不按照规定检查,给建设单位造成损失的,应当承担相应的赔偿责任。

(6) 工程监理单位违反国家规定,降低工程质量标准,造成重大安全事故的,对直接责任人员,处五年以下有期徒刑或者拘役,并处罚金;后果特别严重的,处五年以上十年以下有期徒刑,并处罚金。

(7)《建设工程质量管理条例》规定,工程监理单位有下列行为之一的,责令改正,处50万元以上100万元以下的罚款,降低资质等级或者吊销资质证书;有违法所得的,予以没收;造成损失的,承担连带赔偿责任:①与建设单位或者施工单位串通、弄虚作假、降低工程质量的;②将不合格的建设工程、建筑材料、建筑构配件和设备按照合格签字的。

(8)《建设工程安全生产管理条例》规定,工程监理单位有下列行为之一的,责令限期改正;逾期未改正的,责令停业整顿,并处10万元以上30万元以下的罚款;情节严重的,降低资质等级,直至吊销资质证书;构成犯罪的,对直接责任人员,依照刑法有关规定追究刑事责任;造成损失的,依法承担赔偿责任:a.未对施工组织设计中的安全技术措施或者专项施工方案进行审查的;b.发现安全事故隐患未及时要求施工单位整改或者暂时停止施工的;c.施工单位拒不整改或者不停止施工,未及时向有关主管部门报告的;d.未依照法律、法规和工程建设强制性标准实施监理的。

(9) 工程监理单位与被监理工程的施工承包单位以及建筑材料、建筑构配件和设备供应单位有隶属关系或者其他利害关系承担该项建设工程的监理业务的,责令改正,处5万元以上10万元以下的罚款,降低资质等级或者吊销资质证书;有违法所得的,予以没收。

综上所述,建设监理的责任包括民事、行政、刑事三类。监理单位要为其在监理委托合同中的违约行为承担民事责任;要为其在监理活动中的违约行为和违法行为承担行政责任;要为其在监理活动中的严重违法行为承担刑事责任,法定代表人和监理责任人员,要承担刑罚的后果。

【案例6-1】

某工程,施工总承包单位依据施工合同约定,与甲安装单位签订了安装分包合同。基础工程完成后,由于项目用途发生变化,建设单位要求设计单位编制设计变更文件,并授权项目监理机构就设计变更引起的有关问题与总承包单位进行协商。项目监理机构在收到经相

关部门重新审查批准的设计变更文件后,经研究对其今后的工作安排如下:
(1) 由总监理工程师负责与总承包单位进行质量、费用和工期等问题的协商工作;
(2) 要求总承包单位调整施工组织设计,并报建设单位同意后实施;
(3) 由总监理工程师代表主持修订监理规划;
(4) 由负责合同管理的专业监理工程师全权处理合同争议;
(5) 安排一名监理员主持整理工程监理资料。

在协商变更单价过程中,项目监理机构未能与总承包单位达成一致意见,总监理工程师决定以双方提出的变更单价的均值作为最终的结算单价。

项目监理机构认为甲安装分包单位不能胜任变更后的安装工程,要求更换安装分包单位。总承包单位认为项目监理机构无权提出该要求,但仍表示愿意接受,随即提出由乙安装单位分包。

甲安装单位依据原定的安装分包合同已采购的材料,因设计变更需要退货,向项目监理机构提出了申请,要求补偿因材料退货造成的费用损失。

问题:
1. 请逐项指出项目监理机构对其今后工作的安排是否妥当,写出正确做法。
2. 指出在协商变更单价过程中项目监理机构做法的不妥之处,并按《建设工程监理规范》写出正确做法。
3. 总承包单位认为项目监理机构无权提出更换甲安装分包单位的意见是否正确?为什么?
4. 请指出甲安装单位要求补偿材料退货造成费用损失申请程序的不妥之处,写出正确做法。该费用损失应由谁承担?

【案例分析】

1. (1) 由总监理工程师负责与总承包单位进行质量、费用和工期等问题的协商工作是妥当的。

(2) 要求总承包单位调整施工组织设计,并报建设单位同意后实施不妥;正确做法:调整后的施工组织设计应经项目监理机构(或总监理工程师)审核、签认。

(3) 由总监理工程师代表主持修订监理规划不妥;正确做法:由总监理工程师主持修订监理规划。

(4) 由负责合同管理的专业监理工程师全权处理合同争议不妥;正确做法:由总监理工程师负责处理合同争议。

(5) 安排一名监理员主持整理工程监理资料不妥;正确做法:由总监理工程师主持整理工程监理资料。

2. 不妥之处:以双方提出的变更费用价格的均值作为最终的结算单价。

正确做法:项目监理机构(或总监理工程师)提出一个暂定价格,作为临时支付工程进度款的依据。变更费用价格在工程最终结算时以建设单位与总承包单位达成的协议为依据。

3. 不正确。理由:依据有关规定,项目监理机构对工程分包单位有认可权。

4. 不妥之处：由甲安装分包单位向项目监理机构提出申请。

正确做法：甲安装分包单位向总承包单位提出，再由总承包单位向项目监理机构提出。费用损失由建设单位承担。

【本章小结】

本章主要对建设工程监理的含义、建设工程监理法律制度的建立与发展、工程监理的性质、建设工程监理的范围、依据、内容、建设工程监理合同当事人的权利与义务及工程监理人员、工程监理单位的行为规范与法律责任等内容进行了阐述。

建设工程监理，是指工程监理单位接受建设单位的委托和授权，根据国家批准的工程项目建设文件、有关工程建设的法律、法规和工程建设监理合同以及其他法规、规范，对工程建设的全过程或项目实施阶段进行监督和管理的活动。

建设工程监理的内容与项目管理的内容是一致的，其内容包括"三控制""三管理""一协调"。"三控制"是工程建设监理的核心工作，即质量控制、投资控制、进度控制；"三管理"是监理在项目内部的管理，即合同管理、安全管理、信息管理；"一协调"是协调好参与工程建设各方的工作关系，并做好安全生产管理过程中的监理工作等，即组织协调。

【习题】

一、单项选择题

1. 某建设工程委托监理合同履行中，委托人提供了一辆汽车供监理人在施工现场使用。监理工作完成后，该汽车（　　）。
   A. 不用归还委托人　　　　　　　　B. 归还委托人，并应支付折旧费
   C. 归还委托人即可　　　　　　　　D. 归还委托人，并应支付租赁费

2. 总监理工程师是经（　　）法定代表人授权，派驻施工现场进行监理组织的总负责人。
   A. 发包人　　　B. 监理人　　　C. 承包人　　　D. 建设行政机关

3. 承包人的要求和通知，以书面形式由（　　）签字后送交工程师，工程师在回执上签署姓名和收到时间后生效。
   A. 承包人法定代表人　　　　　　　B. 发包人法定代表人
   C. 项目经理　　　　　　　　　　　D. 总监理工程师

4. 工程师对承包人提交的有缺陷的工程进度计划予以确认后，由（　　）承担责任。
   A. 业主　　　B. 监理人　　　C. 承包人　　　D. 工程师

5. 在施工过程中，工程师发现经检验合格的工程仍存在施工质量问题，则修复该部分工程质量缺陷的责任应由（　　）。
   A. 发包人承担费用和顺延工期　　　B. 承包人承担费用，工期予以顺延
   C. 承包人承担费用，工期不予顺延　D. 工程师承担费用，工期顺延

6. 建设工程委托监理合同的履行中，监理人因过失造成工程重大事故后，向委托人赔偿的原则是（　　）。
   A. 按工程实际损失计算赔偿

B. 扣除合同约定的全部监理酬金

C. 赔偿不应超过除去税金的监理酬金总额

D. 应当双倍返还定金

7. 依据委托监理合同示范文本的规定,当委托人认为监理人无正当理由而又未履行管理义务时,委托人可以(　　)。

　　A. 发出终止合同通知,终止监理合同

　　B. 发出指明其未履行义务的通知后 21 天内未收到答复,即可在第 1 个通知发出后 35 天内发出终止监理合同的通知,合同即行终止

　　C. 发出指明其未履行义务的通知后 35 天内未收到答复,可在第 1 个通知发出后 35 天内发出终止监理合同的通知,合同即行终止

　　D. 发出指明其未履行义务的通知后 42 天内未收到答复,可在第 1 个通知发出后 35 天内发出终止监理合同的通知,合同即行终止

8. 按照《建设工程委托监理合同(示范文本)》通用条件的规定,监理委托人和第三方签订承包合同时可行使的权利不包括(　　)。

　　A. 对实施项目的质量、工期和费用的监督控制权

　　B. 建设工程有关事项和工程设计的建议权

　　C. 对合同履行的监督权

　　D. 审核承包人索赔的权利

9. 《建设工程委托监理合同(示范文本)》规定,(　　)不属于委托人的权利。

　　A. 选定工程总承包人

　　B. 要求监理人提供监理月报及监理业务范围内的专项报告

　　C. 选择工程分包人的认可权

　　D. 调换总监理工程师的最终认可权

10. 某工程监理酬金总额 40 万元,监理单位已经缴纳的税金为 3 万元,在合同履行过程中因监理单位过失给业主造成经济损失 50 万元。依据《建设工程委托监理合同(示范文本)》,监理单位应承担的赔偿金额不应超过(　　)万元。

　　A. 37　　　　B. 40　　　　C. 43　　　　D. 50

二、多项选择题

1. 根据《建设工程施工合同(示范文本)》,下列关于监理单位委派总监理工程师相关事项的表述,正确的是(　　)。

　　A. 其职责可以与发包人指定的履行合同的负责人职责相互交叉

　　B. 经监理单位法定代表人授权

　　C. 是监理单位派驻施工现场监理组织的总负责人

　　D. 行使监理合同赋予监理单位的权利和义务

　　E. 全面负责受委托工程的监理工作

2. 正常的监理酬金的构成,是监理单位在工程项目监理中所需的全部成本,再加上合理的利润和税金,其中直接成本包括(　　)。

　　A. 监理人员和监理辅助人员的工资

　　B. 用于该项工程监理人员的其他专项开支

C. 监理期间使用与监理工作相关的计算机和其他仪器、机械的费用
D. 监理期间的工程事故损失费用
E. 所需的其他外部协作费用

3. 依据《建设工程委托监理合同(示范文本)》的规定,委托人的义务包括( )。
A. 负责合同的协调管理工作　　B. 外部关系协调
C. 免费提供监理工作需要的资料　D. 更换委托人代表需要经监理人同意
E. 将监理人、监理机构主要成员分工、权限及时书面通知被监理人

4. 关于监理人的责任限度的说法正确的是( )。
A. 监理人在责任期内,因过失造成损失,要负监理失职的责任
B. 监理人不对责任期以外发生的任何事情所引起的损失负责
C. 不对第三方违反合同规定的质量要求和完工时限承担责任
D. 监理人应对责任期以外发生事情引发的损失承担相应责任
E. 因监理人失职造成损失,监理应承担全部责任

三、简答题

1. 国家规定必须实行监理的建设工程有哪些?
2. 建设工程监理的内容是什么?
3. 工程监理单位违法行为的法律责任有哪些?

四、案例分析

某监理单位承担了某项目的施工监理工作。经过招标,建设单位选择了甲、乙施工单位分别承担 A、B 标段工程的施工,并按照《建设工程施工合同(示范文本)》分别和甲、乙施工单位签订了施工合同。建设单位与乙施工单位在合同中约定,B 标段所需的部分设备由建设单位负责采购。乙施工单位按照正常的程序将 B 标段的安装工程分包给丙施工单位。在施工过程中,发生了如下事件。

事件 1:建设单位在采购 B 标段的锅炉设备时,设备生产厂商提出由自己的施工队伍进行安装更能保证质量,建设单位便与设备生产厂商签订了供货和安装合同并通知了监理单位和乙施工单位。

事件 2:总监理工程师根据现场反馈信息及质量记录分析,对 A 标段某部位隐蔽工程的质量有怀疑。随即指令甲施工单位暂停施工,并要求剥离检验。甲施工单位称:该部位隐蔽工程已经专业监理工程师验收,若剥离检验,监理单位需赔偿由此造成的损失并相应延长工期。

事件 3:专业监理工程师对 B 标段进场的配电设备进行检验时,发现由建设单位采购的某设备不合格,建设单位对该设备进行了更换,从而导致丙施工单位停工。因此,丙施工单位致函监理单位,要求补偿其被迫停工所遭受的损失并延长工期。

问题:

1. 请画出建设单位设备采购之前该项目各主体之间的合同关系图。
2. 在事件 1 中,建设单位将设备交由厂商安装的做法是否正确? 为什么?
3. 在事件 1 中,若乙施工单位同意由该设备生产厂商的施工队伍安装该设备,监理单位应该如何处理?

4. 在事件 2 中,总监理工程师的做法是否正确?为什么?试分析剥离检验的可能结果及总监理工程师相应的处理方法。

5. 在事件 3 中,丙施工单位的索赔要求是否应该向监理单位提出?为什么?对该索赔事件应该如何处理?

扫码看答案

第7章 建设工程安全管理法律制度

【教学目标】

能 力 目 标	知 识 目 标
1. 能够进行安全生产现场管理； 2. 能制定施工现场安全防护的措施； 3. 能明晰建设各方的安全责任和义务。	1. 了解安全生产管理的概念与方针； 2. 熟悉建设工程安全生产许可制度； 3. 掌握安全生产责任制的内容； 4. 熟悉建设工程安全事故的处理； 5. 掌握建设单位、监理单位、施工单位的安全责任。

【学习要点】

1. 建设工程安全生产管理的方针和原则；
2. 建设工程安全生产管理基本制度；
3. 建设工程生产的安全责任体系；
4. 建设各方安全生产管理的主要责任和义务；
5. 建筑工程重大事故处理。

【引例】

2019年5月12日上午9时许，某市建筑工程工地上，一处高达68 m的拆卸建筑物物料提升架突然向北倾翻，正在料架上进行高空拆卸作业的30余名民工从不同高度被瞬间抛下，造成18人死亡，13人受伤（其中4人伤势严重）。该案发生后，该市检察院成立了案件协调小组，与纪检、公安等有关部门密切配合，在案发第一线全力以赴审查办理该案。经查：2018年10月，建七公司中标承建了此工程。2019年4月，建七公司项目经理马某将已中标的建筑工程违规转包给不具备工程施工资质的承建人刘某。为了节省开支，减少投资费用，刘某等人自行购买材料加工物料提升架，并让不具备高空作业资格的民工进行安装拆卸。5月12日，刘某在明知固定在物料提升架烟囱上的两处缆绳被拆除的情况下，违反操作规程，组织民工冒险作业拆除物料提升架，导致惨剧发生。

请思考：
1. 对于建设工程安全管理，我国有哪些安全管理制度？
2. 我国对工程重大事故的等级是如何规定的？本案属于几级事故？
3. 发生重大事故后的报告和调查程序是怎样的？
4. 谁是施工现场管理的责任人和责任单位？

5. 为避免事故的发生,我们应当如何加强建筑安全生产管理?

7.1 建设工程安全管理法律制度概述

建设工程安全生产不仅关系到公众生命财产安全,而且关系到社会的稳定与建设市场的规范发展。建设工程在施工过程中因其产品固定、人员流动、露天高空作业等不安全因素较多,工作危险性较大,是事故多发性行业。近年来,每年的施工死亡率为万分之三左右,死亡人数仅次于矿山,居全国各行业的前列。特别是一次性死亡三人以上的重大事故经常发生,给人民的生命财产造成了巨大损失,也影响了社会的安定。因此在建设活动中要严格遵守《中华人民共和国安全生产法》(以下简称《安全生产法》)。

7.1.1 建设工程安全生产管理概念

建设工程安全生产,就是指在生产经营活动中,为避免造成人员伤害和财产损失的事故而采取相应的控制措施以保证从业人员的安全,保证生产经营活动得以顺利进行的相关活动。

建设工程安全生产管理是指建设行政主管部门、建筑安全监督机构、建筑施工企业及有关单位对建筑生产过程中的安全工作,进行计划、组织、指挥、控制、监督等一系列的管理活动。

7.1.2 我国建设工程安全生产法律制度的建立与发展

为了加强安全生产监督管理,维护建筑市场秩序,保证建筑工程的质量和安全,促进建筑业健康发展,防止和减少生产安全事故,保障人民群众生命和财产安全,规范生产安全事故的报告和调查处理,落实生产安全事故责任追究制度,防止和减少生产安全事故,全国人大、国务院、建设部相继制定了一系列的工程建设安全生产法规和规范性文件,主要有:

1997年11月1日主席令第91号《中华人民共和国建筑法》;

2002年6月29日主席令第70号《中华人民共和国安全生产法》;

2001年4月21日国务院令第302号《国务院关于特大安全事故行政责任追究的规定》;

2003年11月24日国务院令第393号《建设工程安全生产管理条例》;

2004年1月13日国务院令第397号《安全生产许可证条例》;

2007年4月9日国务院令第493号《生产安全事故报告和调查处理条例》;

2004年7月5日建设部令第128号《建筑施工企业安全生产许可证管理规定》;

2008年1月28日建设部令第166号《建筑起重机械安全监督管理规定》;

2009年5月13日中华人民共和国住房和城乡建设部《危险性较大的分部分项工程安全管理办法》。

2012年6月29日由中华人民共和国第九届全国人民代表大会常务委员会第二十八次会议通过《中华人民共和国安全生产法》,自2002年11月1日起施行。

2014年8月31日第十二届全国人民代表大会常务委员会第十次会议通过全国人民代表大会常务委员会关于修改《中华人民共和国安全生产法》的决定,自2014年12月1日起施行。

上述法律、法规、条例的颁布实施,加大了建设工程安全生产管理方面的立法力度,对于加强建设工程安全生产监督管理,保障人民群众生命和财产安全具有十分重要的意义。

7.1.3 建设工程安全生产管理方针

《建筑法》第36条和《安全生产法》第3条及《建设工程安全生产管理条例》第3条规定,建筑工程安全生产管理必须坚持"安全第一、预防为主"的方针。

安全第一是从保护生产力的角度和高度,表明在生产范围内,安全与生产的关系,肯定了安全在生产活动中的位置和重要性。进行安全管理不是处理事故,而是在生产活动中,针对生产的特点,对生产因素采取管理措施,有效地控制不安全因素的发展与扩大,把可能发生的事故,消灭在萌芽状态,以保证生产活动中人的安全与健康。在生产经营活动中,要始终把安全,特别是从业人员和其他人员的安全放在首要的位置,实行"安全优先"的原则,在确保安全的前提下,努力实现生产经营的其他目标。

预防为主是指对安全生产的管理主要不是发生事故后去抢救、进行事故调查、找原因、追责任、堵漏洞,更为重要的是谋事在先,采取有效的事前控制,千方百计预防事故的发生,做到防患于未然。

贯彻预防为主,首先要端正对生产中不安全因素的认识,端正消除不安全因素的态度,选准消除不安全因素的时机。在安排与布置生产内容的时候,针对施工生产中可能出现的危险因素,采取措施予以消除是最佳选择。在生产活动过程中,经常检查、及时发现不安全因素,采取措施,明确责任,尽快地、坚决地予以消除,是安全管理应有的鲜明态度。

7.1.4 建设工程安全生产管理的原则

1. 管生产必须管安全的原则

(1) 建设工程安全生产监督管理。

建设工程安全生产监督管理,应当根据"管生产必须管安全"的原则,贯彻"预防为主"的方针,依靠科学管理和技术进步,推动建设工程安全生产工作的开展,控制人身伤亡事故的发生。

《建设工程安全生产管理条例》

(2) 企业主要负责人是企业安全生产管理第一责任者。

谁主管谁负责,这一原则是企业安全生产管理的基本原则。管生产同时管安全,不仅是对各级领导人员明确安全管理责任,同时,也向一切与生产有关的机构、人员,明确了业务范围内的安全管理责任。

(3) 建立各级人员安全生产责任制度。

各级人员安全生产责任制度的建立,管理责任的落实,体现了管生产同时管安全。

(4) 安全管理是生产管理的重要组成部分。

安全与生产在实施过程中,两者存在着密切的联系,存在着共同管理的基础。

(5) 安全寓于生产之中。

安全寓于生产之中,并对生产发挥促进与保证作用。安全与生产虽有时会出现矛盾,但从安全、生产管理的目标、目的来看,两者表现出高度的一致和完全的统一。

2. 坚持"四全"动态管理、坚持"三同时"原则、坚持"四不放过"原则

(1) 坚持"四全"动态管理。

安全管理涉及生产活动的方方面面,涉及从开工到竣工交付的全部生产过程,涉及全部的生产时间,涉及一切变化着的生产因素。因此,生产活动中必须坚持全员、全过程、全方位、全天候的动态安全管理。

(2) 坚持"三同时"原则。

生产经营单位新建、改建、扩建工程项目的安全设施,必须与主体工程"同时设计、同时施工、同时投入生产和使用",简称坚持"三同时"原则。

(3) 坚持"四不放过"原则。

四不放过原则是事故处理的基本原则,是指企业发生事故后,"事故原因分析不清不放过、事故责任者没受到处罚不放过、广大群众没有受到教育不放过、没有落实事故防范措施决不放过"。

3. 安全管理重在控制

进行安全管理的目的是预防、消灭事故,防止或消除事故伤害,保护劳动者的安全与健康。在安全管理的四项主要内容中,虽然都是为了达到安全管理的目的,但是对生产因素状态的控制,与安全管理目的关系更直接、更突出。因此,对生产中人的不安全行为和物的不安全状态的控制,必须看作是动态的安全管理的重点。事故的发生,是由于人的不安全行为运动轨迹与物的不安全状态运动轨迹的交叉。从事故发生的原理来看,也说明了对生产因素状态的控制,应该当作安全管理重点,而不能把约束当作安全管理的重点,因为约束缺乏带有强制性的手段。

4. 在管理中发展和提高

既然安全管理处在变化着的生产活动中,是一种动态管理。其管理就意味着是不断发展、不断变化的,以适应变化的生产活动,消除新的危险因素。然而更为需要的是不间断地摸索新的规律,总结管理、控制的办法与经验,指导新的生产活动的管理,从而使安全管理不断上升到新的高度。

7.2 建设工程安全生产相关制度

7.2.1 安全生产监督制度

1. 安全生产监督管理部门

据《建筑法》和《安全生产法》及《建设工程安全生产管理条例》的有关规定,国务院负责安全生产监督管理的部门,对全国建设工程安全生产工作实施综合监督管理。国务院建设行政主管部门对全国的建设工程安全生产实施监督管理,国务院铁路、交通、水利等有关部门按照国务院规定的职责分工,负责有关专业建设工程安全生产的监督管理;县级以上地方人民政府建设行政主管部门对本行政区域内的建设工程安全生产实施监督管理,县级以上地方人民政府交通、水利等有关部门在各自的职责范围内,负责本行政区域内的专业建设工程安全生产的监督管理。

2. 安全生产监督管理措施

《安全生产法》第 54 条规定,依照本法第 9 条规定对安全生产负有监督管理职责的部门(以下统称负有安全生产监督管理职责的部门)依照有关法律、法规的规定,对涉及安全生产的事项需要审查批准(包括批准、核准、许可、注册、认证、颁发证照等,下同)或者验收的,必须严格依照有关法律、法规和国家标准或者行业标准规定的安全生产条件和程序进行审查;不符合有关法律、法规和国家标准或者行业标准规定的安全生产条件的,不得批准或者验收通过。对未依法取得批准或者验收合格的单位擅自从事有关活动的,负责行政审批的部门一经发现或者接到举报后应当立即予以取缔,并依法予以处理。对已经依法取得批准的单位,负责行政审批的部门发现其不再具备安全生产条件的,应当撤销原批准。

《建设工程安全生产管理条例》第 42 条进一步强调,建设行政主管部门在审核发放施工许可证时,应当对建设工程是否有安全施工措施进行审查,对没有安全施工措施的,不得颁发施工许可证。

3. 安全生产监督管理部门的职权

《安全生产法》第 56 条规定,负有安全生产监督管理职责的部门依法对生产经营单位执行有关安全生产的法律、法规和国家标准或者行业标准的情况进行监督检查,行使以下职权:

(1) 进入生产经营单位进行检查,调阅有关资料,向有关单位和人员了解情况。

(2) 对检查中发现的安全生产违法行为,当场予以纠正或者要求限期改正;对依法应当给予行政处罚的行为,依照《安全生产法》和其他有关法律、行政法规的规定作出行政处罚决定。

(3) 对检查中发现的事故隐患,应当责令立即排除;重大事故隐患排除前或者排除过程中无法保证安全的,应当责令从危险区域内撤出作业人员,责令暂时停产停业或者停止使用;重大事故隐患排除后,经审查同意,方可恢复生产经营和使用。

(4) 对有根据认为不符合保障安全生产的国家标准或者行业标准的设施、设备、器材予以查封或者扣押,并应当在 15 日内依法作出处理决定。监督检查不得影响被检查单位的正常生产经营活动。

4. 安全生产监督管理人员的职责

《安全生产法》第 58 条规定,安全生产监督检查人员应当忠于职守,坚持原则,秉公执法。

安全生产监督检查人员执行监督检查任务时,必须出示有效的监督执法证件;对涉及被检查单位的技术秘密和业务秘密,应当为其保密。

7.2.2 安全生产许可制度

《安全生产许可证条例》第 1 条从立法目的作了规定,为了严格规范安全生产条件,进一步加强安全生产监督管理,防止和减少生产安全事故。第 2 条从适用对象规定了国家对矿山企业、建筑施工企业和危险化学品、烟花爆竹、民用爆破器材生产企业(以下统称企业)实行安全生产许可制度。企业未取得安全生产许可证的,不得从事生产活动,并对安全生产许可证的颁发作出了规定。

《安全生产许可证条例》

根据《安全生产许可证条例》《建设工程安全生产管理条例》《建筑施工企业安全生产许可证管理规定》等规定,国家对建筑施工企业实行安全生产许可制度。建筑施工企业未取得安全生产许可证的,不得从事建筑施工活动。规定所称建筑施工企业,是指从事土木工程、建筑工程、线路管道和设备安装工程及装修工程的新建、扩建、改建和拆除等有关活动的企业。

1. 安全生产许可证的颁发和管理

(1)《安全生产许可证条例》第3条规定。

国务院安全生产监督管理部门负责中央管理的非煤矿矿山企业和危险化学品、烟花爆竹生产企业安全生产许可证的颁发和管理;省、自治区、直辖市人民政府安全生产监督管理部门负责前款规定以外的非煤矿矿山企业和危险化学品、烟花爆竹生产企业安全生产许可证的颁发和管理,并接受国务院安全生产监督管理部门的指导和监督;国家煤矿安全监察机构负责中央管理的煤矿企业安全生产许可证的颁发和管理;在省、自治区、直辖市设立的煤矿安全监察机构负责前款规定以外的其他煤矿企业安全生产许可证的颁发和管理,并接受国家煤矿安全监察机构的指导和监督。

(2)《安全生产许可证条例》第4条规定。

国务院建设主管部门负责中央管理的建筑施工企业安全生产许可证的颁发和管理;省、自治区、直辖市人民政府建设主管部门负责前款规定以外的建筑施工企业安全生产许可证的颁发和管理,并接受国务院建设主管部门的指导和监督。同时,《建筑施工企业安全生产许可证管理规定》第3条规定,市、县人民政府住房城乡建设主管部门负责本行政区域内建筑施工企业安全生产许可证的监督管理,并将监督检查中发现的企业违法行为及时报告安全生产许可证颁发管理机关。

(3)《安全生产许可证条例》第5条规定。

国务院国防科技工业主管部门负责民用爆破器材生产企业安全生产许可证的颁发和管理。

2. 安全生产许可证的取得条件

《安全生产许可证条例》第6条和《建筑施工企业安全生产许可证管理规定》第2章都规定建筑施工企业取得安全生产许可证,应当具备以下一系列安全生产条件:

(1)建立健全安全生产责任制,制定完备的安全生产规章制度和操作规程;

(2)保证本单位安全生产条件所需资金的投入;

(3)设置安全生产管理机构,按照国家有关规定配备专职安全生产管理人员;

(4)主要负责人、项目负责人、专职安全生产管理人员经住房城乡建设主管部门或者其他有关部门考核合格;

(5)特种作业人员经有关业务主管部门考核合格,取得特种作业操作资格证书;

(6)管理人员和作业人员每年至少进行一次安全生产教育培训并考核合格;

(7)依法参加工伤保险,依法为施工现场从事危险作业的人员办理意外伤害保险,为从业人员交纳保险费;

(8)施工现场的办公、生活区及作业场所和安全防护用具、机械设备、施工机具及配件符合有关安全生产法律、法规、标准和规程的要求;

(9)有职业危害防治措施,并为作业人员配备符合国家标准或者行业标准的安全防护

用具和安全防护服装;

（10）有对危险性较大的分部、分项工程及施工现场易发生重大事故的部位、环节的预防、监控措施和应急预案;

（11）有生产安全事故应急救援预案、应急救援组织或者应急救援人员,配备必要的应急救援器材、设备;

（12）法律、法规规定的其他条件。

《安全生产许可证条例》第14条同时还规定:"企业取得安全生产许可证后,不得降低安全生产条件,并应当加强日常安全生产管理,接受安全生产许可证颁发管理机关的监督检查。安全生产许可证颁发管理机关应当加强对取得安全生产许可证的企业的监督检查,发现其不再具备本条例规定的安全生产条件的,应当暂扣或者吊销安全生产许可证。"

3. 安全生产许可证的申请

《建筑施工企业安全生产许可证管理规定》第3章专门对安全生产许可证的申请与颁发作了明确的规定。

（1）申请领取安全生产许可证。

建筑施工企业从事建筑施工活动前,应当依照本规定向企业注册所在地省、自治区、直辖市人民政府住房城乡建设主管部门申请领取安全生产许可证。中央管理的建筑施工企业（集团公司、总公司）应当向国务院住房城乡建设主管部门申请领取安全生产许可证。上述规定以外的其他建筑施工企业,包括中央管理的建筑施工企业（集团公司、总公司）下属的建筑施工企业,应当向企业注册所在地省、自治区、直辖市人民政府住房城乡建设主管部门申请领取安全生产许可证。

（2）向住房城乡建设主管部门提供申请材料。

建筑施工企业申请安全生产许可证时,应当向住房城乡建设主管部门提供下列材料:建筑施工企业安全生产许可证申请表;企业法人营业执照;建筑施工企业取得安全生产许可证,应当具备安全生产条件规定的相关文件、材料。建筑施工企业申请安全生产许可证,应当对申请材料实质内容的真实性负责,不得隐瞒有关情况或者提供虚假材料。

（3）住房城乡建设主管部门应当自受理建筑施工企业的申请之日起45日内审查完毕。

经审查符合安全生产条件的,颁发安全生产许可证;不符合安全生产条件的,不予颁发安全生产许可证,书面通知企业并说明理由。企业自接到通知之日起应当进行整改,整改合格后方可再次提出申请。住房城乡建设主管部门审查建筑施工企业安全生产许可证申请,涉及铁路、交通、水利等有关专业工程时,可以征求铁路、交通、水利等有关部门的意见。

4. 安全生产许可证的有效期

《安全生产许可证条例》第9条和《建筑施工企业安全生产许可证管理规定》第8条规定,安全生产许可证的有效期为3年。安全生产许可证有效期满需要延期的,企业应当于期满前3个月内向原安全生产许可证颁发管理机关申请办理延期手续。企业在安全生产许可证有效期内,严格遵守有关安全生产的法律法规,未发生死亡事故的,安全生产许可证有效期届满时,经原安全生产许可证颁发管理机关同意,不再审查,安全生产许可证有效期延期3年。

5. 安全生产许可证的变更和注销

《建筑施工企业安全生产许可证管理规定》第9条至11条规定:

(1) 建筑施工企业变更名称、地址、法定代表人等,应当在变更后 10 日内,到原安全生产许可证颁发管理机关办理安全生产许可证变更手续。

(2) 建筑施工企业破产、倒闭、撤销的,应当将安全生产许可证交回原安全生产许可证颁发管理机关予以注销。

(3) 建筑施工企业遗失安全生产许可证,应当立即向原安全生产许可证颁发管理机关报告,并在公众媒体上声明作废后,方可申请补办。

6. 安全生产许可证的管理

《安全生产许可证条例》第 13 条、第 14 条和《建筑施工企业安全生产许可证管理规定实施意见》第 18 条对建筑施工企业应当遵守的事项作了如下规定:

(1) 企业不得转让、冒用安全生产许可证或者使用伪造的安全生产许可证。

(2) 企业取得安全生产许可证后,不得降低安全生产条件,并应当加强日常安全生产管理,接受安全生产许可证颁发管理机关的监督检查。安全生产许可证颁发管理机关应当加强对取得安全生产许可证的企业的监督检查,发现其不再具备本条例规定的安全生产条件的,应当暂扣或者吊销安全生产许可证。

(3) 未取得安全生产许可证的,不得从事建筑施工活动,建设主管部门在向建设单位审核发放施工许可证时,应当对已经确定的建筑施工企业是否取得安全生产许可证进行审查,没有取得安全生产许可证的,不得颁发施工许可证。

7.2.3 安全生产责任制度

安全生产责任制是建筑生产中最基本的安全管理制度,是所有安全规章制度的核心。

为了保障建筑生产的安全,参与建筑活动的各方主体都应承担相应的安全生产责任。

1. 建设单位的安全责任和义务

1) 向施工企业提供资料的责任和义务

《建设工程安全生产管理条例》第 6 条规定,建设单位应当向施工单位提供施工现场及毗邻区域内供水、排水、供电、供气、供热、通信、广播电视等地下管线资料,气象和水文观测资料,相邻建筑物和构筑物、地下工程的有关资料,并保证资料的真实、准确、完整。

建设单位因建设工程需要,向有关部门或者单位查询前款规定的资料时,有关部门或者单位应当及时提供。

2) 依法履行合同的责任和义务

《建设工程安全生产管理条例》第 7 条规定:"建设单位不得对勘察、设计、施工、工程监理等单位提出不符合建设工程安全生产法律、法规和强制性标准规定的要求,不得压缩合同约定的工期。"

建设单位与勘察、设计、施工、工程监理等单位都是完全平等的合同双方的关系。不存在建设单位是这些单位的管理单位的关系,其对这些单位的要求必须要以合同为根据并不得触犯相关的法律、法规。

工期并非不可压缩,但是此处的"不得压缩合同约定的工期"是指不得单方面压缩工期。如果由于外界的原因不得不压缩工期,也要在不违背施工工艺的前提下,与合同另一当事人协商并达成一致意见后方可压缩。

3）提供安全生产费用的责任

《建设工程安全生产管理条例》第 8 条规定："建设单位在编制工程概算时,应当确定建设工程安全作业环境及安全施工措施所需费用。"

安全生产需要资金的保证,而这笔资金的源头就是建设单位。只有建设单位提供了用于安全生产的费用,施工单位才可能有保证安全生产的费用。

4）不得推销劣质材料设备的责任

《建设工程安全生产管理条例》第 9 条规定："建设单位不得明示或者暗示施工单位购买、租赁、使用不符合安全施工要求的安全防护用具、机械设备、施工机具及配件、消防设施和器材。"

由于建设单位与施工单位的特殊关系,建设单位的明示或者暗示经常被施工单位理解为是强制性命令。因此,法律明确规定了建设单位不得向施工单位推销劣质材料,以解除施工单位进退两难的处境。

5）提供安全施工措施资料的责任

《建设工程安全生产管理条例》第 10 条规定："建设单位在申请领取施工许可证时,应当提供与建设工程有关的安全施工措施的资料。依法批准开工报告的建设工程,建设单位应当自开工报告批准之日起 15 日内,将保证安全施工的措施报送建设工程所在地的县级以上地方人民政府建设行政主管部门或者其他有关部门备案。"

6）对拆除工程进行备案的责任

《建设工程安全生产管理条例》第 11 条规定："建设单位应当将拆除工程发包给具有相应资质等级的施工单位。"

建设单位应当在拆除工程施工 15 日前,将下列资料报送建设工程所在地的县级以上地方人民政府建设行政主管部门或者其他有关部门备案:

(1) 施工单位资质等级证明;

(2) 拟拆除建筑物、构筑物及可能危及毗邻建筑的说明;

(3) 拆除施工组织方案;

(4) 堆放、清除废弃物的措施。

7）办理特殊作业申请批准手续的责任

如实施爆破作业的,应当遵守国家有关民用爆炸物品管理的规定。

2. 施工单位的安全责任和义务

《建筑法》第 40 条规定:"施工现场对毗邻的建筑物、构筑物和特殊作业环境可能造成损害的,建筑施工企业应当采取安全防护措施。"

施工安全生产许可制度

1）主要负责人、项目负责人和专职生产管理人员的安全责任

(1) 主要负责人。

《建设工程安全生产管理条例》第 21 条规定,施工单位主要负责人依法对本单位的安全生产工作全面负责。施工单位应当建立健全安全生产责任制度和安全生产教育培训制度,制定安全生产规章制度和操作规程,保证本单位安全生产条件所需资金的投入,对所承担的建设工程进行定期和专项安全检查,并做好安全检查记录。

主要负责人,包括单位法定代表人,也包括其他对施工单位全面负责,有生产经营决策权的人。

(2) 项目负责人。

施工单位的项目负责人应当由取得相应执业资格的人员担任,对建设工程项目的安全施工负责,落实安全生产责任制度、安全生产规章制度和操作规程,确保安全生产费用的有效使用,并根据工程的特点组织制定安全施工措施,消除安全事故隐患,及时、如实报告生产安全事故。

项目负责人主要指项目经理,由具备建造师执业资格的人担任。

(3) 安全生产管理机构和专职安全生产管理人员。

《建设工程安全生产管理条例》第 23 条规定,施工单位应当设立安全生产管理机构,配备专职安全生产管理人员。

①安全生产管理机构的设立及其职责。安全生产管理机构是指施工单位及其在建设工程项目中设置的负责安全生产管理工作的独立职能部门。根据建设部《建筑施工企业安全生产管理机构设置及专职安全生产管理人员配备办法》(建质〔2008〕191 号)规定,施工单位所属的分公司、区域公司等较大的分支机构应当各自独立设置安全生产管理机构,负责本企业(分支机构)的安全生产管理工作。施工单位及其所属分公司、区域公司等较大的分支机构必须在建设工程项目中设立安全生产管理机构。

安全生产管理机构的职责主要有:落实国家有关安全生产的法律法规和标准,编制并适时更新安全生产管理制度、组织开展全员安全教育培训及安全教育检查等活动。

②专职安全生产管理人员的职责。专职生产管理人员是指经建设主管部门或者其他有关部门安全生产考核合格,并取得安全生产考核合格证书在企业从事安全生产管理工作的专职人员,包括施工单位安全生产管理机构的负责人及其工作人员和施工现场专职安全生产管理人员。

根据《建设工程安全生产管理条例》第 23 条规定,施工单位应当设立安全生产管理机构,配备专职安全生产管理人员。

专职安全生产管理人员负责对安全生产进行现场监督检查,发现安全事故隐患,应当及时向项目负责人和安全生产管理机构报告;对违章指挥、违章操作的,应当立即制止。

③专职安全生产管理人员的配备。《建设工程安全生产管理条例》第 23 条规定,专职安全生产管理人员的配备办法由国务院建设行政主管部门会同国务院其他有关部门制定。根据住房和城乡建设部《建筑施工企业安全生产管理机构设置及专职安全生产管理人员配备办法》(建质〔2008〕91 号)的规定,我国目前有关施工单位专职安全生产管理人员配备的基本要求如下。

建筑施工企业安全生产管理机构专职安全生产管理人员的配备应满足下列要求,并应根据企业经营规模、设备管理和生产需要予以增加。

建筑施工总承包资质序列企业:特级资质不少于 6 人;一级资质不少于 4 人;二级和二级以下资质企业不少于 3 人。

建筑施工专业承包资质序列企业:一级资质不少于 3 人;二级和二级以下资质企业不少于 2 人。

建筑施工劳务分包资质序列企业:不少于 2 人。

建筑施工企业的分公司、区域公司等较大的分支机构应依据实际生产情况配备不少于 2 人的专职安全生产管理人员。

总承包单位配备项目专职安全生产管理人员应当满足下列要求。

①建筑工程、装修工程按照建筑面积配备:1万平方米以下的工程不少于1人;1万~5万平方米的工程不少于2人;5万平方米及以上的工程不少于3人,且按专业配备专职安全生产管理人员。

②土木工程、线路管道、设备安装工程按照工程合同价配备:5 000万元以下的工程不少于1人;5 000万~1亿元的工程不少于2人。

③1亿元及以上的工程不少于3人,且按专业配备专职安全生产管理人员。

分包单位配备项目专职安全生产管理人员应当满足下列要求:

①专业承包单位应当配备至少1人,并根据所承担的分部分项工程的工程量和施工危险进度增加。

②劳务分包单位施工人员在50人以下的,应当配备1名专职安全生产管理人员;50~200人的,应当配备2名专职安全生产管理人员;200人及以上的,应当配备3名及以上专职安全生产管理人员,并根据所承担的公部分项工程施工危险实际情况增加,不得少于工程施工人员总人数的5‰。

③采用新技术、新工艺、新材料或致害因素多、施工作业难度大的工程项目,项目专职安全生产管理人员的数量应当根据实际情况增加。

2) 总承包单位和分包单位的安全责任和义务

《建设工程安全生产管理条例》第24条规定:"建设工程实行施工总承包的,由总承包单位对施工现场的安全生产负总责。"

总承包单位应当自行完成建设工程主体结构的施工。总承包单位依法将建设工程分包给其他单位的,分包合同中应当明确各自的安全生产方面的权利、义务。总承包单位和分包单位对分包工程的安全生产承担连带责任。

分包单位应当服从总承包单位的安全生产管理,分包单位不服从管理导致生产安全事故的,由分包单位承担主要责任。

建设工程实行总承包的,由建设单位将包括土建和安装等方面的施工任务一并发包给一家具有相应施工总承包资质的施工单位,施工总承包单位在法律规定和合同约定的范围内,全面负责施工现场的组织管理。

《建设工程施工现场管理规定》第9条规定:"建设工程实行总包和分包的,由总包单位负责施工现场的统一管理,监督检查分包单位的施工现场活动。分包单位应当在总包单位的统一管理下,在其分包范围内建立施工现场管理责任制,并组织实施。"这条规定赋予了总承包单位的统一管理权,其中也包括对分包单位的安全生产管理。同时,为了防止违法分包和转包等违法行为的发生,真正落实施工总承包的安全责任,在《建设工程安全生产管理条例》第24条也作了明确的规定。

施工现场往往由多个分包单位同时进行施工现场作业,需要由总承包单位统一协调。但是,由于利益等驱使,分包单位并不愿意服从总承包单位的管理。基于此,《建设工程安全生产管理条例》第24条也作了明确的规定。

3. 其他单位的责任

1) 勘察单位的责任和义务

勘察单位应当按照法律、法规和工程建设强制性标准进行勘察,提供的勘察文件应当真实、准确,满足建设工程安全生产的需要。勘察单位在勘察作业时,应当严格执行操作规程,采取措施保证各类管线、设施和周边建筑物、构筑物的安全。

2) 设计单位的责任和义务

设计单位应当按照法律、法规和工程建设强制性标准进行设计,防止因设计不合理导致生产安全事故的发生。设计单位应当考虑施工安全操作和防护的需要,对涉及施工安全的重点部位和环节在设计文件中注明,并对防范生产安全事故提出指导意见。采用新结构、新材料、新工艺的建设工程和特殊结构的建设工程,设计单位应当在设计中提出保障施工作业人员安全和预防生产安全事故的措施建议。设计单位和注册建筑师等注册执业人员应当对其设计负责。

3) 监理单位的责任和义务

监理单位应当审查施工组织设计中的安全技术措施或者专项施工方案是否符合工程建设强制性标准。监理单位在实施监理过程中,发现存在安全事故隐患的,应当要求施工单位整改;情况严重的,应当要求施工单位暂时停止施工,并及时报告建设单位。施工单位拒不整改或者不停止施工的,监理单位应当及时向有关主管部门报告。监理单位和监理工程师应当按照法律、法规和工程建设强制性标准实施监理,并对建设工程安全生产承担监理责任。

4) 提供机械设备和配件的单位的责任和义务

为建设工程提供机械设备和配件的单位,应当按照安全施工的要求配备齐全有效的保险、限位等安全设施和装置。

5) 出租单位的责任和义务

出租的机械设备和施工机具及配件,应当具有生产(制造)许可证、产品合格证。出租单位应当对出租的机械设备和施工机具及配件的安全性能进行检测,在签订租赁协议时,应当出具检测合格证明。禁止出租检测不合格的机械设备和施工机具及配件。

6) 安装、拆卸施工起重等机械的单位的责任和义务

在施工现场安装、拆卸施工起重机械和整体提升脚手架、模板等自升式架设设施,必须由具有相应资质的单位承担。安装、拆卸施工起重机械和整体提升脚手架、模板等自升式架设设施,应当编制拆装方案、制定安全施工措施,并由专业技术人员现场监督。施工起重机械和整体提升脚手架、模板等自升式架设设施安装完毕后,安装单位应当自检,出具自检合格证明,并向施工单位进行安全使用说明,办理验收手续并签字。施工起重机械和整体提升脚手架、模板等自升式架设设施的使用达到国家规定的检验检测期限的,必须经具有专业资质的检验检测机构检测。经检测不合格的,不得继续使用。检验检测机构对检测合格的施工起重机械和整体提升脚手架、模板等自升式架设设施,应当出具安全合格证明文件,并对检测结果负责。

【知识拓展】

《建筑法》第36条规定,建设工程安全生产管理必须坚持安全第一、预防为主的方针,建立健全安全生产的责任制度和群防群治制度。

安全生产责任制的主要内容如下。

1. 从事建设活动主体的负责人的责任制

建筑施工企业的法定代表人要对本企业的安全生产负主要责任。

2. 从事建设活动主体的职能机构或职能处室负责人及其工作人员的安全生产责任制

建筑施工企业根据需要设置的安全处室或者专职安全人员要对安全负责。

> 3. 岗位人员的安全生产责任制
>
> 岗位人员必须对安全负责,从事特种作业的安全人员必须进行培训,经过考试合格后方能上岗作业。
>
> 群防群治制度是职工群众进行预防和治理安全的一种制度。这一制度也是"安全第一、预防为主"的具体体现,同时也是群众路线在安全工作中的具体体现,是企业进行民主管理的重要内容。这一制度要求建筑企业职工在施工中应当遵守有关生产的法律、法规和建筑行业安全规章、规程,不得违章作业;对于危及生命安全和身体健康的行为有权提出批评、检举和控告。

7.2.4 安全生产教育培训制度

安全生产教育培训制度是对广大建筑干部职工进行安全教育培训,提高安全意识,增加安全知识和技能的制度。安全生产教育培训的对象有施工单位的主要负责人、项目负责人、专职安全生产管理人员和其他企业职工。培训的内容包括安全生产的法律、法规知识和安全科学技术知识。

《建筑法》第 46 条规定,建筑施工企业应当建立健全劳动安全生产教育培训制度,加强对职工安全生产的教育培训;未经安全生产教育培训的人员,不得上岗作业。

1. 安全生产的法律、法规教育培训

通过对职工进行有关安全生产方面的法律法规和政策的教育,使企业职工能够正确理解和掌握有关安全生产的法律法规及政策,增强安全生产的法律意识,并在建筑生产活动中严格遵照执行。加强对企业各级领导干部和安全管理人员的教育尤为重要。

2. 安全科学技术知识的教育培训

安全科学技术的教育是指基本安全技术知识和专业性安全技术知识的教育。其内容主要包括以下几方面。

(1) 特种作业人员培训和持证上岗。

生产经营单位的特种作业人员必须按照国家有关规定经专门的安全作业培训,对特种作业人员安全生产教育培训作了规定,垂直运输机械作业人员、安装拆卸工、爆破作业人员、起重信号工、登高架设作业人员等特种作业人员,必须按照国家有关规定经过专门的安全作业培训,并取得特种作业操作资格证书后,方可上岗作业。证书由有关安全监管监察部门或煤矿安全监管部门颁发,全国统一样式,全国范围内有效,有效期为 6 年,每 3 年复审 1 次。连续从事本工种 10 年以上的,经用人单位进行知识更新教育后,复审时间可延长至每六年一次;离开特种作业岗位达 6 个月以上的特种作业人员,应当重新进行实际操作考核,经确认合格后方可上岗作业。

(2) 安全管理人员和作业人员的安全教育培训和考核。

施工单位的主要负责人、项目负责人、专职安全生产管理人员必须具备与本单位所从事的生产经营活动相应的安全生产知识和管理能力,应当经建设行政主管部门或者其他有关部门考核合格后方可任职。

施工单位应当对管理人员和作业人员每年至少进行一次安全生产教育培训,其教育培训情况记入个人工作档案。安全生产教育培训考核不合格的人员,不得上岗。

(3) 作业人员进入新岗位、新工地或采用新技术时的上岗教育培训。

作业人员进入新的岗位或者新的施工现场前,应当接受安全生产教育培训。未经教育培训或者教育培训考核不合格的人员,不得上岗作业。

施工单位在采用新技术、新工艺、新设备、新材料时,应当对作业人员进行相应的安全生产教育培训。

7.2.5 安全生产检查制度

安全生产检查制度是上级管理部门或企业自身对安全生产状况进行定期或不定期检查的制度。通过检查可以发现问题,查出隐患,从而采取有效措施,堵塞漏洞,把事故消灭在发生之前,做到防患于未然,是"预防为主"的具体体现。通过检查,还可总结出好的经验加以推广,为进一步搞好安全工作打下基础。安全检查制度是安全生产的保障。

7.2.6 伤亡事故处理报告制度

施工中发生事故时,建筑企业应当采取紧急措施减少人员伤亡和事故损失,并按照国家有关规定及时向有关部门报告的制度。事故处理必须遵循一定的程序,做到三不放过(事故原因不清不放过、事故责任者和群众没有受到教育不放过、没有防范措施不放过)。

7.2.7 安全责任追究制度

法律责任中,规定建设单位、设计单位、施工单位、监理单位,由于没有履行职责造成人员伤亡和事故损失的,视情节给予相应处理;情节严重的,责令停业整顿,降低资质等级或吊销资质证书;构成犯罪的,依法追究刑事责任。

7.3 建设工程安全事故的调查处理

建筑业属于事故多发行业之一。事故发生后,施工单位首先应按规定及时上报有关部门,在发生安全事故现场采取有效的措施,在调查清楚事故原因的基础上,对相关责任人进行责任追究,只有这样才能避免类似事故的重复发生。

7.3.1 生产安全事故的等级

根据国务院颁布的《生产安全事故报告和调查处理条例》(2007年6月1日起施行)第3条规定,生产安全事故(以下简称事故)依据造成的人员伤亡或者直接经济损失划分为四个等级:

安全事故等级划分

(1) 特别重大事故,是指造成30人以上死亡,或者100人以上重伤(包括急性工业中毒,下同),或者1亿元以上直接经济损失的事故;

(2) 重大事故,是指造成10人以上30人以下死亡,或者50人以上100人以下重伤,或者5000万元以上1亿元以下直接经济损失的事故;

(3) 较大事故,是指造成3人以上10人以下死亡,或者10人以上50人以下重伤,或者1000万元以上5000万元以下直接经济损失的事故;

（4）一般事故，是指造成3人以下死亡，或者10人以下重伤，或者1000万元以下直接经济损失的事故。

生产安全事故等级的划分如图7-1所示。

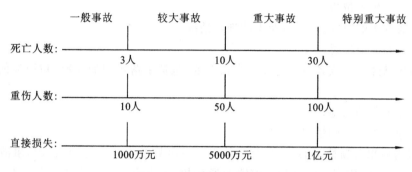

图 7-1 安全事故等级的划分

【特别提示】
1. 发生事故后只要符合其中之一的条件，就按相应等级事故划分。
2. 上述数据所述的"以上"包括本数，"以下"不包括本数，如某事故造成10人死亡，则该事故等级划分就是重大事故，不是较大事故。

7.3.2 事故报告的程序

事故发生后，事故现场有关人员应当立即向本单位负责人报告。单位负责人接到报告后，应当于1小时内向事故发生地县级以上人民政府安全生产监督管理部门和负有安全生产监督管理职责的有关部门报告。情况紧急时，事故现场有关人员可以直接向事故发生地县级以上人民政府安全生产监督管理部门和负有安全生产监督管理职责的有关部门报告。安全生产监督管理部门和负有安全生产监督管理职责的有关部门接到事故报告后，应当依照下列规定上报事故情况，并通知公安机关、劳动保障行政部门、工会和人民检察院：

（1）特别重大事故、重大事故逐级上报至国务院安全生产监督管理部门和负有安全生产监督管理职责的有关部门。

（2）较大事故逐级上报至省、自治区、直辖市人民政府安全生产监督管理部门和负有安全生产监督管理职责的有关部门。

（3）一般事故上报至设区的市级人民政府安全生产监督管理部门和负有安全生产监督管理职责的有关部门。

安全生产监督管理部门和负有安全生产监督管理职责的有关部门依照前款规定上报事故情况，应当同时报告本级人民政府。国务院安全生产监督管理部门和负有安全生产监督管理职责的有关部门以及省级人民政府接到发生特别重大事故、重大事故的报告后，应当立即报告国务院。必要时，安全生产监督管理部门和负有安全生产监督管理职责的有关部门可以越级上报事故情况。

安全生产监督管理部门和负有安全生产监督管理职责的有关部门逐级上报事故情况，每级上报的时间不得超过2小时。

7.3.3 事故报告的内容

《生产安全事故报告和调查处理条例》第 12 条规定,报告事故应当包括下列内容:
(1) 事故发生单位概况;
(2) 事故发生的时间、地点以及事故现场情况;
(3) 事故的简要经过;
(4) 事故已经造成或者可能造成的伤亡人数(包括下落不明的人数)和初步估计的直接经济损失;
(5) 已经采取的措施;
(6) 其他应当报告的情况。

事故报告后出现新情况的,应当及时补报。自事故发生之日起 30 日内,事故造成的伤亡人数发生变化的,应当及时补报。道路交通事故、火灾事故自发生之日起 7 日内,事故造成的伤亡人数发生变化的,应当及时补报。

7.3.4 事故的救援措施

事故发生单位负责人接到事故报告后,应当立即启动事故相应应急预案,或者采取有效措施,组织抢救,防止事故扩大,减少人员伤亡和财产损失。并按照国家有关规定立即如实报告当地负有安全生产监督管理职责的部门,不得隐瞒不报、谎报或者拖延不报,不得故意破坏事故现场、毁灭有关证据。

事故发生地有关地方人民政府、安全生产监督管理部门和负有安全生产监督管理职责的有关部门接到事故报告后,其负责人应当立即赶赴事故现场,组织事故救援。

事故发生地公安机关根据事故的情况,对涉嫌犯罪的,应当依法立案侦查,采取强制措施和侦查措施。犯罪嫌疑人逃匿的,公安机关应当迅速追捕归案。

安全生产监督管理部门和负有安全生产监督管理职责的有关部门应当建立值班制度,并向社会公布值班电话,受理事故报告和举报。

7.3.5 事故现场的保护

事故发生后,有关单位和人员应当妥善保护事故现场以及相关证据,任何单位和个人不得破坏事故现场、毁灭相关证据。因抢救人员、防止事故扩大以及疏通交通等原因,需要移动事故现场物件的,应当做出标志,绘制现场简图并做出书面记录,妥善保存现场重要痕迹、物证。

《生产安全事故报告和调查处理条例》第 36 条规定,事故发生单位及其有关人员有下列行为之一的,对事故发生单位处 100 万元以上 500 万元以下的罚款;对主要负责人、直接负责的主管人员和其他直接责任人员处上一年年收入 60%~100% 的罚款;属于国家工作人员的,并依法给予处分;构成违反治安管理行为的,由公安机关依法给予治安管理处罚;构成犯罪的,依法追究刑事责任。

可构成犯罪的行为包括谎报或者瞒报事故的;伪造或者故意破坏事故现场的;转移、隐匿资金、财产,或者销毁有关证据、资料的;拒绝接受调查或者拒绝提供有关情况和资料的;在事故调查中作伪证或者指使他人作伪证的;事故发生后逃匿的。

7.3.6 事故的调查

1. 事故调查机关

（1）特别重大事故由国务院或者国务院授权有关部门组织事故调查组进行调查。

（2）重大事故、较大事故、一般事故分别由事故发生地省级人民政府、设区的市级人民政府、县级人民政府负责调查。

（3）省级人民政府、设区的市级人民政府、县级人民政府可以直接组织事故调查组进行调查，也可以授权或者委托有关部门组织事故调查组进行调查。

（4）未造成人员伤亡的一般事故，县级人民政府也可以委托事故发生单位组织事故调查组进行调查。

（5）上级人民政府认为必要时，可以调查由下级人民政府负责调查的事故。自事故发生之日起30日内（道路交通事故、火灾事故自发生之日起7日内），因事故伤亡人数变化导致事故等级发生变化，依照本条例规定应当由上级人民政府负责调查的，上级人民政府可以另行组织事故调查组进行调查。

（6）特别重大事故以下等级事故发生地与事故发生单位不在同一个县级以上行政区域的，由事故发生地人民政府负责调查，事故发生单位所在地人民政府应当派人参加。

2. 事故调查组的组成

事故调查组的组成应当遵循精简、效能的原则。根据事故的具体情况，事故调查组由有关人民政府、安全生产监督管理部门、负有安全生产监督管理职责的有关部门、监察机关、公安机关以及工会派人组成，并应当邀请人民检察院派人参加，事故调查组还可以聘请有关专家参与调查。

事故调查组成员应当具有事故调查所需要的知识和专长，并与所调查的事故没有直接利害关系。事故调查组组长由负责事故调查的人民政府指定，由事故调查组组长主持事故调查组的工作。

3. 事故调查组履行职责

事故调查组履行下列职责：查明事故发生的经过、原因、人员伤亡情况及直接经济损失；认定事故的性质和事故责任；提出对事故责任者的处理建议；总结事故教训，提出防范和整改措施；提交事故调查报告。

事故调查组有权向有关单位和个人了解与事故有关的情况，并要求其提供相关文件、资料，有关单位和个人不得拒绝。事故发生单位的负责人和有关人员在事故调查期间不得擅离职守，并应当随时接受事故调查组的询问，如实提供有关情况。事故调查中发现涉嫌犯罪的，事故调查组应当及时将有关材料或者其复印件移交司法机关处理。

事故调查中需要进行技术鉴定的，事故调查组应当委托具有国家规定资质的单位进行技术鉴定。必要时，事故调查组可以直接组织专家进行技术鉴定，技术鉴定所需时间不计入事故调查期限。

事故调查组成员在事故调查工作中应当诚信公正、恪尽职守，遵守事故调查组的纪律，保守事故调查的秘密。未经事故调查组组长允许，事故调查组成员不得擅自发布有关事故的信息。

4. 事故调查报告的期限

事故调查组应当自事故发生之日起 60 日内提交事故调查报告；特殊情况下，经负责事故调查的人民政府批准，提交事故调查报告的期限可以适当延长，但延长的期限最长不超过 60 日。

5. 事故调查报告的内容

事故调查报告的内容如下：

①事故发生单位概况；

②事故发生经过和事故救援情况；

③事故造成的人员伤亡和直接经济损失；

④事故发生的原因和事故性质；

⑤事故责任的认定以及对事故责任者的处理建议；

⑥事故防范和整改措施；

⑦事故调查报告应当附具有关证据材料。

事故调查组成员应当在事故调查报告上签名。事故调查报告报送负责事故调查的人民政府后，事故调查工作即告结束。事故调查的有关资料应当归档保存。

7.3.7 事故的处理

《安全生产法》第 13 条规定："国家实行生产安全事故责任追究制度，依照本法和有关法律、法规的规定，追究生产安全事故责任人员的法律责任"。建设单位、设计单位、施工单位、监理单位，由于没有履行职责造成人员伤亡和事故损失的，视情节给予相应处理；情节严重的，责令停业整顿，降低资质等级或吊销资质证书；构成犯罪的，依法追究刑事责任。

1. 事故处理时限和落实批复

《生产安全事故报告和调查处理条例》规定，重大事故、较大事故、一般事故，负责事故调查的人民政府应当自收到事故调查报告之日起 15 日内做出批复；特别重大事故，30 日内做出批复，特殊情况下，批复时间可以适当延长，但延长的时间最长不超过 30 日。

有关机关应当按照人民政府的批复，依照法律、行政法规规定的权限和程序，对事故发生单位和有关人员进行行政处罚，对负有事故责任的国家工作人员进行处分。事故发生单位应当按照负责事故调查的人民政府的批复，对本单位负有事故责任的人员进行处理。负有事故责任的人员涉嫌犯罪的，依法追究刑事责任。

2. 事故发生单位的防范和整改措施

事故发生单位应当认真吸取事故教训，落实防范和整改措施，防止事故再次发生。防范和整改措施的落实情况应当接受工会和职工的监督。

安全生产监督管理部门和负有安全生产监督管理职责的有关部门应当对事故发生单位落实防范和整改措施的情况进行监督检查。

3. 处理结果的公布

事故处理的情况由负责事故调查的人民政府或者其授权的有关部门、机构向社会公布，依法应当保密的除外。

【案例 7-1】

某高层建筑在地下桩基施工中,基坑发生坍塌,造成 10 人死亡,直接经济损失 900 余万元。

问题:本次事故属于哪级安全事故等级？依据是什么？

【案例分析】

本次事故属于重大事故,生产安全事故的等级划分标准,死亡 10 人以上 30 人以下,属于重大事故。虽然本次事故直接经济损失 900 余万元少于 1000 万元,但是造成 10 人死亡,属于重大事故,所以本次事故等级为重大事故。

7.4 建设工程安全生产法律责任

7.4.1 建设单位法律责任

《建设工程安全生产管理条例》(国务院令第 393 号)第 54 条规定:违反本条例的规定,建设单位未提供建设工程安全生产作业环境及安全施工措施所需费用的,责令限期改正;逾期未改正的,责令该建设工程停止施工。建设单位未将保证安全施工的措施或者拆除工程的有关资料报送有关部门备案的,责令限期改正,给予警告。

《建设工程安全生产管理条例》第 55 条规定:违反本条例的规定,建设单位有下列行为之一的,责令限期改正,处 20 万元以上 50 万元以下的罚款;造成重大安全事故,构成犯罪的,对直接责任人员,依照刑法有关规定追究刑事责任;造成损失的,依法承担赔偿责任:

(1) 对勘察、设计、施工、工程监理等单位提出不符合安全生产法律、法规和强制性标准规定的要求的;

(2) 要求施工单位压缩合同约定的工期的;

(3) 将拆除工程发包给不具有相应资质等级的施工单位的。

7.4.2 施工单位法律责任

1. 违反安全生产管理的法律责任

1) 未健全安全生产管理制度的法律责任

施工单位有下列行为之一的,责令限期改正;逾期未改正的,责令停业整顿,依照《安全生产法》的有关规定处以罚款;造成重大安全事故,构成犯罪的,对直接责任人员,依照刑法有关规定追究刑事责任:

(1) 未设立安全生产管理机构、配备专职安全生产管理人员或者分部分项工程施工时无专职安全生产管理人员现场监督的;

(2) 施工单位的主要负责人、项目负责人、专职安全生产管理人员、作业人员或者特种作业人员,未经安全教育培训或者经考核不合格即从事相关工作的;

(3) 未在施工现场的危险部位设置明显的安全警示标志,或者未按照国家有关规定在

施工现场设置消防通道、消防水源、配备消防设施和灭火器材的;

（4）未向作业人员提供安全防护用具和安全防护服装的;

（5）未按照规定在施工起重机械和整体提升脚手架、模板等自升式架设设施验收合格后登记的;

（6）使用国家明令淘汰、禁止使用的危及施工安全的工艺、设备、材料的。

2）挪用安全生产费用的法律责任

施工单位挪用列入建设工程概算的安全生产作业环境及安全施工措施所需费用的,责令限期改正,处挪用费用20%以上50%以下的罚款;造成损失的,依法承担赔偿责任。

3）违反施工现场管理的法律责任

施工单位有下列行为之一的,责令限期改正;逾期未改正的,责令停业整顿,并处5万元以上10万元以下的罚款;造成重大安全事故,构成犯罪的,对直接责任人员,依照刑法有关规定追究刑事责任:

（1）施工前未对有关安全施工的技术要求作出详细说明的;

（2）未根据不同施工阶段和周围环境及季节、气候的变化,在施工现场采取相应的安全施工措施,或者在城市市区内的建设工程的施工现场未实行封闭围挡的;

（3）在尚未竣工的建筑物内设置员工集体宿舍的;

（4）施工现场临时搭建的建筑物不符合安全使用要求的;

（5）未对因建设工程施工可能造成损害的毗邻建筑物、构筑物和地下管线等采取专项防护措施。施工单位有前款规定第(4)项、第(5)项行为,造成损失的,依法承担赔偿责任。

4）违反安全设施管理的法律责任

施工单位有下列行为之一的,责令限期改正;逾期未改正的,责令停业整顿,并处10万元以上30万元以下的罚款;情节严重的,降低资质等级,直至吊销资质证书;造成重大安全事故,构成犯罪的,对直接责任人员,依照刑法有关规定追究刑事责任;造成损失的,依法承担赔偿责任:

（1）安全防护用具、机械设备、施工机具及配件在进入施工现场前未经查验或者查验不合格即投入使用的;

（2）使用未经验收或者验收不合格的施工起重机械和整体提升脚手架、模板等自升式架设设施的;

（3）委托不具有相应资质的单位承担施工现场安装、拆卸施工起重机械和整体提升脚手架、模板等自升式架设设施的;

（4）在施工组织设计中未编制安全技术措施、施工现场临时用电方案或者专项施工方案的。

5）管理人员不履行安全生产管理职责的法律责任

施工单位的主要负责人、项目负责人未履行安全生产管理职责的,责令限期改正;逾期未改正的,责令施工单位停业整顿;造成重大安全事故、重大伤亡事故或者其他严重后果,构成犯罪的,依照刑法有关规定追究刑事责任。

施工单位的主要负责人、项目负责人有前款违法行为,尚不够刑事处罚的,处2万元以上20万元以下的罚款或者按照管理权限给予撤职处分;自刑罚执行完毕或者受处分之日起,5年内不得担任任何施工单位的主要负责人、项目负责人。

6) 作业人员违章作业的法律责任

作业人员不服管理、违反规章制度和操作规程冒险作业造成重大伤亡事故或者其他严重后果,构成犯罪的,依照刑法有关规定追究刑事责任。

7) 降低安全生产条件的法律责任

施工单位取得资质证书后,降低安全生产条件的,责令限期改正;经整改仍未达到与其资质等级相适应的安全生产条件的,责令停业整顿,降低其资质等级直至吊销资质证书。

2. 违反安全生产许可证管理的法律责任

1) 未取得安全生产许可证生产的法律责任

未取得安全生产许可证擅自进行生产的,责令停止生产,没收违法所得,并处 10 万元以上 50 万元以下的罚款;造成重大事故或者其他严重后果,构成犯罪的,依法追究刑事责任。

2) 未办理安全生产许可证延期手续继续生产的法律责任

安全生产许可证有效期满未办理延期手续,继续进行生产的,责令停止生产,限期补办延期手续,没收违法所得,并处 5 万元以上 10 万元以下的罚款;逾期仍不办理延期手续,继续进行生产的,依照 1) 中规定处罚。

3) 转让安全生产许可证的法律责任

转让安全生产许可证的,没收违法所得,处 10 万元以上 50 万元以下的罚款,并吊销其安全生产许可证;构成犯罪的,依法追究刑事责任;接受转让的,依照 1) 中的规定处罚。

4) 冒用安全生产许可证或者使用伪造的安全生产许可证的法律责任

冒用安全生产许可证或者使用伪造的安全生产许可证的,依照 1) 中的规定处罚。

【知识拓展】

> 安全生产许可证颁发管理机关工作人员的法律责任:
>
> 安全生产许可证颁发管理机关工作人员有下列行为之一的,给予降级或者撤职的行政处分;构成犯罪的,依法追究刑事责任:
>
> (1) 向不符合本条例规定的安全生产条件的企业颁发安全生产许可证的;
>
> (2) 发现企业未依法取得安全生产许可证擅自从事生产活动,不依法处理的;
>
> (3) 发现取得安全生产许可证的企业不再具备本条例规定的安全生产条件,不依法处理的;
>
> (4) 接到对违反本条例规定行为的举报后,不及时处理的;
>
> (5) 在安全生产许可证颁发、管理和监督检查工作中,索取或者接受企业的财物,或者谋取其他利益的。

7.4.3 工程监理单位法律责任

《建设工程安全生产管理条例》第 57 条规定:违反本条例的规定,工程监理单位有下列行为之一的,责令限期改正;逾期未改正的,责令停业整顿,并处 10 万元以上 30 万元以下的罚款;情节严重的,降低资质等级,直至吊销资质证书;造成重大安全事故,构成犯罪的,对直接责任人员,依照刑法有关规定追究刑事责任;造成损失的,依法承担赔偿责任:

(1) 未对施工组织设计中的安全技术措施或者专项施工方案进行审查的;

(2) 发现安全事故隐患未及时要求施工单位整改或者暂时停止施工的;
(3) 施工单位拒不整改或者不停止施工,未及时向有关主管部门报告的;
(4) 未依照法律、法规和工程建设强制性标准实施监理的。

7.4.4 勘察、设计单位法律责任

《建设工程安全生产管理条例》第56条规定:违反本条例的规定,勘察单位、设计单位有下列行为之一的,责令限期改正,处10万元以上30万元以下的罚款;情节严重的,责令停业整顿,降低资质等级,直至吊销资质证书;造成重大安全事故,构成犯罪,对直接责任人员,依照刑法有关规定追究刑事责任;造成损失的,依法承担赔偿责任:
(1) 未按照法律、法规和工程建设强制性标准进行勘察、设计的;
(2) 采用新结构、新材料、新工艺的建设工程和特殊结构的建设工程,设计单位未在设计中提出保障施工作业人员安全和预防生产安全事故的措施建议的。

7.4.5 其他相关单位法律责任

《建设工程安全生产管理条例》第59条:为建设工程提供机械设备和配件的单位,未按照安全施工的要求配备齐全有效的保险、限位等安全设施和装置的,责令限期改正,处合同价款1倍以上3倍以下的罚款;造成损失的,依法承担赔偿责任。

《建设工程安全生产管理条例》第60条:违反本条例的规定,出租单位出租未经安全性能检测或者经检测不合格的机械设备和施工机具及配件的,责令停业整顿,并处5万元以上10万元以下的罚款;造成损失的,依法承担赔偿责任。

《建设工程安全生产管理条例》第61条:违反本条例的规定,施工起重机械和整体提升脚手架、模板等自升式架设设施安装、拆卸单位有下列行为之一的,责令限期改正,处5万元以上10万元以下的罚款;情节严重的,责令停业整顿,降低资质等级,直至吊销资质证书;造成损失的,依法承担赔偿责任:
(1) 未编制拆装方案、制定安全施工措施的;
(2) 未由专业技术人员现场监督的;
(3) 未出具自检合格证明或者出具虚假证明的;
(4) 未向施工单位进行安全使用说明,办理移交手续的。

施工起重机械和整体提升脚手架、模板等自升式架设设施安装、拆卸单位有前款规定的第(1)项、第(3)项行为,经有关部门或者单位职工提出后,对事故隐患仍不采取措施,因而发生重大伤亡事故或造成其他严重后果,构成犯罪的,对直接责任人员,依照刑法有关规定追究刑事责任。

【案例 7-2】

某施工单位因效益不好,公司领导决定进行改革,减负增效。经研究将公司安全部撤销,安全管理人员6人中,4人下岗,2人转岗,原安全部承担的工作转由预算部的两人兼职。由于公司领导撤销安全部门,整个公司的安全工作仅仅由两名负责预算工作的人兼任,致使该公司上下对安全生产工作普遍不重视,安全生产管理混乱,经常发生人员伤亡

事故。

问题:该公司领导的做法是否合法?

【案例分析】

《安全生产法》第 19 条第 1 款明确规定:"矿山、建筑施工单位和危险物品的生产、经营、储存单位,应当设置安全生产管理机构或者配备专职安全生产管理人员。"这样规定,对于提高生产经营单位对安全生产的重视程度,健全生产经营单位安全生产管理机构和管理人员,具有重要意义。本案例中,建筑公司领导撤销安全生产管理机构,改由预算部两名人员兼职,违反《安全生产法》中需配备专职安全管理人员的规定,应当承担相应的法律责任。

注:上述案例中的情况,在建筑公司是很常见的,建筑施工单位本来就是事故多发,危险性较大,生产安全问题比较突出的领域,更应当将安全生产放在首要位置来抓,否则难免出现安全问题,甚至发生事故。

【案例 7-3】

重庆市江北某小区工程土方坍塌事故简介。

2018 年 12 月 11 日,在重庆市某房地产公司开发建设的江北某小区工程的挡土墙基槽开挖时,发生边坡土方坍塌,造成边坡土壁下正在开挖施工的 4 名工人死亡。

事故发生经过:2018 年 12 月 11 日 4 名工人在江北某小区工程挡土墙基槽开挖时,近 20 m 高的边坡在未按有关规定采取相应安全技术措施进行支护的情况下,受雨水浸泡突然坍塌,4 名工人被掩埋入土方中,当场死亡。

请分析事故原因。

【案例分析】

事故原因分析如下。

1. 技术方面

挡土墙基槽开挖土方边坡呈直壁状,没有按规定对高度达到 20 m 的边坡进行放坡,也未采取任何支护措施,再加上受雨水浸泡使边坡失稳坍塌,是此次事故的技术原因。

2. 管理方面

工程项目无证施工,未办理施工许可证、未办理安全报监、监理公司未按规定进行监理,使工程施工处于无监管状态。

对高边坡工程未进行论证、评估和编制单项施工组织设计,擅自开工建设。施工单位违章施工,安全管理混乱,无安全保证体系和相应的规章制度,未进行安全检查和安全教育,现场工人违章作业,盲目蛮干。

3. 事故的结论和教训

这是一起典型的无证施工、无安全报监、监理不到位、施工单位不制定施工组织设计、不按有关规范标准组织施工,缺少现场安全管理,严重违反建筑法、安全生产法的三级重大责任事故。主要责任主体为建设单位、施工单位和监理单位,主要责任人为建设单位负责人、施工单位项目经理和监理单位项目总监。

【本章小结】

本章对建设工程安全生产管理作了较详细的阐述，包括安全生产管理的方针和原则、安全生产管理基本制度、安全生产事故的等级、建筑工程重大事故的报告、调查、处理等、建设工程参建各方安全生产管理的主要责任和义务及各参建单位违法安全生产管理的法律责任。

建设工程安全生产管理的方针：安全第一、预防为主。

建设工程安全生产管理制度包括安全生产监督管理制度、安全生产责任制度、安全生产认证制度、安全生产教育培训制度、安全生产劳动保护制度、生产安全事故的应急救援和调查处理制度、安全生产许可证制度。

【习题】

一、单项选择题

1. 下列不属于建设工程安全生产基本方针的是（   ）。
   A. 安全第一   B. 预防为主   C. 防治结合   D. 综合治理

2. 下列不属于建筑施工企业的特种作业人员的是（   ）。
   A. 建筑电工   B. 架子工   C. 起重机械司机   D. 钢筋工

3. 下列（   ）选项不属于企业取得安全生产许可证所应当具备的安全生产条件。
   A. 建立、健全安全生产责任制，制定完备的安全生产规章制度和操作规程
   B. 安全投入符合安全生产要求
   C. 设置安全生产管理机构，配备专职安全生产管理人员
   D. 企业负责人学历要求为本科以上

4. 安全生产许可证颁发管理机关应当自收到申请之日起（   ）日内审查完毕，经审查符合《安全生产许可证条例》规定的安全生产条件的，颁发安全生产许可证。
   A. 15   B. 20   C. 30   D. 45

5. 安全生产许可证的有效期为（   ）年。
   A. 2   B. 3   C. 4   D. 5

6. 安全生产许可证有效期满需要延期的，企业应当于期满前（   ）个月向原安全生产许可证颁发管理机关办理延期手续。
   A. 3   B. 6   C. 9   D. 12

7. 企业在安全生产许可证有效期内，严格遵守有关安全生产的法律法规，未发生死亡事故的，安全生产许可证有效期届满时，经原安全生产许可证颁发管理机关同意，不再审查，安全生产许可证有效期延期（   ）年。
   A. 1   B. 2   C. 3   D. 6

8. 某总包单位与分包单位在分包合同中约定：分包单位自行负责分包工程的安全生产。工程施工中，分包工程发生安全事故，则该事故（   ）。
   A. 按照约定分包单位自行承担责任
   B. 分包单位承担主要责任，总包单位承担次要责任

C. 总包单位承担责任

D. 总包单位与分包单位承担连带责任

9. 根据《安全生产法》的规定,未经安全生产教育和培训合格的从业人员,( )。

A. 经县级以上人民政府特批,可以上岗作业

B. 经建设行政主管部门特批,可以上岗作业

C. 经安全生产管理部门特批,可以上岗作业

D. 不得上岗作业

10. 《建设工程安全生产管理条例》第 24 条规定,建设工程实行施工总承包的,由( )对施工现场的安全生产负总责。

A. 建设单位　　　B. 施工单位　　　C. 具体的施工单位　　D. 总承包单位

11. 某高层建筑在地下桩基施工中,基坑发生坍塌,造成 10 人死亡,直接经济损失 900 余万元;本次事故属于( )。

A. 重大事故　　　B. 特别重大事故　　　C. 较大事故　　　D. 一般事故

12. 《生产安全事故报告和调查处理条例》规定,安全事故调查组应当自事故发生之日起 60 日内提交事故调查报告;特殊情况,经批准可以适当延长,但延长的期限最长不超过( )。

A. 15 日　　　B. 30 日　　　C. 60 日　　　D. 120 日

13. 建筑施工企业通过贿赂管理人员的手段取得了安全生产许可证,后被发现予以撤销,按照《建筑施工企业安全生产许可证管理规定》,( )内不得再次申请安全生产许可证。

A. 1 年　　　B. 2 年　　　C. 3 年　　　D. 5 年

二、多项选择题

1. 按照《安全生产许可条例》规定,下列哪些生产企业应当取得安全生产许可证方可开展经营活动( )。

A. 烟花爆竹生产厂　　　　　　B. 监理公司

C. 建筑公司　　　　　　　　　D. 房地产开发公司

E. 矿山企业

2. 《建设工程安全生产管理条例》第 25 条规定,( )、爆破作业人员等特种作业人员,必须按照国家有关规定经过专门的安全作业培训,并取得特种作业操作资格证书后,方可上岗作业。

A. 垂直运输机械作业人员　　　B. 安装拆卸工

C. 吊运操作工　　　　　　　　D. 起重信号工

E. 登高架设作业人员

3. 根据《建筑施工企业安全生产许可证管理规定》要求,建筑施工企业取得安全生产许可证应当具备的条件包括( )。

A. 有保证本单位安全生产条件所需资金的投入

B. 特种作业人员经有关部门考核合格并取得资格证书

C. 全员参加意外伤害保险

D. 设置安全生产管理机构

E. 有生产安全事故应急救援预案

4. 关于建筑施工企业的安全生产教育培训制度,表述正确的是(　　)。

A. 施工单位的负责人、项目负责人、专职安全生产管理人员应当经建设行政主管部门或者其他部门培训考核合格后方可任职

B. 企业新任用或者招录"三项岗位"人员,要组织其参加安全培训,经考试合格持证后上岗

C. 作业人员进入新的岗位或者新的施工现场前,应当接受安全生产教育培训

D. 在采用新技术、新工艺、新设备、新材料时,应当对管理人员进行相应的安全生产教育培训

E. 对发生人员死亡事故负有责任的企业主要负责人、实际控制人和安全管理人员,要重新参加安全培训考试

5. 施工中发生事故时,建筑企业应当采取紧急措施减少人员伤亡和事故损失,并按照国家有关规定及时向有关部门报告。事故处理必须遵循一定的程序,做到四不放过,即(　　)。

A. 事故责任者未受到处分不放过

B. 事故原因不清不放过

C. 事故责任者和群众没有受到教育不放过

D. 事故指定的切实可行的整改措施未落实不放过

E. 没有防范措施不放过

6. 工程监理单位在实施工程监理的过程中,发现安全事故隐患,其能够采取的措施有(　　)。

A. 罚款　　　　　　　　　　　B. 要求施工单位整改

C. 要求施工单位暂时停工　　　D. 要求施工单位停业整顿

E. 向有关主管部门报告

三、问答题

1. 建筑安全生产管理方针是什么?

2. 安全生产许可证的取得条件有哪些?

3. 根据生产安全事故造成的人员伤亡或者直接经济损失,事故一般分为哪几个等级?

四、案例分析

【案例1】 某商场建筑面积12000平方米,钢筋混凝土框架结构,地上7层,地下2层,由某市建筑设计院设计,江北区建筑工程公司施工。2018年4月8日开工,在主体结构施工到地上2层时,柱混凝土施工完毕,为使楼梯能跟上主体施工进度,施工单位在地下室楼梯未施工的情况下,直接支模施工第一层楼梯混凝土。当一层楼梯混凝土浇筑即将完工时,楼梯整体突然坍塌,致使7名现场施工人员坠落并被砸入地下室楼梯间内,造成4人死亡,3人轻伤,直接经济损失10.5万元,经事后调查发现,第一层楼梯混凝土浇筑的技术交底和安全交底均为施工单位为逃避责任而后补。

问题:

1. 本工程这起重大事故可定为哪种等级和重大事故?依据是什么?

2. 伤亡事故处理的程序是什么?

【案例2】 2019年12月1日中午11时30分左右,某市某水泥构件有限公司起重操作工陈××与吴××两人在进行行车吊装水泥沟管作业。陈××用无线遥控操作行车运行,挂钩工吴××负责水泥沟管吊装。当行车吊装水泥沟管离地约20厘米时,沟管出现摆动,碰撞陈××小腿,致使陈××后仰倒下,头部撞到身后堆放的水泥沟管内,经员工用厂车立即送县第一人民医院,抢救无效死亡。

问题:
1. 建筑业中特种作业人员有哪些?对于特种作业人员有什么要求?
2. 分析本次事故发生的原因?事故的责任如何认定?
3. 根据事故责任的认定,给出事故处理意见。
4. 为避免事故的发生,我们应当如何加强建筑安全生产管理?

扫码看答案

第8章　建设工程质量管理法律制度

【教学目标】

能 力 目 标	知 识 目 标
1. 能够进行建设工程质量管理相关案例的分析； 2. 能明确建设各方的质量责任和义务。	1. 了解建设工程质量管理的概念与特性； 2. 熟悉建设工程质量管理相关制度； 3. 掌握建设工程质量保修制度的内容； 4. 掌握建设单位、监理单位、施工单位的质量责任和义务。

【学习要点】

1. 建设工程质量管理概念及特性；
2. 建设各方质量管理的主要责任和义务；
3. 建设工程质量验收制度；
4. 建设工程质量保修制度；
5. 建筑各方违反质量管理应承担的法律责任。

【引例】

甲电信公司因建办公楼与乙建筑承包公司签订了工程总承包合同。其后，经甲同意，乙分别与丙建筑设计院和丁建筑工程公司签订了工程勘察设计合同和工程施工合同。勘察设计合同约定：由丙对甲的办公楼及其附属工程提供设计服务，并按勘察设计合同的约定交付有关的设计文件和资料。施工合同约定：由丁根据丙提供的设计图纸进行施工，工程竣工时依据国家有关验收规定及设计图纸进行质量验收。合同签订后，丙按时将设计文件和有关资料交付给丁，丁依据设计图纸进行施工。工程竣工后，甲会同有关质量监督部门对工程进行验收，发现工程存在严重质量问题，是由于设计不符合规范所致。原来丙未对现场进行仔细勘察即自行进行设计，导致设计不合理，给甲带来了重大损失。丙以与甲没有合同关系为由拒绝承担责任，乙又以自己不是设计人为由推卸责任，甲遂以丙为被告向法院起诉。法院受理后，追加乙为共同被告，判决乙与丙对工程建设质量问题承担连带责任。

请思考：

针对以上出现的质量问题，思考本案中各单位的质量责任划分。

8.1 建设工程质量管理法律制度概述

建设工程是人们日常生活和生产、经营、工作的主要场所,是人类生存和发展的物质基础。建设工程的质量,不但关系到生产经营活动的正常运行,也关系到人们的财产和生命健康的安全。近年来频频发生的一系列建设工程质量事故,给人们留下了血的惨痛教训。建设工程的质量问题成为全社会关注的热点问题之一。加强建设工程的质量管理体系建设,提高建设工程的质量水平,更是全民热切盼望解决的问题,也是我国构建和谐社会的发展需要。国家一方面相继颁布一系列的建筑法律法规,规范建设工程各参建主体的行为、权利义务;另一方面,加强了建设工程的监督管理,采取了政府监督部门专门监督,实行工程担保和工程保险等措施。这对提高我国建设工程质量水平起到了积极的作用。

8.1.1 建设工程质量管理概念

1. 建设工程质量概念

建设工程质量简称工程质量。工程质量是指工程满足业主需要,在国家现行的有关法律、法规、技术标准、设计文件和合同中,对工程的安全、适用、经济、环保、美观等特性的综合要求。

2. 建设工程质量特性

建设工程作为一种特殊的产品,除具有一般产品共有的质量特性,如性能、寿命、可靠性、安全性、经济性等满足社会需要的使用价值及其属性外,还具有特定的内涵。

建设工程质量的特性主要表现在以下六个方面。

(1) 适用性:即功能,是指工程满足使用目的的各种性能,包括理化性能、结构性能、使用性能、外观性能等。

(2) 耐久性:即寿命,是指工程在规定的条件下,满足规定功能要求使用的年限,也就是工程竣工后的合理使用寿命周期。

(3) 安全性:是指工程建成后在使用过程中保证结构安全、保证人身和环境免受危害的程度。

(4) 可靠性:是指工程在规定的时间和规定的条件下完成规定功能的能力。

(5) 经济性:是指工程从规划、勘察、设计、施工到整个产品使用寿命周期内的成本和消耗的费用。

(6) 与环境的协调性:是指工程与其周围生态环境协调,与所在地区经济环境协调以及与周围已建工程相协调,以适应可持续发展的要求。

上述六个方面的质量特性彼此之间是相互依存的,总体而言,适用、耐久、安全、可靠、经济、与环境适应性,都是必须达到的基本要求,缺一不可(但是对于不同门类不同专业的工程可根据其所处的特定的环境条件、技术经济条件的差异,有不同的侧重面)。

8.1.2 我国建设工程质量法律制度的建立

1. 工程质量法律制度的建立

我国的建设工程质量法律制度是由《建筑法》、《建设工程质量管理条例》及大

《建设工程质量管理条例》

量的地方性法规和规章以及国务院部委规章组成的。我国现行的建设工程质量法律制度的建立如下：

（1）1983年，城乡建设环境保护部（现为住房和城乡建设部）、国家标准局（现为国家标准化管理委员会）联合颁布的《建筑工程质量监督条例（试行）》。在《城乡建设环境保护部、国家标准局关于试行〈建筑工程质量监督条例〉的通知》中，确定了建设工程质量监管的两条原则，即"推行全面质量管理"和"强化政府对建筑工程质量的监督工作"。"推行全面质量管理"，就是指建设工程从勘察设计到竣工投入使用的全过程都要纳入建设工程质量监管。而"强化政府对建筑工程质量的监督工作"，则意味着建设工程质量法律制度是由政府主导的。这两条原则，至今仍对我国的建设工程质量法律制度发挥着重大影响。

（2）《建筑法》是我国工程建设领域的基本法。《建筑法》以一章的篇幅对工程质量管理作了规定，体现了立法者对工程质量的重视。《建筑法》为现行建筑建设工程质量法律制度的建立提供了法律上的依据，也为工程质量监督管理方面的各项法规、规章提供了立法依据。

（3）《建设工程质量管理条例》是《建筑法》最重要的配套法规之一，是专门规定工程质量法律制度的行政法规。

（4）2000年8月25日根据《中华人民共和国标准化法》、《中华人民共和国标准化法实施条例》和《建设工程质量管理条例》建设部制定《实施工程建设强制性标准监督规定》。

（5）2007年8月国务院标准化行政主管部门和国务院工程建设行政主管部门联合发布《工程建设施工企业质量管理规范》。

（6）2011年4月22日第十一届全国人大常委会第20次会议《关于修改〈中华人民共和国建筑法〉的决定》对《建筑法》进行了修订。

（7）2017年5月4日中华人民共和国住房和城乡建设部对《工程建设施工企业质量管理规范》进行了修订。

（8）2017年10月7日中华人民共和国国务院令第687号《国务院关于修改部分行政法规的决定》修订对《建设工程质量管理条例》进行修订。2019年4月23日对该条例进行了2次修订。

这些法律法规的颁布实施，标志着我国工程质量监督管理走上了有法可依、良性发展的轨道，促进了建筑业的快速发展，对规范市场行为、提高我国工程质量水平发挥了极其重要的作用。

《建筑法》和《建设工程质量管理条例》的颁布实施，标志着我国工程质量监督管理走上了有法可依、良性发展的轨道，促进了建筑业的快速发展，对规范市场行为、提高我国工程质量水平发挥了极其重要的作用。

2. 工程质量法律制度的内容

我国现行建设工程质量法律制度包括两个方面的内容：一是行政机关代表国家对建设工程质量进行的强制性的监督管理，包括对发包承包活动的监督管理、施工图设计文件审查、工程质量监督、施工许可、竣工验收备案等；二是建设单位（业主）、施工单位、勘察设计单位、监理单位等质量责任主体对工程质量进行的监督管理。

8.1.3 建设工程质量管理体系

建设工程质量管理体系目前在我国是指 ISO9001 质量管理体系和《工程建设施工企业质量管理规范》(GB/T 50430—2017)两个标准同时建立,在审核时对这两个标准的条款都要进行审核。在证书上标明通过这两个标准。

8.2 建设工程质量责任制度

国务院于 2019 年 4 月 23 日修订并实施的《建设工程质量管理条例》对建设单位,勘察、设计单位,施工单位,监理单位的质量责任与义务做了明确的规定。

8.2.1 建设单位的质量责任和义务

1. 依法对工程进行发包的责任

《建设工程质量管理条例》第 7 条规定:建设单位应当将工程发包给具有相应资质等级的单位。建设单位不得将建设工程肢解发包。

2. 依法对采购行为进行招标的责任

《建设工程质量管理条例》第 8 条规定:建设单位应当依法对工程建设项目的勘察、设计、施工、监理以及与工程建设有关的重要设备、材料等的采购进行招标。

建设单位实施的工程建设项目采购行为,应当符合《招标投标法》及其相关规定。

3. 提供原始资料的责任

《建设工程质量管理条例》第 9 条规定:建设单位必须向有关的勘察、设计、施工、工程监理等单位提供与建设工程有关的原始资料。原始资料必须真实、准确、齐全。《建设工程安全生产管理条例》也有类似的规定。

4. 不得干预投标人的责任

《建设工程质量管理条例》第 10 条规定:建设工程发包单位不得迫使承包方以低于成本的价格竞标,不得任意压缩合理工期。建设单位不得明示或者暗示设计单位或者施工单位违反工程建设强制性标准,降低建设工程质量。《建设工程安全生产管理条例》也有类似的规定。

5. 送审施工图的责任

《建设工程质量管理条例》第 11 条规定:建设单位应当将施工图设计文件报县级以上人民政府建设行政主管部门或者其他有关部门审查。施工图设计文件审查的具体办法,由国务院建设行政主管部门会同国务院其他有关部门制定。施工图设计文件未经审查批准的,不得使用。

关于施工图设计文件审查的主要内容,《建设工程勘察设计管理条例》第 33 条进一步明确规定,县级以上人民政府有关行政主管部门"应当按照职责对施工图设计文件中涉及公共利益、公众安全、工程建设强制性标准的内容进行审查"。施工图设计文件未经审查或审查不合格,建设单位擅自施工的,《建设工程质量管理条例》第 56 条规定,建设单位除被责令整改外,还应承担罚款的行政责任。

6. 依法委托监理的责任

《建设工程质量管理条例》第12条规定:实行监理的建设工程,建设单位应当委托具有相应资质等级的工程监理单位进行监理,也可以委托具有工程监理相应资质等级并与被监理工程的施工承包单位没有隶属关系或者其他利害关系的该工程的设计单位进行监理。

下列建设工程必须实行监理:
(1)国家重点建设工程;
(2)大中型公用事业工程;
(3)成片开发建设的住宅小区工程;
(4)利用外国政府或者国际组织贷款、援助资金的工程;
(5)国家规定必须实行监理的其他工程。

7. 依法办理工程质量监督手续

《建设工程质量管理条例》第13条规定:建设单位在领取施工许可证或者开工报告前,应当按照国家有关规定办理工程质量监督手续。

8. 确保提供的物资符合要求的责任

《建设工程质量管理条例》第14条规定:按照合同约定,由建设单位采购建筑材料、建筑构配件和设备的,建设单位应当保证建筑材料、建筑构配件和设备符合设计文件和合同要求。建设单位不得明示或者暗示施工单位使用不合格的建筑材料、建筑构配件和设备。《建设工程安全生产管理条例》也有类似的规定。

如果建设单位提供的建筑材料、建筑构配件和设备不符合设计文件和合同要求,属于违约行为,应当向施工单位承担违约责任,施工单位有权拒绝接收这些货物。

我国《建设工程施工合同(示范文本)》也对此作出了相应约定:

"8.3.1 发包人按一览表约定的内容提供材料设备,并向承包人提供产品合格证明及出厂证明,对其质量负责。发包人在所供材料设备到货前24小时,以书面形式通知承包人、监理人,由承包人负责材料设备的清点、检验和接收。发包人供应的材料设备与一览表不符时,发包人承担有关责任。

8.3.2 发包人供应的材料设备使用前,由承包人负责检验或试验,不合格的不得使用,检验或试验费用由发包人承担。"

9. 不得擅自改变主体和承重结构进行装修的责任

《建设工程质量管理条例》第15条规定:涉及建筑主体和承重结构变动的装修工程,建设单位应当在施工前委托原设计单位或者具有相应资质等级的设计单位提出设计方案;没有设计方案的,不得施工。

房屋建筑使用者在装修过程中,不得擅自变动房屋建筑主体和承重结构。

10. 依法组织竣工验收的责任

《建设工程质量管理条例》第16条规定:建设单位收到建设工程竣工报告后,应当组织设计、施工、工程监理等有关单位进行竣工验收。建设工程经验收合格的,方可交付使用。

建设工程竣工验收应当具备下列条件:
(1)完成建设工程设计和合同约定的各项内容;
(2)有完整的技术档案和施工管理资料;
(3)有工程使用的主要建筑材料、建筑构配件和设备的进场试验报告;

(4) 有勘察、设计、施工、工程监理等单位分别签署的质量合格文件；

(5) 有施工单位签署的工程保修书。

如果建设单位有下列行为,根据《建设工程质量管理条例》将承担法律责任：

(1) 未组织竣工验收,擅自交付使用的；

(2) 验收不合格,擅自交付使用的；

(3) 对不合格的建设工程按照合格工程验收的。

11. 移交建设项目档案的责任

《建设工程质量管理条例》第 17 条规定：建设单位应当严格按照国家有关档案管理的规定,及时收集、整理建设项目各环节的文件资料,建立、健全建设项目档案,并在建设工程竣工验收后,及时向建设行政主管部门或者其他有关部门移交建设项目档案。

8.2.2 施工单位的质量责任和义务

1. 依法承揽工程的责任

《建设工程质量管理条例》第 25 条规定：施工单位应当依法取得相应等级的资质证书,并在其资质等级许可的范围内承揽工程。

禁止施工单位超越本单位资质等级许可的业务范围或者以其他施工单位的名义承揽工程。禁止施工单位允许其他单位或者个人以本单位的名义承揽工程。

施工单位不得转包或者违法分包工程。

2. 施工单位对建设工程的施工质量负责

《建设工程质量管理条例》第 26 条规定：施工单位应当建立质量责任制,确定工程项目的项目经理、技术负责人和施工管理负责人。

建设工程实行总承包的,总承包单位应当对全部建设工程质量负责；建设工程勘察、设计、施工、设备采购的一项或者多项实行总承包的,总承包单位应当对其承包的建设工程或者采购的设备的质量负责。

3. 分包单位保证工程质量的责任

《建设工程质量管理条例》第 27 条规定：总承包单位依法将建设工程分包给其他单位的,分包单位应当按照分包合同的约定对其分包工程的质量向总承包单位负责,总承包单位与分包单位对分包工程的质量承担连带责任。

4. 按图施工的责任

《建设工程质量管理条例》第 28 条规定：施工单位必须按照工程设计图纸和施工技术标准施工,不得擅自修改工程设计,不得偷工减料。

施工单位在施工过程中发现设计文件和图纸有差错的,应当及时提出意见和建议。

5. 对建筑材料、构配件和设备进行检验的责任

《建设工程质量管理条例》第 29 条规定：施工单位必须按照工程设计要求、施工技术标准和合同约定,对建筑材料、建筑构配件、设备和商品混凝土进行检验,检验应当有书面记录和专人签字；未经检验或者检验不合格的,不得使用。

6. 对施工质量进行检验的责任

《建设工程质量管理条例》第 30 条规定：施工单位必须建立、健全施工质量的检验制度,严格工序管理,做好隐蔽工程的质量检查和记录。隐蔽工程在隐蔽前,施工单位应当通知建设单位和建设工程质量监督机构。

隐蔽工程会被后一道工序所覆盖,因此要在覆盖前进行验收。而且验收的数据就作为最终验收的数据。对此,《建设工程施工合同(示范文本)》第5.3款进行了约定:工程具备隐蔽条件或达到专用条款约定的中间验收部位,承包人进行自检,并在隐蔽或中间验收前48小时以书面形式通知工程师验收。通知包括隐蔽和中间验收的内容、验收时间和地点。承包人准备验收记录,验收合格,工程师在验收记录上签字后,承包人可进行隐蔽和继续施工。验收不合格,承包人在工程师限定的时间内修改后重新验收。

7. 见证取样的责任

《建设工程质量管理条例》第31条规定:施工人员对涉及结构安全的试块、试件以及有关材料,应当在建设单位或者工程监理单位监督下现场取样,并送具有相应资质等级的质量检测单位进行检测。

在工程施工过程中,为了控制工程总体或局部施工质量,需要依据有关技术标准和规定的方法,对用于工程的材料和构件抽取一定数量的样品进行检测,并根据检测结果判断其所代表部位的质量。

8. 返修保修的责任

《建设工程质量管理条例》第32条规定:施工单位对施工中出现质量问题的建设工程或者竣工验收不合格的建设工程,应当负责返修。

9. 培训上岗责任制度

《建设工程质量管理条例》第33条规定:施工单位应当建立、健全教育培训制度,加强对职工的教育培训;未经教育培训或者考核不合格的人员,不得上岗作业。

8.2.3 勘察、设计单位的质量责任和义务

1. 勘察、设计单位共同的责任

1)依法承揽工程的责任

《建设工程质量管理条例》第18条规定:从事建设工程勘察、设计的单位应当依法取得相应等级的资质证书,并在其资质等级许可的范围内承揽工程。

禁止勘察、设计单位超越其资质等级许可的范围或者以其他勘察、设计单位的名义承揽工程。禁止勘察、设计单位允许其他单位或者个人以本单位的名义承揽工程。

勘察、设计单位不得转包或者违法分包所承揽的工程。

2)执行强制性标准的责任

勘察、设计单位必须按照工程建设强制性标准进行勘察、设计,并对其勘察、设计的质量负责。注册建筑师、注册结构工程师等注册执业人员应当在设计文件上签字,对设计文件负责。

2. 勘察单位的质量责任

《建设工程质量管理条例》第20条规定:勘察单位提供的地质、测量、水文等勘察成果必须真实、准确。

3. 设计单位的质量责任

1）科学设计的责任

《建设工程质量管理条例》第 21 条规定：设计单位应当根据勘察成果文件进行建设工程设计。设计文件应当符合国家规定的设计深度要求，注明工程合理使用年限。

2）选择材料设备的责任

《建设工程质量管理条例》第 22 条规定：设计单位在设计文件中选用的建筑材料、建筑构配件和设备，应当注明规格、型号、性能等技术指标，其质量要求必须符合国家规定的标准。除有特殊要求的建筑材料、专用设备、工艺生产线等外，设计单位不得指定生产厂、供应商。

3）解释设计文件的责任

《建设工程质量管理条例》第 23 条规定：设计单位应当就审查合格的施工图设计文件向施工单位作出详细说明。

《建设工程勘察设计管理条例》第 30 条规定："建设工程勘察、设计单位应当在建设工程施工前，向施工单位和监理单位说明建设工程勘察、设计意图，解释建设工程勘察、设计文件。建设工程勘察、设计单位应当及时解决施工中出现的勘察、设计问题。"

4）参与质量事故分析的责任

《建设工程质量管理条例》第 24 条规定：设计单位应当参与建设工程质量事故分析，并对因设计造成的质量事故，提出相应的技术处理方案。

8.2.4 工程监理单位的质量责任和义务

1. 依法承揽业务的责任

《建设工程质量管理条例》第 34 条规定：工程监理单位应当依法取得相应等级的资质证书，并在其资质等级许可的范围内承担工程监理业务。

禁止工程监理单位超越本单位资质等级许可的范围或者以其他工程监理单位的名义承担工程监理业务。禁止工程监理单位允许其他单位或者个人以本单位的名义承担工程监理业务。

工程监理单位不得转让工程监理业务。

2. 独立监理的责任

《建设工程质量管理条例》第 35 条规定：工程监理单位与被监理工程的施工承包单位以及建筑材料、建筑构配件和设备供应单位不得有隶属关系或者其他利害关系的，不得承担该项建设工程的监理业务。

独立是公正的前提条件，监理单位如果不独立是不可能保持公正的。

3. 依法监理的责任

《建设工程质量管理条例》第 36 条规定：工程监理单位应当依照法律、法规以及有关技术标准、设计文件和建设工程承包合同，代表建设单位对施工质量实施监理，并对施工质量承担监理责任。

《建设工程质量管理条例》第 38 条规定：监理工程师应当按照工程监理规范的要求，采取旁站、巡视和平行检验等形式，对建设工程实施监理。

4. 确认质量和应付工程款的责任

《建设工程质量管理条例》第 37 条规定：工程监理单位应当选派具备相应资格的总监理

工程师和监理工程师进驻施工现场。

未经监理工程师签字,建筑材料、建筑构配件和设备不得在工程上使用或者安装,施工单位不得进行下一道工序的施工。未经总监理工程师签字,建设单位不拨付工程款,不进行竣工验收。

【案例 8-1】

某化工厂位于城市市区与郊区交界处。随着经济社会的发展,为扩大再生产,厂区领导管理层决定在同一厂区建设第二个大型厂房。按照该市城市总体及局部详细的规划,已经批准该化工厂扩大建设的用地。经厂房建设指挥部察看第一个厂房的勘察成果及第二个厂区的地质状况商讨决定,不做勘察,将四年前为第一个厂房所做的勘察成果提供给设计院作为设计依据,不仅节省了投资,也加快了工程进度,设计院根据指挥部的要求和设计资料、规范等文件进行设计。建设单位将该工程的施工任务委托给李某所带的施工队进行施工,经过紧张施工,在2019年2月份竣工完成,4月份投入使用。厂房建成后使用一年就发现北墙地基沉陷明显,北墙墙体多处开裂,根据质量保修书的规定,化工厂建设指挥部与李某交涉,李某认为不是自身原因造成的,不予返修。该化工厂指挥部一纸诉状将李某告上法庭,请求判定李某按照施工质量保修的有关规定承担质量责任。李某不服,最终该案件进行了开庭审理。假如你是该案例的审判法官,请就以下问题做出判定。

问题:
1. 本案中的质量责任应当由谁承担?并说明依据。
2. 建设单位的做法存在哪些不妥?并说明理由。

【案例分析】

1. 质量责任应由建设方承担,设计方也应承担部分责任。《建筑法》第54条规定:建设单位不得以任何理由,要求建筑设计单位或者施工单位在工程设计或者施工作业中,违反法律、行政法规和建筑工程质量、安全标准,降低工程质量。该化工厂为节省投资,坚持不做勘察,违反了法律规定,对该工程质量应承担主要责任。

设计方也有责任。《建筑法》第54条还规定:建筑设计单位和建筑施工企业对建设单位违法规定提出的降低工程质量的要求,应当予以拒绝。因此,设计单位对于建设单位的不合理要求没有予以拒绝,应该承担次要质量责任。

2. 建设单位应当将工程委托给具有相应资质等级的单位,而不能委托给李某,李某作为个人不具备工程建设承揽业务的资质。

【案例 8-2】

某建筑商在南京承建某商业用房工程项目中,发现部分梁拆除模板后,出现较多细裂纹。细裂缝主要沿梁侧面由下至上延伸,大致与梁方向垂直。梁侧细裂缝多的有三十余条,少的也有十余条。该质量事故发生以后,发包人认为质量事故应当由建筑商负责,并且承担由此引起的损失。建筑商则认为自己不应当承担责任,因为设计图纸的一部分主梁与次梁的受力钢筋直径偏小,是设计原因造成了梁裂缝问题。

双方争持不下,那么,在本案中建筑商是否应承担质量责任呢?

【案例分析】

本案中,建筑商只有证明工程质量缺陷是由设计原因引起的,建筑商才可以免责。从司法解释看,虽然质量责任由建筑商承担,但是在发包人提供的设计有缺陷时,发包人应当承担过错责任。

根据《解释》确定的本条免责事由,在发包人提供设计有缺陷情形下,建筑商已经尽提醒义务,发包人仍坚持采用原设计,过错完全属于业主,建筑商无需承担质量责任。

8.3 建设工程质量竣工验收制度

工程竣工验收就是对项目施工阶段的质量通过检查评定、试车运转,考核项目质量是否达到设计要求;是否符合决策阶段确定的质量目标和水平,并通过验收确保工程项目的质量。

工程项目的竣工验收是施工全过程的最后一道工序,也是工程项目管理的最后一项工作。它是建设投资成果转入生产或使用的标志,也是全面考核投资效益、检验设计和施工质量的重要环节。

8.3.1 建设工程竣工验收的主体

《建设工程质量管理条例》规定:建设单位收到建设工程竣工报告后,应当组织设计、施工、工程监理等有关单位进行竣工验收。

对工程进行竣工检查和验收,是建设单位法定的权利和义务。在建设工程完工后,承包单位应当向建设单位提供完整的竣工资料和竣工验收报告,提请建设单位组织竣工验收。建设单位收到竣工验收报告后,应及时组织有设计、施工、工程监理等有关单位参加的竣工验收,检查整个工程项目是否已按照设计要求和合同约定全部建设完成,一并符合竣工验收条件。

8.3.2 竣工验收应当具备的法定条件

《建筑法》规定,交付竣工验收的建筑工程,必须符合规定的建筑工程质量标准,有完整的工程技术经济资料和经签署的工程保修书,并具备国家规定的其他竣工条件。建筑工程竣工经验收合格后,方可交付使用;未经验收或者验收不合格的,不得交付使用。

《建设工程质量管理条例》进一步规定,建设工程竣工验收应当具备下列条件:

(1) 完成建设工程设计和合同约定的各项内容;

(2) 有完整的技术档案和施工管理资料;

工程技术档案和施工管理资料是工程竣工验收和质量保证的重要依据之一,主要包括以下档案和资料:①工程项目竣工验收报告;②分项、分部工程和单位工程技术人员名单;③图纸会审和技术交底记录;④设计变更通知单,技术变更核实单;⑤工程质量事故发生后调查和处理资料;⑥隐蔽验收记录及施工日志;⑦竣工图;⑧质量检验评定资料等;⑨合同约定的其他资料。

(3) 有工程使用的主要建筑材料、建筑构配件和设备的进场试验报告；

(4) 有勘察、设计、施工、工程监理等单位分别签署的质量合格文件；

(5) 有施工单位签署的工程保修书。建设工程经验收合格的，方可交付使用。

凡是没有经过竣工验收或者经过竣工验收确定为不合格的建设工程，不得交付使用。如果建设单位为提前获得投资效益，在工程未经验收就提前投产或使用，由此而发生的质量等问题，建设单位要承担责任。

8.3.3 工程竣工结算

《合同法》规定，建设工程竣工后，发包人应当根据施工图纸及说明书、国家颁发的施工验收规范和质量检验标准及时进行验收。验收合格的，发包人应当按照约定支付价款，并接收该建设工程。《建筑法》也规定，发包单位应当按照合同的约定，及时拨付工程款项。

1. 工程竣工结算方式

工程竣工结算分为单位工程竣工结算、单项工程竣工结算和建设项目竣工总结算。

(1) 单位工程竣工结算由承包人编制，发包人审查；实行总承包的工程，由具体承包人编制，在总包人审查的基础上，发包人审查。

(2) 单项工程竣工结算或建设项目竣工总结算由总(承)包人编制，发包人可直接进行审查，也可以委托具有相应资质的工程造价咨询机构进行审查。政府投资项目，由同级财政部门审查。单项工程竣工结算或建设项目竣工总结算经发、承包人签字盖章后有效。

承包人应在合同约定期限内完成项目竣工结算编制工作，未在规定期限内完成并且提不出正当理由延期的，责任自负。

2. 工程竣工价款结算

发包人收到承包人递交的竣工结算报告及完整的结算资料后，应按以上规定的期限(合同约定有期限的，从其约定)进行核实，给予确认或者提出修改意见。

发包人根据确认的竣工结算报告向承包人支付工程竣工结算价款，保留5%左右的质量保证(保修)金，待工程交付使用1年质保期到期后清算(合同另有约定的，从其约定)，质保期内如有返修，发生费用应在质量保证(保修)金内扣除。

工程竣工结算以合同工期为准，实际施工工期比合同工期提前或延后，发、承包双方应按合同约定的奖惩办法执行。

3. 索赔及合同以外零星项目工程价款结算

发承包人未能按合同约定履行自己的各项义务或发生错误，给另一方造成经济损失的，由受损方按合同约定提出索赔，索赔金额按合同约定支付。

发包人要求承包人完成合同以外零星项目，承包人应在接受发包人要求的7天内就用工数量和单价、机械台班数量和单价、使用材料和金额等向发包人提出施工签证，发包人签证后施工，如发包人未签证，承包人施工后发生争议的，责任由承包人自负。

发包人和承包人要加强施工现场的造价控制，及时对工程合同外的事项如实记录并履行书面手续。凡由发、承包双方授权的现场代表签字的现场签证以及发、承包双方协商确定的索赔等费用，应在工程竣工结算中如实办理，不得因发、承包双方现场代表的中途变更改变其有效性。

4. 工程价款结算管理

《建设工程价款结算暂行办法》规定,工程竣工后,发、承包双方应及时办清工程竣工结算。否则,工程不得交付使用,有关部门不予办理权属登记。

8.3.4 竣工验收备案管理

1. 竣工验收备案的期限

《建设工程质量管理条例》规定,建设单位应当自工程竣工验收合格之日起15日内,依照本办法规定,向工程所在地的县级以上地方人民政府建设主管部门(以下简称备案机关)备案。

建设行政主管部门或者其他有关部门发现建设单位在竣工验收过程中有违反国家有关建设工程质量管理规定行为的,责令停止使用,重新组织竣工验收。

2. 竣工验收备案须提交的文件

建设单位办理工程竣工验收备案应当提交下列文件:

(1) 工程竣工验收备案表;

(2) 工程竣工验收报告。竣工验收报告应当包括工程报建日期,施工许可证号,施工图设计文件审查意见,勘察、设计、施工、工程监理等单位分别签署的质量合格文件及验收人员签署的竣工验收原始文件,市政基础设施的有关质量检测和功能性试验资料以及备案机关认为需要提供的有关资料;

(3) 法律、行政法规规定应当由规划、环保等部门出具的认可文件或者准许使用文件;

(4) 法律规定应当由公安消防部门出具的对大型的人员密集场所和其他特殊建设工程验收合格的证明文件;

(5) 施工单位签署的工程质量保修书;

(6) 法规、规章规定必须提供的其他文件。住宅工程还应当提交《住宅质量保证书》和《住宅使用说明书》。

3. 竣工验收备案文件的签收和处理

《房屋建筑和市政基础设施工程竣工验收备案管理办法》规定,备案机关收到建设单位报送的竣工验收备案文件,验证文件齐全后,应当在工程竣工验收备案表上签署文件收讫。工程竣工验收备案表一式两份,1份由建设单位保存,1份留备案机关存档。

工程质量监督机构应当在工程竣工验收之日起5日内,向备案机关提交工程质量监督报告。

备案机关发现建设单位在竣工验收过程中有违反国家有关建设工程质量管理规定行为的,应当在收讫竣工验收备案文件15日内,责令停止使用,重新组织竣工验收。

4. 竣工验收备案违反规定的处罚

《房屋建筑和市政基础设施工程竣工验收备案管理办法》规定,建设单位在工程竣工验收合格之日起15日内未办理工程竣工验收备案的,备案机关责令限期改正,处20万元以上50万元以下罚款。

建设单位将备案机关决定重新组织竣工验收的工程,在重新组织竣工验收前,擅自使用的,备案机关责令停止使用,处工程合同价款2%以上4%以下罚款。

建设单位采用虚假证明文件办理工程竣工验收备案的,工程竣工验收无效,备案机关责令停止使用,重新组织竣工验收,处 20 万元以上 50 万元以下罚款;构成犯罪的,依法追究刑事责任。

备案机关决定重新组织竣工验收并责令停止使用的工程,建设单位在备案之前已投入使用或者建设单位擅自继续使用造成使用人损失的,由建设单位依法承担赔偿责任。

8.4 建设工程质量保修制度

建设工程质量保修制度是指建设工程在办理竣工验收手续后,在规定的保修期限内,因勘察、设计、施工、材料等原因造成的质量缺陷,应当由施工承包单位负责维修、返工或更换,由责任负责单位赔偿损失。建设工程实行质量保修制度是落实建设工程质量责任的重要措施。

8.4.1 工程质量保修书

《建设工程质量管理条例》规定,建设工程承包单位在向建设单位提交工程竣工验收报告时,应当向建设单位出具质量保修书。质量保修书中应当明确建设工程的保修范围、保修期限和保修责任等。

8.4.2 工程质量保修范围和期限

1. 保修范围

《建筑法》规定,建筑工程的保修范围应当包括地基基础工程、主体结构工程、屋面防水工程和其他土建工程,以及电气管线、上下水管线的安装工程,供热、供冷系统工程等项目。当然,不同类型的建设工程,其保修范围是有所不同的。

2. 保修期限

《建筑法》规定,保修的期限应当按照保证建筑物合理寿命年限内正常使用,维护使用者合法权益的原则确定。《建设工程质量管理条例》规定,在正常使用条件下,建设工程的最低保修期限为:

(1) 基础设施工程、房屋建筑的地基基础工程和主体结构工程,为设计文件规定的该工程的合理使用年限;

(2) 屋面防水工程、有防水要求的卫生间、房间和外墙面的防渗漏,为 5 年;

(3) 供热与供冷系统,为 2 个采暖期、供冷期;

(4) 电气管线、给排水管道、设备安装和装修工程,为 2 年。

其他项目的保修期限由发包方与承包方约定。建设工程的保修期,自竣工验收合格之日起计算。因使用不当或者第三方造成的质量缺陷,以及不可抗力造成的质量缺陷,不属于法律规定的保修范围。

8.4.3 保修责任

施工单位在质量保修书中,应当向建设单位承诺保修范围、保修期限和有关具体实施保修的措施,如保修的方法、人员及联络办法,保修答复和处理时限,不履行保修责任的罚则等。

1. 施工单位承担保修责任的条件

质量问题应当发生在保修范围和保修期以内,是施工单位承担保修责任的两个前提条件。建设工程在保修范围和保修期限内发生质量问题的,施工单位应当履行保修义务,并对造成的损失承担赔偿责任。

2. 不属于保修范围的情况

《房屋建筑工程质量保修办法》规定了三种不属于保修范围的情况,分别是:

(1) 因使用不当造成的质量缺陷;

(2) 第三方造成的质量缺陷;

(3) 不可抗力造成的质量缺陷。

3. 工程质量保修的基本程序

根据国家有关规定及行业惯例,就工程质量保修事宜,建设单位和施工单位应遵守如下基本程序:

(1) 建设工程在保修期限内出现质量缺陷,建设单位应当向施工单位发出保修通知。

(2) 施工单位接到保修通知后,应当到现场核查情况,在保修书约定的时间内予以保修。发生涉及结构安全或者严重影响使用功能的紧急抢修事故,施工单位接到保修通知后,应当立即到达现场抢修。

(3) 施工单位不按工程质量保修书约定保修的,建设单位可以另行委托其他单位保修,由原施工单位承担相应责任。

(4) 保修费用由造成质量缺陷的责任方承担。如果质量缺陷是由于施工单位未按照工程建设强制性标准和合同要求施工造成的,则施工单位不仅要负责保修,还要承担保修费用。但是,如果质量缺陷是由于设计单位、勘察单位或建设单位、监理单位的原因造成的,施工单位仅负责保修,其有权对由此发生的保修费用向建设单位索赔。建设单位向施工单位承担赔偿责任后,有权向造成质量缺陷的责任方追偿。

对在保修期限内和保修范围内发生的质量问题,一般应先由建设单位组织勘察、设计、施工等单位分析质量问题的原因,确定维修方案,由施工单位负责维修,但当问题较严重复杂时,不管是什么原因造成的,只要是在保修范围内,均先由施工单位履行保修义务,不得推诿扯皮。对于保修费用,则由质量缺陷的责任方承担。

【特别提示】

> 需要注意的是,施工单位在建设工程质量保修书中,应当对建设单位合理使用建设工程有所提示。如果是因建设单位或者用户使用不当或擅自改动结构、设备位置以及不当装修等造成质量问题的,施工单位不承担保修责任;由此而造成的质量受损或者其他用户损失,应当由责任人承担相应的责任。

8.4.4 建设工程质量保证金

1. 质量保证金的含义

建设工程质量保证金(保修金)(以下简称保证金)是指发包人与承包人在建设工程承包合同中约定,从应付的工程款中预留,用以保证承包人在缺陷责任期内对建设工程出现的缺

2. 缺陷责任期

所谓缺陷，是指建设工程质量不符合工程建设强制性标准、设计文件，以及承包合同的约定。缺陷责任期一般为6个月、12个月或24个月，具体可由发承包双方在合同中约定。

缺陷责任期从工程通过竣(交)工验收之日起计。由于承包人原因导致工程无法按规定期限进行竣(交)工验收的，缺陷责任期从实际通过竣(交)工验收之日起计。由于发包人原因导致工程无法按规定期限进行竣(交)工验收的，在承包人提交竣(交)工验收报告90天后，工程自动进入缺陷责任期。

3. 质量保证金数额

发包人应按照合同约定方式预留保证金，保证金总预留比例不得高于工程价款结算总额的3%。合同约定由承包人以银行保函替代预留保证金的，保函金额不得高于工程价款结算总额的3%。

缺陷责任期内，由承包人原因造成的缺陷，承包人应负责维修，并承担鉴定及维修费用。如承包人不维修也不承担费用，发包人可按合同约定扣除保证金，并由承包人承担违约责任。费用超出保证金额的，发包人可按合同约定向承包人进行索赔。承包人维修并承担相应费用后，不免除对工程的一般损失赔偿责任。由他人原因造成的缺陷，发包人负责组织维修，承包人不承担费用，且发包人不得从保证金中扣除费用。

4. 质量保证金的返还

（1）缺陷责任期内，承包人认真履行合同约定的责任，到期后，承包人向发包人申请返还保证金。

（2）发包人在接到承包人返还保证金申请后，应于14日内会同承包人按照合同约定的内容进行核实。如无异议，发包人应当在核实后14日内将保证金返还给承包人，逾期支付的，从逾期之日起，按照同期银行贷款利率计付利息，并承担违约责任。发包人在接到承包人返还保证金申请后14日内不予答复，经催告后14日内仍不予答复，视同认可承包人的返还保证金申请。

（3）发包人和承包人对保证金预留、返还以及工程维修质量、费用有争议，按承包合同约定的争议和纠纷解决程序处理。

8.4.5 建设工程质量保修违法行为应承担法律责任

《建筑法》规定，建筑施工企业违反本法规定，不履行保修义务的责令改正，可以处以罚款，并对在保修期内因屋顶、墙面渗漏、开裂等质量缺陷造成的损失，承担赔偿责任。《建设工程质量管理条例》规定，施工单位不履行保修义务或者拖延履行保修义务的，责令改正，处10万元以上20万元以下的罚款，并对在保修期内因质量缺陷造成的损失承担赔偿责任。

《建设工程质量保证金管理办法》规定，缺陷责任期内，由承包人原因造成的缺陷，承包人应负责维修，并承担鉴定及维修费用。如承包人不维修也不承担费用，发包人可按合同约定扣除保证金，并由承包人承担违约责任。承包人维修并承担相应费用后，不免除对工程的一般损失赔偿责任。

《建筑业企业资质管理规定》规定,取得建筑业企业资质的企业,申请资质升级、资质增项,在申请之日起前一年内,未依法履行工程质量保修义务或拖延履行保修义务,造成严重后果的,资质许可机关不予批准企业的资质升级申请和增项申请。

【知识拓展】

房屋建筑工程质量保修书
(示范文本)

发包人(全称):_____

承包人(全称):_____

发包人、承包人根据《中华人民共和国建筑法》、《建设工程质量管理条例》和《房屋建筑工程质量保修办法》,经协商一致,对_____(工程全称)签订工程质量保修书。

一、工程质量保修范围和内容

承包人在质量保修期内,按照有关法律、法规、规章的管理规定和双方约定,承担本工程质量保修责任。

质量保修范围包括地基基础工程、主体结构工程,屋面防水工程、有防水要求的卫生间、房间和外墙面的防渗漏,供热与供冷系统,电气管线、给排水管道、设备安装和装修工程,以及双方约定的其他项目。具体保修的内容,双方约定如下:_____。

二、质量保修期

双方根据《建设工程质量管理条例》及有关规定,约定本工程的质量保修期如下:

1. 地基基础工程和主体结构工程为设计文件规定的该工程合理使用年限;
2. 屋面防水工程、有防水要求的卫生间、房间和外墙面的防渗漏为_____年;
3. 装修工程为_____年;
4. 电气管线、给排水管道、设备安装工程为_____年;
5. 供热与供冷系统为_____个采暖期、供冷期;
6. 住宅小区内的给排水设施、道路等配套工程为_____年;
7. 其他项目保修期限约定如下:_____。

质量保修期自工程竣工验收合格之日起计算。

三、质量保修责任

1. 属于保修范围、内容的项目,承包人应当在接到保修通知之日起7天内派人保修。承包人不在约定期限内派人保修的,发包人可以委托他人修理。
2. 发生紧急抢修事故的,承包人在接到事故通知后,应当立即到达事故现场抢修。
3. 对于涉及结构安全的质量问题,应当按照《房屋建筑工程质量保修办法》的规定,立即向当地建设行政主管部门报告,采取安全防范措施;由原设计单位或者具有相应资质等级的设计单位提出保修方案,承包人实施保修。
4. 质量保修完成后,由发包人组织验收。

四、保修费用

保修费用由造成质量缺陷的责任方承担。

五、其他

双方约定的其他工程质量保修事项：_____。

本工程质量保修书，由施工合同发包人、承包人双方在竣工验收前共同签署，作为施工合同附件，其有效期限至保修期满。

发包人（公章）：_____

法定代表人（签字）：_____

_____年_____月_____日

承包人（公章）：_____

法定代表人（签字）：_____

_____年_____月_____日

8.5 建设工程质量管理其他制度

案例：论《竣工验收备案表》的重要性

8.5.1 工程质量监督制度

1. 工程质量监督概念

工程质量监督是建设行政主管部门或其委托的工程质量监督机构根据国家的法律、法规和工程建设强制性标准，对责任主体和有关机构履行质量责任的行为以及工程实体质量进行监督检查、维护公众利益的行政执法行为。

2. 建设工程质量监督的主体

（1）主体是各级政府建设行政主管部门；

（2）政府委托认可的第三方，即建设工程质量监督机构，代行工程质量监督职能。

3. 建设工程质量监督机构

1) 监督机构性质

工程质量监督机构是经省级以上建设行政主管部门或有关专业部门考核认定，具有独立法人资格的单位。它受县级以上地方人民政府建设行政主管部门或有关专业部门的委托，依法对工程质量进行强制性监督，并对委托部门负责。

2) 监督机构的主要任务

建设工程质量监督机构的主要工作任务如下：

（1）根据政府主管部门的委托，受理工程质量监督；

（2）制定质量监督工作方案；

（3）检查施工现场各方主体的质量行为；

（4）检查建设工程的实体质量；

（5）监督工程竣工验收；

（6）向委托的政府部门报送建设工程质量监督报告（验收后5日内）；

（7）对预制建筑构件和商品混凝土的质量进行监督；

（8）受委托，收取工程质量监督费；

（9）政府主管部门委托的其他事项。

建设工程质量政府监督与监理的区别如表8-1所示。

表8-1 政府监督与监理的区别

企业类别	监 理	工程质量监督
性质	企业行为	政府行为
委托	建设单位委托	由政府部门委托
依据	法律、法规 强制性标准 设计文件 承包合同	法律、法规 强制性标准
监督管理对象	主要是施工单位及施工行为	建设各方主体

8.5.2 工程质量事故报告制度

工程质量事故报告制度是《建设工程质量管理条例》确立的一项重要制度。建设工程发生质量事故后,有关单位应当在24小时内向当地建设行政主管部门和其他有关部门报告。对重大质量事故,当地建设行政主管部门和其他有关部门应当按照事故类别和等级向当地人民政府和上级建设行政主管部门及其他有关部门报告。

《关于做好房屋建筑和市政基础设施工程质量事故报告和调查处理工作的通知》(建质〔2010〕111号)对工程质量事故等级、事故报告、事故调查及事故处理等均有详细规定。工程质量事故发生后,事故现场有关人员应当立即向工程建设单位负责人报告;工程建设单位负责人接到报告后,应于1小时内向事故发生地县级以上人民政府住房和城乡建设主管部门及有关部门报告。

情况紧急时,事故现场有关人员可直接向事故发生地县级以上人民政府住房和城乡建设主管部门报告。

住房和城乡建设主管部门逐级上报事故情况时,每级上报时间不得超过2小时。事故发生后隐瞒不报、谎报,故意拖延报告期限,故意破坏现场,阻碍调查工作正常进行,无正当理由拒绝调查组查询或者拒绝提供与事故有关情况、资料,以及提供伪证的,由期所在单位或上级主管部门按照有关规定给予行政处分;构成犯罪的,由司法机关依法追究刑事责任。

8.5.3 工程质量检举、控告、投诉制度

《建筑法》、《建设工程质量管理条例》均明确,任何单位和个人对建设工程的质量事故、质量缺陷都有权检举、控告、投诉。工程质量检举、控告、投诉制度是为了更好地发挥群众监督和社会舆论监督的作用,是保证建设工程质量的一项有效措施。

1. 工程质量投诉的范围

工程质量投诉是指公民、法人和其他组织通过信函、电话、来访等形式反映工程质量问题的活动。凡是新建、改建、扩建的各类建筑安装、市政、公用、装饰装修等建设工程,在保修期内和建设过程中发生的工程质量问题,均属投诉范围。对超过保修期,在使用过程中发生的工程质量问题,由产权单位或有关部门处理。

2. 负责工程质量投诉管理工作的部门

当地建设工程质量监督站负责本地建设工程质量投诉管理工作。

3. 工程质量投诉管理工作部门职责和义务

投诉处理机构要做好投诉登记工作，督促工程质量责任方，按照有关规定，认真处理好用户的工程质量投诉。对于投诉的工程质量问题，投诉处理机构要本着实事求是的原则，对合理的要求，要及时妥善处理；暂时解决不了的，要向投诉人做出解释，并责成工程质量责任方限期解决；对不合理的要求，要做出说明，经说明后仍坚持无理要求的，应给予批评教育。对注明联系地址和联系人姓名的投诉，要将处理的情况通知投诉人。在处理工程质量投诉过程中，不得将工程质量投诉中涉及的检举、揭发、控告材料及有关情况，透露或者转送给被检举、揭发、控告的人员和单位。任何组织和个人不得压制、打击报复、迫害投诉人。

8.6 建设工程质量管理法律责任

广州海珠区坍塌事件追踪

8.6.1 建设单位法律责任

《建筑法》的规定，建设单位违反本法规定，要求建筑设计单位或者建筑施工企业违反建筑工程质量、安全标准，降低工程质量，责令改正，可以处以罚款；构成犯罪的，依法追究刑事责任。

《建设工程质量管理条例》进一步规定，建设单位有下列行为之一的，责令改正，处 20 万元以上 50 万元以下的罚款：①迫使承包方以低于成本的价格竞标的；②任意压缩合理工期的；③明示或者暗示设计单位或者施工单位违反工程建设强制性标准，降低工程质量的；④施工图设计文件未经审查或者审查不合格，擅自施工的；⑤建设项目必须实行工程监理而未实行工程监理的；⑥未按照国家规定办理工程质量监督手续的；⑦明示或者暗示施工单位使用不合格的建筑材料、建筑构配件和设备的；⑧未按照国家规定将竣工验收报告、有关认可文件或者准许使用文件报送备案的。

8.6.2 施工单位法律责任

施工单位质量违法行为应承担的主要法律责任如下。

1. 违反资质管理规定和转包、违法分包造成质量问题应承担的法律责任

上海莲花河畔景苑倒楼案两责任人受审

《建筑法》规定，建筑施工企业转让、出借资质证书或者以其他方式允许他人以本企业的名义承揽工程的，责令改正，没收违法所得，并处罚款，可以责令停业整顿，降低资质等级；情节严重的，吊销资质证书。对因该项承揽工程不符合规定的质量标准造成的损失，建筑施工企业与使用本企业名义的单位或者个人承担连带赔偿责任。

承包单位将承包的工程转包的，或者违反本法规定进行分包的，责令改正，没收违法所得，并处罚款，可以责令停业整顿，降低资质等级；情节严重的，吊销资质证书。承包单位有前款规定的违法行为的，对因转包工程或者违法分包的工程不符合规定的质量标准造成的损失,与接受转包或者分包的单位承担连带赔偿责任。

2. 偷工减料等违法行为应承担的法律责任

《建筑法》规定,建筑施工企业在施工中偷工减料的,使用不合格的建筑材料、建筑构配件和设备的,或者有其他不按照工程设计图纸或者施工技术标准施工的行为的,责令改正,处以罚款;情节严重的,责令停业整顿,降低资质等级或者吊销资质证书;造成建筑工程质量不符合规定的质量标准的,负责返工、修理,并赔偿因此造成的损失;构成犯罪的,依法追究刑事责任。

《建设工程质量管理条例》规定,施工单位在施工中偷工减料的,使用不合格的建筑材料、建筑构配件和设备的,或者有不按照工程设计图纸或者施工技术标准施工的其他行为的,责令改正,处工程合同价款2%以上4%以下的罚款;造成建设工程质量不符合规定的质量标准的,负责返工、修理,并赔偿因此造成的损失;情节严重的,责令停业整顿,降低资质等级或者吊销资质证书。

3. 检验检测违法行为应承担的法律责任

《建设工程质量管理条例》规定,施工单位未对建筑材料、建筑构配件、设备和商品混凝土进行检验,或者未对涉及结构安全的试块、试件以及有关材料取样检测的,责令改正,处10万元以上20万元以下的罚款;情节严重的,责令停业整顿,降低资质等级或者吊销资质证书;造成损失的,依法承担赔偿责任。

4. 构成犯罪的追究刑事责任

《建设工程质量管理条例》规定,建设单位、设计单位、施工单位、工程监理单位违反国家规定,降低工程质量标准,造成重大安全事故,构成犯罪的,对直接责任人员依法追究刑事责任。

建设、勘察、设计、施工、工程监理单位的工作人员因调动工作、退休等原因离开该单位后,被发现在该单位工作期间违反国家有关建设工程质量管理规定,造成重大工程质量事故的,仍应当依法追究法律责任。

《刑法》第137条规定,建设单位、设计单位、施工单位、工程监理单位违反国家规定,降低工程质量标准,造成重大安全事故的,对直接责任人员处5年以下有期徒刑或者拘役,并处罚金;后果特别严重的,处5年以上10年以下有期徒刑,并处罚金。

8.6.3 勘察、设计单位法律责任

《建筑法》规定,建筑设计单位不按照建筑工程质量、安全标准进行设计的,责令改正,处以罚款;造成工程质量事故的,责令停业整顿,降低资质等级或者吊销资质证书,没收违法所得,并处罚款;造成损失的,承担赔偿责任;构成犯罪的,依法追究刑事责任。

《建设工程质量管理条例》规定,有下列行为之一的,责令改正,处10万元以上30万元以下的罚款:

(1) 勘察单位未按照工程建设强制性标准进行勘察的;
(2) 设计单位未根据勘察成果文件进行工程设计的;
(3) 设计单位指定建筑材料、建筑构配件的生产厂、供应商的;
(4) 设计单位未按照工程建设强制性标准进行设计的。

有以上所列行为,造成工程质量事故的,责令停业整顿,降低资质等级;情节严重的,吊

销资质证书,造成损失的,依法承担赔偿责任。

8.6.4 工程监理单位法律责任

《建筑法》规定,工程监理单位与建设单位或者建筑施工企业串通,弄虚作假、降低工程质量的,责令改正,处以罚款,降低资质等级或者吊销资质证书;有违法所得的,予以没收;造成损失的,承担连带赔偿责任;构成犯罪的,依法追究刑事责任。

《建设工程质量管理条例》规定,工程监理单位有下列行为之一的,责令改正,处50万元以上100万元以下的罚款,降低资质等级或者吊销资质证书;有违法所得的,予以没收;造成损失的,承担连带赔偿责任:

(1) 与建设单位或者施工单位串通、弄虚作假、降低工程质量的;
(2) 将不合格的建设工程、建筑材料、建筑构配件和设备按照合格签字的。

【案例 8-3】

承包商甲通过招标投标获得了某单位家属楼工程,后经发包单位同意,承包商甲将该家属楼的附属工程分包给杨某负责的工程队,并签订了分包合同。1年后,工程按期完成。但是,经工程质量监督机构检查发现,该家属楼附属工程存在严重的质量问题。发包单位便要求承包商甲承担责任。承包商甲却称该附属工程系经发包单位同意后分包给杨某负责的工程队,所以与己无关。发包单位又找到分包人杨某,杨某亦以种种理由拒绝承担工程的质量责任。发包单位遂将承包商甲和分包人杨某告上法庭。

【案例分析】

根据《建筑法》《建设工程质量管理条例》的规定,总承包单位应当对承包工程的质量负责,分包单位应当就分包工程的质量向总承包单位负责。总承包单位与分包单位对分包工程的质量承担连带责任。因此,承包商甲应该对该家属楼附属工程的质量负责。

分包人杨某分包的该家属楼附属工程完工后,经检验发现存在严重的质量问题。根据《建设工程质量管理条例》应当负责返修。发包人有权要求杨某的工程队或承包商甲对该家属楼附属工程履行返修的义务。如果是承包商甲进行返修,在返修后有权向杨某的工程队进行追偿。此外,如果因为返修而造成逾期交付的,承包商甲与杨某的工程队还应当向发包人承担违约的连带责任。

对本案中杨某的工程队,还应当查其有无相应的资质证书,如无,则应依据《建筑法》等定为违法分包,由政府主管部门依法作出处罚。

【案例 8-4】

某施工单位承接了一栋办公楼的施工任务。在进行二层楼面板施工时,施工单位在楼面钢筋、模板分项工程完工并自检后,准备报请监理方进行钢筋隐蔽工程验收。由于其楼面板钢筋中有一种用量较少(约100 kg)的钢筋复检结果尚未出来,监理方的隐蔽验收便未通过。由于建设单位要求赶工期,在建设单位和监理方同意的情况下,施工单位浇筑了混凝土,进行了钢筋隐蔽。事后,建设工程质量监督机构要求施工单位破除楼面,进行钢筋隐蔽验收。监理单位也提出同样的要求。与此同时,待检的少量钢筋复检结果显示钢筋质量不合格。显然,该钢筋隐蔽工程存在质量问题。后经设计验算,提出用碳纤维进行楼面加固,造成直接经济损失约 80 万元。为此,有关方对损失的费用由谁承担发生了争议。

根据本案背景,试分析:

(1) 施工单位有何过错?

(2) 用碳纤维进行楼面加固的费用应由谁承担?

【案例分析】

(1)《建设工程质量管理条例》第 30 条规定:"施工单位必须建立、健全施工质量的检验制度,严格工序管理,作好隐蔽工程的质量检查和记录。隐蔽工程在隐蔽前,施工单位应当通知建设单位和建设工程质量监督机构。"显然,对于隐蔽工程,施工单位必须做好检查、检验和记录,并应当及时作出隐蔽通知。本案中,有一种钢筋复检结果尚未出来,应当还处于自检阶段,不具备隐蔽通知的条件。虽然,施工单位准备报请监理方进行钢筋隐蔽工程验收,但是钢筋复检结果未出来。监理方的隐蔽验收也就未通过。因为建设单位提出赶工要求,施工单位在建设单位和监理同意的情况下,浇筑了混凝土,进行了钢筋隐蔽。这就违反了《建设工程质量管理条例》的规定,绕开了建设工程质量监督机构的监督,所以施工单位是有严重过错的。

(2) 用碳纤维进行楼面加固是对钢筋隐蔽工程有质量问题的补救措施,应该由责任者承担加固的费用。具体而言,施工单位没有按照规定坚持原则,在建设单位和监理单位同意的情况下就进行了钢筋隐蔽,所以应该承担主要责任。建设单位敦促赶工并和监理单位同意施工单位违规操作,也有一定的过错,也应当承担一定的责任。具体费用的负担,应当按照责任的大小分别来承担。

【本章小结】

本章主要对建设工程质量管理概念及特性、建设各方质量管理的主要责任和义务、建设工程质量验收制度、建设工程质量保修制度及建筑各方违反质量管理应承担的法律责任等内容进行了阐述。

建设单位应当自工程竣工验收合格之日起 15 日内,依照本办法规定,向工程所在地的县级以上地方人民政府建设主管部门备案。

建设单位收到建设工程竣工报告后,应当组织设计、施工、工程监理等有关单位进行竣工验收。

建设工程发生质量事故后,有关单位应当在 24 小时内向当地建设行政主管部门和其他有关部门报告。

【习题】

一、单项选择题

1. 根据《建设工程质量管理条例》规定,下列要求不属于建设单位质量责任与义务的是( )。

A. 建设单位应当依法对工程建设项目的勘察、设计、施工、监理以及工程建设有关的重要设备、材料等的采购进行招标

B. 涉及建筑主体和承重结构变动的装修工程，建设单位可以提供相应的设计方案

C. 建设单位须向有关的勘察、设计、施工、工程监理等单位提供与建设工程有关的原始资料

D. 建设单位应按照国家有关规定组织竣工验收，建设工程验收合格的，方可交付使用

2. 建设单位应当在工程竣工验收合格后的（　　）内到县级以上人民政府建设主管部门或其他有关部门备案。

A. 7天　　　　　B. 15天　　　　　C. 45天　　　　　D. 60天

3. 施工人员对涉及结构安全的试块、试件及有关材料，应在（　　）监督下现场取样，并送具有相应资质等级的质量检测单位进行检测。

A. 监督机构　　　　　　　　　B. 工程监理企业或建设单位

C. 工程监理企业或上级主管部门　　D. 施工管理人员

4. 某工程项目，发、承包施工合同中约定防水工程保修期为3年，工程竣工移交使用后第4年发生防水渗漏，则施工单位（　　）。

A. 无须承担保修责任　　　　　B. 须承担保修责任

C. 发包人支付费用后予以维修　　D. 维修事宜另行协商

5. 建设工程承包单位在向建设单位提交竣工验收报告时，应当向建设单位出具（　　）。

A. 质量保证书　　B. 咨询评估书　　C. 使用说明书　　D. 质量保修书

6. 关于工程监理企业的质量责任和义务不正确的是（　　）。

A. 在资质等级许可的范围内承揽工程监理任务，可以像施工单位一样，将部分工程分包出去

B. 不得与施工承包单位以及建筑材料、建筑构配件和设备供应单位有隶属关系

C. 代表建设单位对施工质量实施监理

D. 对施工质量承担监理责任

7. 根据《建设工程质量管理条例》，下列选项中（　　）不符合施工单位质量责任和义务的规定。

A. 施工单位应当在其资质等级许可的范围内承揽工程

B. 施工单位不得转包工程

C. 施工单位不得分包工程

D. 总承包单位与分包单位对分包工程的质量承担连带责任

8. 根据《建设工程质量管理条例》，（　　）应按照国家有关规定组织竣工验收，建设工程验收合格的，方可交付使用。

A. 建设单位　　B. 施工单位　　C. 监理单位　　D. 设计单位

9. 某工程已完成设计图纸和合同规定的施工任务，现欲组织竣工验收，按照《建设工程质量管理条例》规定的工程竣工验收必备条件，不包括的是（　　）。

A. 完整的技术档案和施工管理资料

B. 工程使用的主要建筑材料、建筑构配件和设备的进场试验报告

C. 勘察、设计、施工、监理等单位共同签署的质量合格文件
D. 施工单位签署的工程保修书

10. 建设工程发生质量事故后,有关单位应当在( )小时内向当地建设行政主管部门和其他有关部门报告。
   A. 8   B. 12   C. 24   D. 48

11. 某工程分为Ⅰ、Ⅱ、Ⅲ号单体建筑,Ⅰ号建筑竣工后未经验收发包人提前使用。整个工程一并验收时,发现Ⅰ号建筑存在质量缺陷。下列说法错误的是( )。
   A. 发包人可以主张整体工程质量不合格
   B. 施工单位应在合理使用寿命内对地基基础和主体结构负责
   C. 合理使用寿命为设计文件规定的合理年限
   D. 发包人的行为视为对Ⅰ号楼质量认可

12. 隐蔽工程进行前,施工单位应通知( )。
   A. 建设单位和监理单位   B. 建设单位和建设工程质量监督机构
   C. 建委和监理   D. 建委和建设单位

13. 根据《建设工程质量管理条例》,建设单位最迟应当在( )之前办理工程质量监督手续。
   A. 竣工验收   B. 签订施工合同
   C. 进场开工   D. 领取施工许可证或开工报告

14. 建设工程的保修期,自( )起计算。
   A. 工程竣工   B. 竣工验收合格之日
   C. 投入使用   D. 合同约定

15. 某房屋的主体结构因设计原因出现质量缺陷,则下列关于该房屋质量保修事宜的说法,错误的是( )。
   A. 施工单位仅负责保修,并有权对由此发生的保修费用向建设单位索赔
   B. 设计单位应当承担此笔保修费用
   C. 施工单位接到保修通知后,应在保修书约定的时间内予以保修
   D. 施工单位不仅要负责保修,还要承担保修费用

16. 建筑工程质量的缺陷责任期从实际通过竣(交)工验收之日起计。如果由于发包人原因导致工程无法按规定期限进行竣(交)工验收的,在承包人提交竣(交)工验收报告( )天后,工程自动进入缺陷责任期。
   A. 30   B. 90   C. 120   D. 150

二、多项选择题

1. 根据《建设工程质量管理条例》,( )是建设单位办理工程竣工验收备案应提交的材料。
   A. 工程竣工验收备案表   B. 工程竣工验收报告
   C. 施工单位签署的工程质量保修书 D. 住宅质量保证书
   E. 住宅使用说明书

2. 根据《建设工程质量管理条例》,下列选项中( )符合勘察、设计单位质量责任和义务的规定。

A. 勘察、设计单位应当依法取得相应资质等级的证书,并在其资质等级许可范围内承揽工程

B. 勘察、设计单位必须按照工程建设强制性标准进行勘察、设计

C. 注册执业人员应当在设计文件上签字,对设计文件负责

D. 任何情况下设计单位均不得指定生产厂、供应商

E. 设计单位应当根据勘察成果文件进行建设工程设计

3. 根据《建设工程质量管理条例》,下列选项中(　　)符合工程监理单位质量责任和义务的规定。

A. 工程监理单位应当依法取得相应资质等级的证书,并在其资质等级许可的范围内承担工程监理业务

B. 工程监理单位不得转让工程监理业务

C. 工程监理单位代表建设单位对施工质量实施监理

D. 工程监理单位代表施工单位对施工质量实施监理

E. 未经监理工程师签字,建设单位不得拨付工程款,不得进行竣工验收

4. 根据《建设工程质量管理条例》,下列选项中(　　)符合建设单位质量责任和义务的规定。

A. 建设单位应当将工程发包给具有相应资质等级的单位

B. 建设单位不得将工程肢解发包

C. 建设单位不得对承包单位的建设活动进行干预

D. 施工图设计文件未经审查批准的,建设单位不得使用

E. 建设单位应按照国家有关规定组织竣工验收,经过验收程序即可交付使用

5. 根据《建设工程质量管理条例》,下列选项中(　　)符合施工单位质量责任和义务的规定。

A. 施工单位应当依法取得相应资质等级的证书,并在其资质等级许可的范围内承揽工程

B. 施工单位不得转包或分包工程

C. 总承包单位与分包单位对分包工程的质量承担连带责任

D. 施工单位必须按照工程设计图纸和施工技术标准施工

E. 无论任何原因,建设工程在保修范围和保修期限内发生质量问题,施工单位都应当履行保修义务,并对造成的损失承担赔偿责任

6. 下述行为中应由建设单位承担相应行政责任的有(　　)。

A. 暗示设计单位违反工程建设强制性标准,降低工程质量

B. 任意压缩合理工期

C. 迫使承包方低于成本价竞标

D. 施工图未经报审就用于工程施工

E. 未对钢筋和商品混凝土进行检验

7. 下列建设工程项目,必须实施工程监理的是(　　)。

A. 某住宅小区建筑工程　　　　　B. 世界银行贷款建设的卫生设施

C. 合资开发的生物制药产业园区　　D. 合资建设的城市污水处理厂

E. 南水北调工程
8. 施工单位在现场取样时,应在( )的见证下进行。
   A. 政府质量监督人员
   B. 施工单位项目技术负责人
   C. 材料供应商技术负责人
   D. 监理工程师
   E. 建设单位代表
9. 某住宅楼工程设计合理使用年限为50年。以下是该工程施工单位和建设单位签订的《工程质量保修书》关于工程保修期的条款,其中符合《建设工程质量管理条例》规定合法有效的是( )。
   A. 地基基础和主体结构工程为50年
   B. 屋面防水工程、卫生间防水为8年
   C. 电气管线、给水排水管道为2年
   D. 供热与供冷系统为2年
   E. 装饰装修工程为1年
10. 按照《建设工程质量保证金管理办法》中关于工程建设缺陷责任期的规定,下列说法中正确的是( )。
    A. 缺陷责任期一般为6个月、12个月或24个月
    B. 缺陷责任期从工程通过竣(交)工验收之日起计
    C. 承包人导致竣工迟延的,缺陷责任期从实际通过竣工验收之日起计
    D. 发包人导致竣工迟延的,在承包人提交竣工验收报告后进入缺陷责任期
    E. 发包人导致竣工迟延的,在承包人提交竣工验收报告后60天,自动进入缺陷责任期
11. 下列不属于施工单位承担工程质量保修责任情形的是( )。
    A. 施工单位采购的材料质量不合格造成墙面脱落
    B. 住户装修过程中破坏防水层造成渗漏
    C. 地震造成墙体裂缝
    D. 建设单位采购材料不合格
    E. 设计承载力不足造成柱体弯曲
12. 发、承包双方需要在质量保修书中明确的是( )。
    A. 保修范围
    B. 保修人员
    C. 保修金的预留和返还
    D. 保修期限
    E. 保修责任

三、案例分析

【案例1】 某化工厂在同一厂区建设第二个大型厂房时,为了节省投资,决定不做勘察,便将4年前为第一个大型厂房做的勘察成果提供给设计院作为设计依据,让其设计新厂房。设计院不同意。但是,在该化工厂的一再坚持下最终设计院妥协,答应使用该勘察成果。厂房建成后使用一年多就发现其北墙墙体多处开裂。该化工厂一纸诉状将施工单位告上法庭,请求判定施工单位承担工程质量责任。

问题:
1. 本案中的质量责任应当由谁承担?
2. 工程中设计方是否有过错,违反了什么规定?

【案例2】 某建筑公司与某学校签订一教学楼施工合同,明确施工单位要保质保量保工期地完成学校的教学楼施工任务。工程竣工后,承包方向学校提交了竣工报告。学校为了

不影响学生上课,还没组织验收就直接投入了使用。使用过程中,校方发现了教学楼存在的质量问题,要求施工单位修理。施工单位认为工程未经验收,学校提前使用出现质量问题,施工单位不应再承担责任。

问题:应如何具体地分析该工程质量问题的责任及责任的承担方式,为什么?

扫码看答案

第 9 章　建设工程其他相关法律制度

【教学目标】

能 力 目 标	知 识 目 标
1. 能对环境保护法相关案例进行分析； 2. 能利用相关法律知识维护自身权利。	1. 了解环境保护法概念、作用； 2. 掌握环境保护"三同时"制度； 3. 了解噪声污染、水污染、大气污染防治相关规定； 4. 了解节约能源法律制度。

【学习要点】

1. 环境保护法概念、作用；
2. 环境保护"三同时"制度；
3. 环境影响评价制度；
4. 噪声污染、水污染、大气污染防治相关规定；
5. 建筑节能的监督管理体制。

【引例】

某建筑胶水生产厂家在生产期间将未处理的工业废水排入当地一条主要河流，严重污染了该河流，导致水质大大下降，从而使下游农民的生活用水和农业用水发生困难，并造成大量农作物死亡。该县环保局检测后发现，建筑胶水生产厂排放的废水各项指标均超过该省《水污染物排放标准》最高允许的排放浓度，但未超过国家排放标准。

环保局遂作出处理决定，责令建筑胶水生产厂赔偿受害农民损失人民币若干元。建筑胶水生产厂认为自己排污并未超过国家标准，不服环保局的决定，进而以环保局为被告，向人民法院提起诉讼，要求撤销县环保局所作的决定。

请思考：

1. 建筑胶水生产厂的理由是否成立？为什么？
2. 建筑胶水生产厂能否以环保局为被告，提起请求撤销县环保局处理决定的诉讼？为什么？

9.1　环境保护法律制度

1989 年 12 月 26 日第七届全国人民代表大会常务委员会第十一次会议通过了《中华人

民共和国环境保护法》（以下简称《环境保护法》）。《环境保护法》共 6 章，包括总则、环境监督管理、保护和改善环境、防治环境污染和其他公害，法律责任和附则。其适用范围包括大气、水、海洋、土地、矿藏、森林、草原、野生生物、自然遗迹、人文遗迹、自然保护区、风景名胜区、城市和乡村等。该法规定应防治的污染和其他公害有废气、废水、废渣、粉尘、恶臭气体、放射性物质以及噪声、振动、电磁波辐射等。

2003 年 11 月颁布的《建设工程安全生产管理条例》规定，施工单位应当遵守有关环境保护法律、法规的规定，在施工现场采取措施，防止或者减少粉尘、废气、废水、固体废物、噪声、振动和施工照明对人和环境的危害和污染。

《中华人民共和国环境保护法》

2011 年 4 月修改后公布的《中华人民共和国建筑法》规定，建筑施工企业应当遵守有关环境保护和安全生产的法律、法规的规定，采取控制和处理施工现场的各种粉尘、废气、废水、固体废物以及噪声、振动对环境的污染和危害的措施。

2014 年 4 月 24 日，第十二届全国人大常委会第八次会议表决通过了《环境保护法》，新法已经于 2015 年 1 月 1 日施行。至此，这部中国环境领域的"基本法"，完成了 25 年来的首次修订。这也让环保法律与时俱进，开始服务于公众对依法建设"美丽中国"的期待。环境保护法是为了协调人类与环境的关系，保护人民健康，保障经济社会的持续发展。

9.1.1 环境保护法概述

1. 环境保护法的概念

环境保护法是指调整因保护和改善环境，合理利用自然资源，防治污染和其他公害而产生的社会关系的法律规范的总称。它是国家、政府部门根据发展经济、保护人民身体健康与财产安全，保护和改善环境需要而制定的一系列法律法规和规章等。

2. 环境保护法的特点

（1）综合性。

环境保护法保护的对象相当广泛，包括自然环境要素、人为环境要素和整个地球的生物圈；法律关系主体不仅包括一般法律主体的公民、法人及其他组织，也包括国家乃至全人类，甚至包括尚未出生的后代人。环境保护法调整的范围广泛，涉及的社会关系复杂，运用的手段多样，决定了其所采取的法律措施的综合性。它不仅可以适用诸如宪法、行政法、刑法等公法予以解决，也可以适用民商法等私法予以救济，甚至还可以适用国际法予以调整，不但包括上述部门法的实体法规范，也包括程序法规范。

（2）技术性。

由于环境保护法不仅协调人与人的关系，也协调人与自然的关系，因此环境保护法必须与环境科学技术相结合，必须体现自然规律特别是生态科学规律的要求，这些要求往往通过一系列技术规范、环境标准、操作规程等形式体现出来。环境保护法的立法中经常大量直接对技术名词和术语赋予法律定义，并将环境技术规范作为环境法律法规的附件，使其具有法律效力。这些大量的环境技术法律规范使环境保护法具有了较强的技术性。

3. 环境保护法的作用

环境保护，是人类为了保护其赖以生存的环境，合理开发利用自然资源，防治污染和其他公害，保障人体健康而进行的有目的、有意识的活动。

（1）为环境保护工作提供法制保障。

环境保护是我国的一项基本国策,关系到每一个人的切身利益,影响到子孙后代。把环保工作建立在法制基础上,利用法律对国家机关、企事业单位以及公民的行为加以规范,明确其权利和义务,在法律的保护、约束下使其达到环境保护的目标和要求。

(2) 为全体公民和企事业单位维护自己的环境权益提供法律武器。

每一位公民都有在清洁、安静的环境中生活的权利,都有维护自己生命安全和健康的权利,也有保护自己财产不受污染破坏损害的权利。每一个企事业单位也有在适宜环境条件下进行正常生产经营的权利和保护自己财产不受环境损害的权利。为维护合法的环境权益,同一切破坏和损害环境的行为作斗争,环保法提供了锐利的武器。

(3) 为国家执行环境监督管理职能提供法律依据。

国家在环境保护方面的一项最重要的职能是对环境的监督管理。而环境监督管理必须依法执行。

(4) 是维护我国环境权益的重要工具。

环境污染,往往是无国界甚至是全球性的,这就涉及国家间的环境权益。为防止国外污染向国内转嫁,我国环境保护法作出了相应规定,如"禁止引进不符合我国环境保护规定的技术和设备"。

(5) 可以促进全体公民提高环保意识和环境法制观念。

环境保护法的施行,为全体公民规范了行为准则和权利、义务。以法律规定来判别行为的是非,从而提高人们自觉保护环境的责任感和依法办事的良好法制观念。

4. 环境保护法的基本原则

(1) 经济建设与环境保护协调发展的原则。

该原则是指经济建设和环境保护必须同步规划、同步实施、同步发展,实现经济与环境的协调发展,从而保障经济、社会的可持续发展。

(2) 预防为主、防治结合、综合治理的原则。

确立这样的原则,是由环境污染与危害的特性决定的:环境污染一旦发生,一般在短期内难以消除,不少环境要素遭到破坏后,要恢复正常极为困难,有的甚至是不可恢复的,所以要以预防为主;环境受污染和破坏后,治理和恢复的代价很高;要将环境污染控制在最小的程度,光着眼于对新污染的"防"尚不够,还要对已有的污染与破坏采取综合性的措施进行积极治理。

(3) 全面规划、合理布局的原则。

控制环境污染与破坏,必须从全局和整体上加以考虑,治理的首要办法是"全面规划,合理布局"。很多环境污染问题,是由于缺乏整体规划、布局不合理造成的,布局一旦错了,铸成了事实,要想纠正就很不容易。

(4) 谁污染谁治理、谁开发谁保护的原则。

谁污染谁治理、谁开发谁保护的原则,充分体现了生产者、经营者、开发者法律上的权利与义务的一致性。实行这样的原则,有利于推动污染者治理污染,有利于筹措污染治理资金,有利于保护资源的合理开采和永续利用。

(5) 政府对环境质量负责的原则。

《宪法》第26条规定:"国家保护和改善生活环境和生态环境,防治污染和其他公害。"《环境保护法》第16条明确规定:"地方各级人民政府,应当对本辖区的环境质量负责,采取措施改善环境质量。"

(6) 依靠群众保护环境的原则。

环境质量的好坏,关系到所有人的生活和健康。保护环境是公民基本权利的一部分,也是人人应尽的义务。要搞好环境保护工作,光靠政府和政府的环保部门的人力和精力是远远不够的,必须广泛发动群众,将保护环境变成人民自觉的行动。

9.1.2 环境保护基本法律制度

环境保护基本法律制度包括环境规划制度、清洁生产制度、环境影响评价制度、环境保护"三同时"制度、排污收费制度、环境保护许可制度和环境标准制度。本节主要介绍与建设工程联系紧密的环境影响评价制度、环境保护"三同时"制度。

《中华人民共和国环境影响评价法》

1. 环境影响评价制度

环境影响评价制度是指对环境可能造成影响的工程建设项目进行事先调查、预测和评价,提出预防或者减轻不良环境影响的对策和措施,进行跟踪监测的方法与制度。

1) 建设项目环境影响评价的分类管理

建设单位应当按照下列规定组织编制环境影响报告书、环境影响报告表或者填报环境影响登记表(以下统称环境影响评价文件)。

(1) 可能造成重大环境影响的,应当编制环境影响报告书,对产生的环境影响进行全面评价。

【知识拓展】

> 根据《环境影响评价法》第17条的规定,环境影响报告书应当包括下列内容:
> ①建设项目概况;
> ②建设项目周围环境现状;
> ③建设项目对环境可能造成影响的分析、预测和评估;
> ④建设项目环境保护措施及其技术、经济论证;
> ⑤建设项目对环境影响的经济损益分析;
> ⑥对建设项目环境监测的建议;
> ⑦环境影响评价的结论。
> 涉及水土保持的建设项目,还必须有经由水行政主管部门审查同意的水土保持方案。

(2) 可能造成轻度环境影响的,应当编制环境影响报告表,对产生的环境影响进行分析或者专项评价。

(3) 对环境影响很小、不需要进行环境影响评价的,应当填报环境影响登记表。

2) 建设项目环境影响评价文件的审批管理

根据《环境影响评价法》的规定,建设项目的环境影响评价文件,由建设单位按照国务院的规定报有审批权的环境保护行政主管部门审批;建设项目有行业主管部门的,其环境影响报告书或者环境影响报告表应当经行业主管部门预审后,报有审批权的环境保护行政主管部门审批。

审批部门应当自收到环境影响报告书之日起60日内,收到环境影响报告表之日起30日内,收到环境影响登记表之日起15日内,分别作出审批决定并书面通知建设单位。

建设项目的环境影响评价文件经批准后，建设项目的性质、规模、地点、采用的生产工艺或者防治污染、防止生态破坏的措施发生重大变动的，建设单位应当重新报批建设项目的环境影响评价文件。建设项目的环境影响评价文件自批准之日起超过5年，方决定该开工建设的，其环境影响评价文件应当报原审批部门重新审核。

3）环境影响的后评价和跟踪管理

在项目建设、运行过程中产生不符合经审批的环境影响评价文件的情形的，建设单位应当组织环境影响的后评价，采取改进措施，并报原环境影响评价文件审批部门和建设项目审批部门备案；原环境影响评价文件审批部门也可以责令建设单位进行环境影响的后评价，采取改进措施。

环境保护行政主管部门应当对建设项目投入生产或者使用后所产生的环境影响进行跟踪检查，对造成严重环境污染或者生态破坏的，应当查清原因、查明责任。

2. 环境保护"三同时"制度

"三同时"制度，是指建设项目需要配置的环境保护设施必须与主体工程同时设计、同时施工、同时投产使用的环境法律制度。

1）"三同时"制度的适用范围

中华人民共和国领域和中华人民共和国管辖的其他海域对环境有影响的建设项目需要配置环境保护设施的，必须适用"三同时"制度。

2）"三同时"制度的实施程序

（1）设计阶段。

建设项目的初步设计，应当按照环境保护设计规范的要求，编制环境保护篇章，并依据经批准的建设项目环境影响报告书或者环境影响报告表，在环境保护篇章中落实防治环境污染和生态破坏的措施以及环境保护设施投资概算。

（2）试生产阶段。

建设项目的主体工程完工后，需要进行试生产，其配套建设的环境保护设施必须与主体工程同时投入试运行，建设项目试生产期间，建设单位应当对环境保护设施运行情况和建设项目对环境的影响进行监测。

（3）竣工验收和投产使用阶段。

建设项目竣工后，建设单位应当向审批该建设项目环境影响报告书、环境影响报告表或者环境影响登记表的环境保护行政主管部门，申请该建设项目需要配套建设的环境保护设施竣工验收。环境保护设施竣工验收，应当与主体工程竣工验收同时进行。分期建设、分期投入生产或者使用的建设项目，其相应的环境保护设施应当分期验收。

建设项目需要配套建设的环境保护设施经验收合格，该建设项目方可投入生产或者使用。

9.1.3 噪声污染防治

《中华人民共和国环境噪声污染防治法》（以下简称《环境噪声污染防治法》）已由中华人民共和国第八届全国人民代表大会常务委员会第二十二次会议于1996年10月29日通过，自1997年3月1日起施行。

2018年12月29日，第十三届全国人民代表大会常务委员会第七次会议通过对《中华人民共和国环境噪声污染防治法》作出修改。

该法所称建筑施工噪声,是指在建筑施工过程中产生的干扰周围生活环境的声音。该法律对建设工程项目中噪声污染的可能情况进行了如下规定。

(1) 新建、改建、扩建的建设项目,必须遵守国家有关建设项目环境保护管理的规定。

《中华人民共和国环境噪声污染防治法》

建设项目可能产生环境噪声污染的,建设单位必须做出环境影响报告书,规定环境噪声污染的防治措施,并按照国家规定的程序报环境保护行政主管部门批准。

环境影响报告书中,应当有该建设项目所在地单位和居民的意见。

(2) 建设项目的环境噪声污染防治设施必须与主体工程同时设计、同时施工、同时投产使用。

建设项目在投入生产或者使用之前,其环境噪声污染防治设施必须经原审批环境影响报告书的环境保护行政主管部门验收;达不到国家规定要求的,该建设项目不得投入生产或者使用。

(3)《中华人民共和国环境噪声污染防治法》第15条规定:产生环境噪声污染的企业事业单位,必须保持防治环境噪声污染的设施的正常使用;拆除或者闲置环境噪声污染防治设施的,必须事先报经所在地的县级以上地方人民政府生态环境主管部门批准。

(4)《中华人民共和国环境噪声污染防治法》第16条规定:产生环境噪声污染的单位,应当采取措施进行治理,并按照国家规定缴纳超标准排污费。

征收的超标准排污费必须用于污染的防治,不得挪作他用。

(5)《中华人民共和国环境噪声污染防治法》第17条规定:对于在噪声敏感建筑物集中区域内造成严重环境噪声污染的企业事业单位,限期治理。

被限期治理的单位必须按期完成治理任务。限期治理由县级以上人民政府按照国务院规定的权限决定。

对小型企业事业单位的限期治理,可以由县级以上人民政府在国务院规定的权限内授权其生态环境主管部门决定。

9.1.4 水污染防治

《中华人民共和国水污染防治法》(以下简称《水污染防治法》)是为了保护和改善环境,防治水污染,保护水生态,保障饮用水安全,维护公众健康,推进生态文明建设,促进经济社会可持续发展而制定的法律。

《中华人民共和国水污染防治法》

该法于1984年5月11日在第六届全国人民代表大会常务委员会第五次会议上通过。之后该法经过三次修改,情况分别如下。

(1) 根据1996年5月15日第八届全国人民代表大会常务委员会第十九次会议《关于修改〈中华人民共和国水污染防治法〉的决定》修正。

(2) 2008年2月28日第十届全国人民代表大会常务委员会第三十二次会议修订通过,自2008年6月1日起施行。

(3)《全国人民代表大会常务委员会关于修改〈中华人民共和国水污染防治法〉的决定》由中华人民共和国第十二届全国人民代表大会常务委员会第二十八次会议于2017年6月27日通过,自2018年1月1日起施行。

《水污染防治法》第 19 条规定:"新建、改建、扩建直接或者间接向水体排放污染物的建设项目和其他水上设施,应当依法进行环境影响评价。建设单位在江河、湖泊新建、改建、扩建排污口的,应当取得水行政主管部门或者流域管理机构同意;涉及通航、渔业水域的,环境保护主管部门在审批环境影响评价文件时,应当征求交通、渔业主管部门的意见。建设项目的水污染防治设施,应当与主体工程同时设计、同时施工、同时投入使用。水污染防治设施应当符合经批准或者备案的环境影响评价文件的要求。"

《水污染防治法》第 38 条规定:"禁止在江河、湖泊、运河、渠道、水库最高水位线以下的滩地和岸坡堆放、存贮固体废弃物和其他污染物。"

《水污染防治法》第 65 条规定:"禁止在饮用水水源一级保护区内新建、改建、扩建与供水设施和保护水源无关的建设项目;已建成的与供水设施和保护水源无关的建设项目,由县级以上人民政府责令拆除或者关闭。"

《水污染防治法》第 66 条规定:"禁止在饮用水水源二级保护区内新建、改建、扩建排放污染物的建设项目;已建成的排放污染物的建设项目,由县级以上人民政府责令拆除或者关闭。"

《水污染防治法》第 67 条规定:"禁止在饮用水水源准保护区内新建、扩建对水体污染严重的建设项目;改建建设项目,不得增加排污量。"

9.1.5 大气污染防治

《中华人民共和国大气污染防治法》(以下简称《大气污染防治法》)是为保护和改善环境,防治大气污染,保障公众健康,推进生态文明建设,促进经济社会可持续发展而制定。由全国人民代表大会常务委员会于 1987 年 9 月 5 日发布,自 1988 年 6 月 1 日起实施。此后该法经过四次修改。最近两次修改情况如下。

《中华人民共和国大气污染防治法》

《大气污染防治法》由中华人民共和国第十二届全国人民代表大会常务委员会第十六次会议于 2015 年 8 月 29 日修订通过并公布,自 2016 年 1 月 1 日起施行;2018 年 10 月 26 日第十三届全国人民代表大会常务会员会第六次会议《关于修改〈中华人民共和国野生动物保护法〉等十五部法律的决定》,并于 2018 年 10 月 26 日起实施。

该法律条文中与建设工程有关的条款如下。

《大气污染防治法》第 68 条规定:地方各级人民政府应当加强对建设施工和运输的管理,保持道路清洁,控制料堆和渣土堆放,扩大绿地、水面、湿地和地面铺装面积,防治扬尘污染。住房城乡建设、市容环境卫生、交通运输、国土资源等有关部门,应当根据本级人民政府确定的职责,做好扬尘污染防治工作。

《大气污染防治法》第 69 条规定:建设单位应当将防治扬尘污染的费用列入工程造价,并在施工承包合同中明确施工单位扬尘污染防治责任。施工单位应当制定具体的施工扬尘污染防治实施方案。从事房屋建筑、市政基础设施建设、河道整治以及建筑物拆除等施工单位,应当向负责监督管理扬尘污染防治的主管部门备案。施工单位应当在施工工地设置硬质围挡,并采取覆盖、分段作业、择时施工、洒水抑尘、冲洗地面和车辆等有效防尘降尘措施。建筑土方、工程渣土、建筑垃圾应当及时清运;在场地内堆存的,应当采用密闭式防尘网遮盖。工程渣土、建筑垃圾应当进行资源化处理。施工单位应当在施工工地公示扬尘污染防治措施、负责人、扬尘监督管理主管部门等信息。暂时不能开工的建设用地,建设单位应当对裸露地面进行覆盖;超过三个月的,应当进行绿化、铺装或者遮盖。

《大气污染防治法》第70条规定:运输煤炭、垃圾、渣土、砂石、土方、灰浆等散装、流体物料的车辆应当采取密闭或者其他措施防止物料遗撒造成扬尘污染,并按照规定路线行驶。装卸物料应当采取密闭或者喷淋等方式防治扬尘污染。

9.1.6 固体废物污染防治

《中华人民共和国固体废物污染环境防治法》(以下简称《固体废物污染环境防治法》)是为了防治固体废物污染环境,保障人体健康,维护生态安全,促进经济社会可持续发展而制定的法律。

《中华人民共和国固体废物污染环境防治法》

1995年10月30日第八届全国人民代表大会常务委员会第十六次会议通过,1995年10月30日中华人民共和国主席令第58号公布,自1996年4月1日施行。

2004年12月29日第十届全国人民代表大会常务委员会第十三次会议第一次修订。

根据2013年6月29日第十二届全国人民代表大会常务委员会第三次会议《关于修改〈中华人民共和国文物保护法〉等十二部法律的决定》第一次修正。

根据2015年4月24日第十二届全国人民代表大会常务委员会第十四次会议《关于修改〈中华人民共和国港口法〉等七部法律的决定》第二次修正。

根据2016年11月7日第十二届全国人民代表大会常务委员会第二十四次会议《关于修改〈中华人民共和国对外贸易法〉等十二部法律的决定》第三次修正。

2020年4月29日第十三届全国人民代表大会常务委员会第十七次会议第二次修订。

《固体废物污染环境防治法》法律条文中与建设工程有关的条款如下。

第17条规定:"建设产生、贮存、利用、处置固体废物的项目,应当依法进行环境影响评价,并遵守国家有关建设项目环境保护管理的规定。"

第18条规定:"建设项目的环境影响评价文件确定需要配套建设的固体废物污染环境防治设施,应当与主体工程同时设计、同时施工、同时投入使用。建设项目的初步设计,应当按照环境保护设计规范的要求,将固体废物污染环境防治内容纳入环境影响评价文件,落实防治固体废物污染环境和破坏生态的措施以及固体废物污染环境防治设施投资概算。建设单位应当依照有关法律法规的规定,对配套建设的固体废物污染环境防治设施进行验收,编制验收报告,并向社会公开。"

第19条规定:"收集、贮存、运输、利用、处置固体废物的单位和其他生产经营者,应当加强对相关设施、设备和场所的管理和维护,保证其正常运行和使用。"

第20条规定:"产生、收集、贮存、运输、利用、处置固体废物的单位和其他生产经营者,应当采取防扬散、防流失、防渗漏或者其他防止污染环境的措施,不得擅自倾倒、堆放、丢弃、遗撒固体废物。禁止任何单位或者个人向江河、湖泊、运河、渠道、水库及其最高水位线以下的滩地和岸坡以及法律法规规定的其他地点倾倒、堆放、贮存固体废物。"

第21条规定:"在生态保护红线区域、永久基本农田集中区域和其他需要特别保护的区域内,禁止建设工业固体废物、危险废物集中贮存、利用、处置的设施、场所和生活垃圾填埋场。"

第22条规定:"转移固体废物出省、自治区、直辖市行政区域贮存、处置的,应当向固体废物移出地的省、自治区、直辖市人民政府生态环境主管部门提出申请。移出地的省、自治区、直辖市人民政府生态环境主管部门应当及时商经接受地的省、自治区、直辖市人民政府生态环境主管部门同意后,在规定期限内批准转移该固体废物出省、自治区、直辖市行政区域。未经批准的,不得转移。转移固体废物出省、自治区、直辖市行政区域利用的,应当报固体废物移出地的省、自治区、直辖市人民政府生态环境主管部门备案。移出地的省、自治区、直辖市人民政府生态环境主管部门应当将备案信息通报接受地的省、自治区、直辖市人民政府生态环境主管部门。"

第 35 条规定:"县级以上地方人民政府应当制定工业固体废物污染环境防治工作规划,组织建设工业固体废物集中处置等设施,推动工业固体废物污染环境防治工作。"

第 40 条规定:"建设工业固体废物贮存、处置的设施、场所,应当符合国家环境保护标准。"

第 53 条规定:"从事城市新区开发、旧区改建和住宅小区开发建设、村镇建设的单位,以及机场、码头、车站、公园、商场、体育场馆等公共设施、场所的经营管理单位,应当按照国家有关环境卫生的规定,配套建设生活垃圾收集设施。"

第 55 条规定:"建设生活垃圾处理设施、场所,应当符合国务院生态环境主管部门和国务院住房城乡建设主管部门规定的环境保护和环境卫生标准。"

第 60 条规定:"县级以上地方人民政府应当加强建筑垃圾污染环境的防治,建立建筑垃圾分类处理制度。县级以上地方人民政府应当制定包括源头减量、分类处理、消纳设施和场所布局及建设等在内的建筑垃圾污染环境防治工作规划。"

第 61 条规定:"国家鼓励采用先进技术、工艺、设备和管理措施,推进建筑垃圾源头减量,建立建筑垃圾回收利用体系。县级以上地方人民政府应当推动建筑垃圾综合利用产品应用。"

第 62 条规定:"县级以上地方人民政府环境卫生主管部门负责建筑垃圾污染环境防治工作,建立建筑垃圾全过程管理制度,规范建筑垃圾产生、收集、贮存、运输、利用、处置行为,推进综合利用,加强建筑垃圾处置设施、场所建设,保障处置安全,防止污染环境。"

第 63 条规定:"工程施工单位应当编制建筑垃圾处理方案,采取污染防治措施,并报县级以上地方人民政府环境卫生主管部门备案。工程施工单位应当及时清运工程施工过程中产生的建筑垃圾等固体废物,并按照环境卫生主管部门的规定进行利用或者处置。工程施工单位不得擅自倾倒、抛撒或者堆放工程施工过程中产生的建筑垃圾。"

9.2 节约能源法律制度

宣传片——能源节约利用

《中华人民共和国节约能源法》

为了推进全社会节约能源,提高能源利用效率,保护和改善环境,促进经济社会全面协调可持续发展,满足人民生活的需要,我国于 1997 年 11 月 1 日第八届全国人民代表大会常务委员会第二十八次会议通过了《中华人民共和国节约能源法》(以下简称《节约能源法》),之后该法经过三次修改,情况如下。2007 年 10 月 28 日第十届全国人民代表大会常务委员会第三十次会议通过修订,根据 2016 年 7 月 2 日第十二届全国人民代表大会常务委员会第二十一次会议《关于修改〈中华人民共和国节约能源法〉等六部法律的决定》第一次修正,根据 2018 年 10 月 26 日第十三届全国人民代表大会常务委员会第六次会议《关于修改〈中华人民共和国野生动物保护法〉等十五部法律的决定》第二次修正。

2006 年施行的《民用建筑节能管理规定》和 2008 年施行的《民用建筑节能条例》与《节约

能源法》一起构成了关于节能的法律体系。

9.2.1 节约能源法概述

1. 节约能源的概念

能源,是指煤炭、石油、天然气、生物质能和电力、热力以及其他直接或者通过加工、转换而取得有用能的各种资源。

节约能源(以下简称节能),是指加强用能管理,采取技术上可行、经济上合理以及环境和社会可以承受的措施,从能源生产到消费的各个环节,降低消耗、减少损失和污染物排放、制止浪费,有效、合理地利用能源。

节约资源是我国的基本国策。国家实施节约与开发并举、把节约放在首位的能源发展战略。

2. 节能管理制度

1)节能目标责任制和节能考核评价制度

《节约能源法》规定,国家实行节能目标责任制和节能考核评价制度,将节能目标完成情况作为对地方人民政府及其负责人考核评价的内容。

省、自治区、直辖市人民政府每年向国务院报告节能目标责任的履行情况。

2)固定资产投资项目节能评估和审查制度

《节约能源法》规定,国家实行固定资产投资项目节能评估和审查制度。不符合强制性节能标准的项目,依法负责项目审批或者核准的机关不得批准或者核准建设;建设单位不得开工建设;已经建成的,不得投入生产、使用。

3)落后高耗能产品、设备和生产工艺淘汰制度

《节约能源法》规定,国家对落后的耗能过高的用能产品、设备和生产工艺实行淘汰制度。禁止生产、进口、销售国家明令淘汰或者不符合强制性能源效率标准的用能产品、设备;禁止使用国家明令淘汰的用能设备、生产工艺。

4)能效标识管理制度

《节约能源法》规定,国家对家用电器等使用面广、耗能量大的用能产品,实行能源效率标识管理。生产者和进口商应当对其标注的能源效率标识及相关信息的准确性负责。禁止销售应当标注而未标注能源效率标识的产品。禁止伪造、冒用能源效率标识或者利用能源效率标识进行虚假宣传。

5)能源统计制度

《节约能源法》规定,县级以上各级人民政府统计部门应当会同同级有关部门,建立健全能源统计制度,完善能源统计指标体系,改进和规范能源统计方法,确保能源统计数据真实、完整。国务院统计部门会同国务院管理节能工作的部门,定期向社会公布各省、自治区、直辖市以及主要耗能行业的能源消费和节能情况等信息。

9.2.2 建筑节能

《节约能源法》第 35 条明确规定,建筑工程的建设、设计、施工和监理单位应当遵守建筑节能标准。不符合建筑节能标准的建筑工程,建设主管部门不得批准开工建设;已经开工建设的,应当责令停止施工、限期改正;已经建成的,不得销售或者使用。

1. 建筑节能的监督管理体制

国务院建设主管部门负责全国建筑节能的监督管理工作。县级以上地方各级人民政府建设主管部门负责本行政区域内建筑节能的监督管理工作。县级以上地方各级人民政府建设主管部门会同同级管理节能工作的部门编制本行政区域内的建筑节能规划。建筑节能规划应当包括既有建筑节能改造计划。建设主管部门应当加强对在建建筑工程执行建筑节能标准情况的监督检查。

2. 各参建单位的节能责任

1）建设单位

建设单位应当按照节能政策要求和节能标准委托工程项目的设计。建设单位不得以任何理由要求设计单位、施工单位擅自修改经审查合格的节能设计文件，降低节能标准。

2）设计单位

设计单位应当依据节能标准的要求进行设计，保证节能设计质量。

3）施工图设计文件审查机构

施工图设计文件审查机构在进行审查时，应当审查节能设计的内容，在审查报告中单列节能审查章节；不符合节能强制性标准的，施工图设计文件审查结论应当定为不合格。

4）监理单位

监理单位应当依照法律、法规以及节能标准、节能设计文件、建设工程承包合同及监理合同对节能工程建设实施监理。

5）施工单位

施工单位应当按照审查合格的设计文件和节能施工标准的要求进行施工，保证工程施工质量。

3. 各参建单位违反《民用建筑节能条例》的法律责任

为了加强民用建筑节能管理，降低民用建筑使用过程中的能源消耗，提高能源利用效率，国务院令第530号公布了自2008年10月1日起施行的《民用建筑节能条例》。该条例对各参建单位违反本条例的法律责任作出了明确的规定。

1）建设单位的法律责任

建设单位有下列行为之一的，由县级以上地方人民政府建设主管部门责令改正，处20万元以上50万元以下的罚款：

①明示或者暗示设计单位、施工单位违反民用建筑节能强制性标准进行设计、施工的；

②明示或者暗示施工单位使用不符合施工图设计文件要求的墙体材料、保温材料、门窗、采暖制冷系统和照明设备的；

③采购不符合施工图设计文件要求的墙体材料、保温材料、门窗、采暖制冷系统和照明设备的；

④使用列入禁止使用目录的技术、工艺、材料和设备的。

建设单位对不符合民用建筑节能强制性标准的民用建筑项目出具竣工验收合格报告的，由县级以上地方人民政府建设主管部门责令改正，处民用建筑项目合同价款2%以上4%以下的罚款；造成损失的，依法承担赔偿责任。

2）设计单位的法律责任

设计单位未按照民用建筑节能强制性标准进行设计，或者使用列入禁止使用目录的技术、工艺、材料和设备的,由县级以上地方人民政府建设主管部门责令改正,处 10 万元以上 30 万元以下的罚款;情节严重的,由颁发资质证书的部门责令停业整顿,降低资质等级或者吊销资质证书;造成损失的,依法承担赔偿责任。

3) 施工单位的法律责任

施工单位未按照民用建筑节能强制性标准进行施工的,由县级以上地方人民政府建设主管部门责令改正,处民用建筑项目合同价款 2% 以上 4% 以下的罚款;情节严重的,由颁发资质证书的部门责令停业整顿,降低资质等级或者吊销资质证书;造成损失的,依法承担赔偿责任。

施工单位有下列行为之一的,由县级以上地方人民政府建设主管部门责令改正,处 10 万元以上 20 万元以下的罚款;情节严重的,由颁发资质证书的部门责令停业整顿,降低资质等级或者吊销资质证书;造成损失的,依法承担赔偿责任:

①未对进入施工现场的墙体材料、保温材料、门窗、采暖制冷系统和照明设备进行查验的;

②使用不符合施工图设计文件要求的墙体材料、保温材料、门窗、采暖制冷系统和照明设备的;

③使用列入禁止使用目录的技术、工艺、材料和设备的。

4) 监理单位的法律责任

工程监理单位有下列行为之一的,由县级以上地方人民政府建设主管部门责令限期改正;逾期未改正的,处 10 万元以上 30 万元以下的罚款;情节严重的,由颁发资质证书的部门责令停业整顿,降低资质等级或者吊销资质证书;造成损失的,依法承担赔偿责任:

①未按照民用建筑节能强制性标准实施监理的;

②墙体、屋面的保温工程施工时,未采取旁站、巡视和平行检验等形式实施监理的。

【知识拓展】

> 注册执业人员违反《民用建筑节能条例》的法律责任
>
> 注册执业人员未执行民用建筑节能强制性标准的,由县级以上人民政府建设主管部门责令停止执业 3 个月以上 1 年以下;情节严重的,由颁发资格证书的部门吊销执业资格证书,5 年内不予注册。

【案例 9-1】

2018 年 6 月 23 日,上访人王珍诉称:她家从 2001 年春开始成立天玉养鸡场,至 2017 年 10 年间一直越办越好。由初期年收入两千多元发展到年收入 15 万元。2017 年下半年某市第三建筑工程公司在紧靠她家鸡舍不到 3 米远的地方新建了一座预制板厂,该厂搅拌机、振捣器、汽车、吊车、推土机等各种机械设备整天轰鸣震响,混凝土搅料水浸入住宅墙基,致使正在孵化的 1800 只小鸡被全部震死,已经孵出的 2400 只小鸡也相继死掉,正在下崽的母猪像疯了一样闹圈,也不得不处理掉。

从 2017 年 8 月起至 2018 年 6 月止,直接损失了 20 多万元。家中房屋被震动和水浸造成下沉,出现裂缝,大人小孩白天黑夜不能很好休息,身心健康受到严重损伤,丈夫李天玉住院半年,全家人已无法正常生活。为此,王珍来环保部门申诉,要求被访单位赔偿养鸡、房屋损失 40 万元,停止侵害,协助恢复养鸡场。

市环保局查明,第三建筑工程公司预制板厂从筹建、投产到扩建未履行环保"三同时"审批手续,违反了《××省建设项目环境保护管理办法》的"三同时"规定。

依据以上事实,根据《中华人民共和国环境保护法》第 36 条、第 41 条,市环保局于 2018 年 9 月 20 日依法对被访单位以环发〔2018〕第 34 号文件作出了《关于对三建公司预制板厂违反环境保护法规处罚的决定》,具体内容为:

(1) 责令预制板厂从接到决定之日起立即停止扰民生产,消除危害,并按相关规定履行审批手续,没有批件不准生产。

(2) 对预制板厂罚款 15 万元,限期 15 日内缴纳给市环保局。

(3) 由被访单位按上访人要求的 70%赔偿损失。

【案例分析】

本案是一起典型的违反"三同时"制度引起的侵权赔偿案。在本案中,第三建筑工程公司预制板厂从筹建、投产到扩建均未履行环保"三同时"审批手续,违反了环境保护的"三同时"制度。根据《环境保护法》,在一定区域内进行开发活动之前,对实施该活动可能给环境质量造成的影响进行调查、预测和评定,并对此作出分析、处理意见和对策。对一切可能对环境造成污染和破坏的工程建设项目,其环境保护设施必须与主体工程同时设计、同时施工、同时投产。

【本章小结】

本章主要对建设工程其他相关法律制度,即环境保护法律制度和节约能源法律制度进行详细的阐述。

环境保护法律制度主要介绍了环境保护法概念、特点、作用、原则和环境保护法基本法律制度(包括环境影响评价制度和环境保护"三同时"制度)、水污染防治、大气污染防治及噪声污染防治的相关规定。

"三同时"制度,是指建设项目需要配置的环境保护设施必须与主体工程同时设计、同时施工、同时投产使用的环境保护法律制度。

【习题】

一、单项选择题

1. 环境影响评价,是指对规划和建设项目实施后可能造成的环境影响进行(   ),提出预防或者减轻不良环境影响的对策和措施,进行跟踪检测的方法与制度。

  A. 分类、监测和评估   B. 分析、预测和评审
  C. 分析、预测和评估   D. 分析、监测和估价

2. 可能造成(   )环境影响的,应当编制环境影响(   ),对产生的环境影响进行分析或专项评价。

  A. 重大,报告书 B. 较大,报告表 C. 轻度,报告表 D. 轻度,登记表

3. 直接体现预防为主原则的环境法基本制度是(   )。

  A. 排污收费制度 B. 限期治理制度 C. "三同时"制度 D. 环境事故报告制度

4. 根据环境质量影响评价制度,大中型开发建设项目必须编制(　　)。
   A. 环境影响报告书　　　　　　　B. 环境影响报告表
   C. 环境保护方案　　　　　　　　D. 环境污染防治方案

5. 征收排污费的对象包括(　　)。
   A. 一切开发建设项目　　　　　　B. 一切对环境有影响的开发建设项目
   C. 一切排放污染物的企事业单位　D. 一切超标排污的企事业单位

6. 防止环境污染和其他公害主要针对的是(　　)。
   A. 大气污染　　　　　　　　　　B. 水污染
   C. 自然界中的灾害性事故　　　　D. 人类活动对环境造成的污染与损害

7. 下列不属于水污染防治特殊制度的是(　　)。
   A. 总量控制与核定制度　　　　　B. 城市污水集中处理制度
   C. 划定生活饮用水水源保护制度　D. "三同时"制度

8. 建设项目防治污染的设施,必须与主体工程同时设计、同时施工、同时投产使用。防治污染的设施必须经(　　)验收合格后,该建设项目方可投入生产或者使用。
   A. 环境保护行政主管部门
   B. 国家环境保护行政主管部门
   C. 审批环境影响报告书的环境保护行政主管部门
   D. 原审批环境影响报告书的环境保护行政主管部门

9. 施工图设计文件审查机构在进行审查时发现节能设计的内容不符合(　　)的,施工图设计文件审查结论应当定为不合格。
   A. 建筑节能标准　　　　　　　　B. 建筑节能国际标准
   C. 建筑节能强制性标准　　　　　D. 建筑节能推荐性标准

10. 甲建筑公司是一家施工总承包企业,2020年1月承揽了某住宅小区的施工任务。在施工过程中,甲建筑公司并没有按照审查合格的设计文件和建筑节能标准进行施工。2020年7月,该项目却轻松通过了建设单位的验收。后来经群众举报,此事件在有关部门的检查下被曝光。对于此次事件,不应当承担法律责任的是(　　)。
   A. 建设单位　　　　　　　　　　B. 施工总承包单位
   C. 设计单位　　　　　　　　　　D. 监理单位

二、多项选择题

1. 按照《环境噪声污染防治法》规定,建设工程环境污染防治设施必须与主体工程(　　)。
   A. 同时报批　　　　　　　　　　B. 同时设计
   C. 同时施工　　　　　　　　　　D. 同时投产使用
   E. 同时竣工验收

2. 根据施工现场固体废物的减量化和回收再利用的要求,施工单位应采取的有效措施包括(　　)。
   A. 生活垃圾袋装化　　　　　　　B. 建筑垃圾分类化
   C. 建筑垃圾及时清运　　　　　　D. 设置封闭式垃圾容器
   E. 建筑垃圾集中化

3. 既有建筑节能改造,是指对不符合民用建筑节能强制性标准的既有建筑( )等实施节能改造的活动。

A. 围护结构 B. 保温结构
C. 采暖制冷系统 D. 照明设备
E. 供水系统

4. 按照《节约能源法》《循环经济促进法》的规定,主要的节能激励措施有( )。

A. 信贷支持 B. 表彰奖励
C. 价格政策 D. 税收优惠
E. 要加强日常监管,严格执法检查

三、简答题

1. 简述我国环境保护监督管理体制。
2. 简述固体废物污染防治的法律原则。

四、案例题

某市机器厂(甲)家属楼与棉纺厂(乙)纺织车间仅一墙之隔。纺织车间2020年4月新上一生产线,扩大生产规模。鼓风机日夜运作,致使楼房的居民无法入睡,严重影响其正常生活秩序和身心健康。甲厂职工多次反映,要求环保部门予以处理。2020年9月,市环境监测总站经调查、监测证实,该纺织车间厂界噪声为74.2分贝,所处区域为D类混合区。为此市环保局向乙厂下达书面通知,要求缴纳超标排污费,但乙厂置之不理。2020年11月,市环保局对乙厂作出行政处罚:(1)征收噪声超标排污费25000元;(2)追缴滞纳金1500元;(3)罚款5000元。乙厂不服,提出几点理由:(1)乙厂污染源所在地建在先,甲厂住宅楼建在后,责任在甲厂选址不当;(2)主要污染源鼓风机系国家定点厂家生产,低噪声符合排放标准,出现高噪声应属厂家产品质量问题。

问题:

1. 你认为乙厂的理由成立吗?为什么?依据环境法,请具体分析说明乙厂有无违法行为。
2. 环保部门的处理是否正确?为什么?
3. 如果你是甲厂的代理人,你将如何维护自身的合法权益,解决该案的问题?

扫码看答案

附录一　中华人民共和国建筑法（2019 修正）

（1997 年 11 月 1 日第八届全国人民代表大会常务委员会第二十八次会议通过　根据 2011 年 4 月 22 日第十一届全国人民代表大会常务委员会第二十次会议《关于修改〈中华人民共和国建筑法〉的决定》第一次修正　根据 2019 年 4 月 23 日第十三届全国人民代表大会常务委员会第十次会议《关于修改〈中华人民共和国建筑法〉等八部法律的决定》第二次修正）

第一章　总　　则

第一条　为了加强对建筑活动的监督管理，维护建筑市场秩序，保证建筑工程的质量和安全，促进建筑业健康发展，制定本法。

第二条　在中华人民共和国境内从事建筑活动，实施对建筑活动的监督管理，应当遵守本法。

本法所称建筑活动，是指各类房屋建筑及其附属设施的建造和与其配套的线路、管道、设备的安装活动。

第三条　建筑活动应当确保建筑工程质量和安全，符合国家的建筑工程安全标准。

第四条　国家扶持建筑业的发展，支持建筑科学技术研究，提高房屋建筑设计水平，鼓励节约能源和保护环境，提倡采用先进技术、先进设备、先进工艺、新型建筑材料和现代管理方式。

第五条　从事建筑活动应当遵守法律、法规，不得损害社会公共利益和他人的合法权益。

任何单位和个人都不得妨碍和阻挠依法进行的建筑活动。

第六条　国务院建设行政主管部门对全国的建筑活动实施统一监督管理。

第二章　建筑许可

第一节　建筑工程施工许可

第七条　建筑工程开工前，建设单位应当按照国家有关规定向工程所在地县级以上人民政府建设行政主管部门申请领取施工许可证；但是，国务院建设行政主管部门确定的限额以下的小型工程除外。

按照国务院规定的权限和程序批准开工报告的建筑工程，不再领取施工许可证。

第八条　申请领取施工许可证，应当具备下列条件：

（一）已经办理该建筑工程用地批准手续；

（二）依法应当办理建设工程规划许可证的,已经取得建设工程规划许可证；
（三）需要拆迁的,其拆迁进度符合施工要求；
（四）已经确定建筑施工企业；
（五）有满足施工需要的资金安排、施工图纸及技术资料；
（六）有保证工程质量和安全的具体措施。

建设行政主管部门应当自收到申请之日起七日内,对符合条件的申请颁发施工许可证。

第九条　建设单位应当自领取施工许可证之日起三个月内开工。因故不能按期开工的,应当向发证机关申请延期；延期以两次为限,每次不超过三个月。既不开工又不申请延期或者超过延期时限的,施工许可证自行废止。

第十条　在建的建筑工程因故中止施工的,建设单位应当自中止施工之日起一个月内,向发证机关报告,并按照规定做好建筑工程的维护管理工作。

建筑工程恢复施工时,应当向发证机关报告；中止施工满一年的工程恢复施工前,建设单位应当报发证机关核验施工许可证。

第十一条　按照国务院有关规定批准开工报告的建筑工程,因故不能按期开工或者中止施工的,应当及时向批准机关报告情况。因故不能按期开工超过六个月的,应当重新办理开工报告的批准手续。

第二节　从业资格

第十二条　从事建筑活动的建筑施工企业、勘察单位、设计单位和工程监理单位,应当具备下列条件：
（一）有符合国家规定的注册资本；
（二）有与其从事的建筑活动相适应的具有法定执业资格的专业技术人员；
（三）有从事相关建筑活动所应有的技术装备；
（四）法律、行政法规规定的其他条件。

第十三条　从事建筑活动的建筑施工企业、勘察单位、设计单位和工程监理单位,按照其拥有的注册资本、专业技术人员、技术装备和已完成的建筑工程业绩等资质条件,划分为不同的资质等级,经资质审查合格,取得相应等级的资质证书后,方可在其资质等级许可的范围内从事建筑活动。

第十四条　从事建筑活动的专业技术人员,应当依法取得相应的执业资格证书,并在执业资格证书许可的范围内从事建筑活动。

第三章　建筑工程发包与承包

第一节　一般规定

第十五条　建筑工程的发包单位与承包单位应当依法订立书面合同,明确双方的权利和义务。

发包单位和承包单位应当全面履行合同约定的义务。不按照合同约定履行义务的,依法承担违约责任。

第十六条　建筑工程发包与承包的招标投标活动,应当遵循公开、公正、平等竞争的原则,择优选择承包单位。

建筑工程的招标投标,本法没有规定的,适用有关招标投标法律的规定。

第十七条　发包单位及其工作人员在建筑工程发包中不得收受贿赂、回扣或者索取其他好处。

承包单位及其工作人员不得利用向发包单位及其工作人员行贿、提供回扣或者给予其他好处等不正当手段承揽工程。

第十八条　建筑工程造价应当按照国家有关规定,由发包单位与承包单位在合同中约定。公开招标发包的,其造价的约定,须遵守招标投标法律的规定。

发包单位应当按照合同的约定,及时拨付工程款项。

第二节　发　包

第十九条　建筑工程依法实行招标发包,对不适于招标发包的可以直接发包。

第二十条　建筑工程实行公开招标的,发包单位应当依照法定程序和方式,发布招标公告,提供载有招标工程的主要技术要求、主要的合同条款、评标的标准和方法以及开标、评标、定标的程序等内容的招标文件。

开标应当在招标文件规定的时间、地点公开进行。开标后应当按照招标文件规定的评标标准和程序对标书进行评价、比较,在具备相应资质条件的投标者中,择优选定中标者。

第二十一条　建筑工程招标的开标、评标、定标由建设单位依法组织实施,并接受有关行政主管部门的监督。

第二十二条　建筑工程实行招标发包的,发包单位应当将建筑工程发包给依法中标的承包单位。建筑工程实行直接发包的,发包单位应当将建筑工程发包给具有相应资质条件的承包单位。

第二十三条　政府及其所属部门不得滥用行政权力,限定发包单位将招标发包的建筑工程发包给指定的承包单位。

第二十四条　提倡对建筑工程实行总承包,禁止将建筑工程肢解发包。

建筑工程的发包单位可以将建筑工程的勘察、设计、施工、设备采购一并发包给一个工程总承包单位,也可以将建筑工程勘察、设计、施工、设备采购的一项或者多项发包给一个工程总承包单位;但是,不得将应当由一个承包单位完成的建筑工程肢解成若干部分发包给几个承包单位。

第二十五条　按照合同约定,建筑材料、建筑构配件和设备由工程承包单位采购的,发包单位不得指定承包单位购入用于工程的建筑材料、建筑构配件和设备或者指定生产厂、供应商。

第三节　承　包

第二十六条　承包建筑工程的单位应当持有依法取得的资质证书,并在其资质等级许可的业务范围内承揽工程。

禁止建筑施工企业超越本企业资质等级许可的业务范围或者以任何形式用其他建筑施工企业的名义承揽工程。禁止建筑施工企业以任何形式允许其他单位或者个人使用本企业的资质证书、营业执照，以本企业的名义承揽工程。

第二十七条　大型建筑工程或者结构复杂的建筑工程，可以由两个以上的承包单位联合共同承包。共同承包的各方对承包合同的履行承担连带责任。

两个以上不同资质等级的单位实行联合共同承包的，应当按照资质等级低的单位的业务许可范围承揽工程。

第二十八条　禁止承包单位将其承包的全部建筑工程转包给他人，禁止承包单位将其承包的全部建筑工程肢解以后以分包的名义分别转包给他人。

第二十九条　建筑工程总承包单位可以将承包工程中的部分工程发包给具有相应资质条件的分包单位；但是，除总承包合同中约定的分包外，必须经建设单位认可。施工总承包的，建筑工程主体结构的施工必须由总承包单位自行完成。

建筑工程总承包单位按照总承包合同的约定对建设单位负责；分包单位按照分包合同的约定对总承包单位负责。总承包单位和分包单位就分包工程对建设单位承担连带责任。

禁止总承包单位将工程分包给不具备相应资质条件的单位。禁止分包单位将其承包的工程再分包。

第四章　建筑工程监理

第三十条　国家推行建筑工程监理制度。

国务院可以规定实行强制监理的建筑工程的范围。

第三十一条　实行监理的建筑工程，由建设单位委托具有相应资质条件的工程监理单位监理。建设单位与其委托的工程监理单位应当订立书面委托监理合同。

第三十二条　建筑工程监理应当依照法律、行政法规及有关的技术标准、设计文件和建筑工程承包合同，对承包单位在施工质量、建设工期和建设资金使用等方面，代表建设单位实施监督。

工程监理人员认为工程施工不符合工程设计要求、施工技术标准和合同约定的，有权要求建筑施工企业改正。

工程监理人员发现工程设计不符合建筑工程质量标准或者合同约定的质量要求的，应当报告建设单位要求设计单位改正。

第三十三条　实施建筑工程监理前，建设单位应当将委托的工程监理单位、监理的内容及监理权限，书面通知被监理的建筑施工企业。

第三十四条　工程监理单位应当在其资质等级许可的监理范围内，承担工程监理业务。

工程监理单位应当根据建设单位的委托，客观、公正地执行监理任务。

工程监理单位与被监理工程的承包单位以及建筑材料、建筑构配件和设备供应单位不得有隶属关系或者其他利害关系。

工程监理单位不得转让工程监理业务。

第三十五条　工程监理单位不按照委托监理合同的约定履行监理义务，对应当监督检查的项目不检查或者不按照规定检查，给建设单位造成损失的，应当承担相应的赔偿责任。

工程监理单位与承包单位串通，为承包单位谋取非法利益，给建设单位造成损失的，应当与承包单位承担连带赔偿责任。

第五章 建筑安全生产管理

第三十六条 建筑工程安全生产管理必须坚持安全第一、预防为主的方针,建立健全安全生产的责任制度和群防群治制度。

第三十七条 建筑工程设计应当符合按照国家规定制定的建筑安全规程和技术规范,保证工程的安全性能。

第三十八条 建筑施工企业在编制施工组织设计时,应当根据建筑工程的特点制定相应的安全技术措施;对专业性较强的工程项目,应当编制专项安全施工组织设计,并采取安全技术措施。

第三十九条 建筑施工企业应当在施工现场采取维护安全、防范危险、预防火灾等措施;有条件的,应当对施工现场实行封闭管理。

施工现场对毗邻的建筑物、构筑物和特殊作业环境可能造成损害的,建筑施工企业应当采取安全防护措施。

第四十条 建设单位应当向建筑施工企业提供与施工现场相关的地下管线资料,建筑施工企业应当采取措施加以保护。

第四十一条 建筑施工企业应当遵守有关环境保护和安全生产的法律、法规的规定,采取控制和处理施工现场的各种粉尘、废气、废水、固体废物以及噪声、振动对环境的污染和危害的措施。

第四十二条 有下列情形之一的,建设单位应当按照国家有关规定办理申请批准手续:

(一)需要临时占用规划批准范围以外场地的;

(二)可能损坏道路、管线、电力、邮电通讯等公共设施的;

(三)需要临时停水、停电、中断道路交通的;

(四)需要进行爆破作业的;

(五)法律、法规规定需要办理报批手续的其他情形。

第四十三条 建设行政主管部门负责建筑安全生产的管理,并依法接受劳动行政主管部门对建筑安全生产的指导和监督。

第四十四条 建筑施工企业必须依法加强对建筑安全生产的管理,执行安全生产责任制度,采取有效措施,防止伤亡和其他安全生产事故的发生。

建筑施工企业的法定代表人对本企业的安全生产负责。

第四十五条 施工现场安全由建筑施工企业负责。实行施工总承包的,由总承包单位负责。分包单位向总承包单位负责,服从总承包单位对施工现场的安全生产管理。

第四十六条 建筑施工企业应当建立健全劳动安全生产教育培训制度,加强对职工安全生产的教育培训;未经安全生产教育培训的人员,不得上岗作业。

第四十七条 建筑施工企业和作业人员在施工过程中,应当遵守有关安全生产的法律、法规和建筑行业安全规章、规程,不得违章指挥或者违章作业。作业人员有权对影响人身健康的作业程序和作业条件提出改进意见,有权获得安全生产所需的防护用品。作业人员对危及生命安全和人身健康的行为有权提出批评、检举和控告。

第四十八条 建筑施工企业应当依法为职工参加工伤保险缴纳工伤保险费。鼓励企业为从事危险作业的职工办理意外伤害保险,支付保险费。

第四十九条 涉及建筑主体和承重结构变动的装修工程,建设单位应当在施工前委托原设计单位或者具有相应资质条件的设计单位提出设计方案;没有设计方案的,不得施工。

第五十条 房屋拆除应当由具备保证安全条件的建筑施工单位承担,由建筑施工单位负责人对安全负责。

第五十一条 施工中发生事故时,建筑施工企业应当采取紧急措施减少人员伤亡和事故损失,并按照国家有关规定及时向有关部门报告。

第六章　建筑工程质量管理

第五十二条 建筑工程勘察、设计、施工的质量必须符合国家有关建筑工程安全标准的要求,具体管理办法由国务院规定。

有关建筑工程安全的国家标准不能适应确保建筑安全的要求时,应当及时修订。

第五十三条 国家对从事建筑活动的单位推行质量体系认证制度。从事建筑活动的单位根据自愿原则可以向国务院产品质量监督管理部门或者国务院产品质量监督管理部门授权的部门认可的认证机构申请质量体系认证。经认证合格的,由认证机构颁发质量体系认证证书。

第五十四条 建设单位不得以任何理由,要求建筑设计单位或者建筑施工企业在工程设计或者施工作业中,违反法律、行政法规和建筑工程质量、安全标准,降低工程质量。

建筑设计单位和建筑施工企业对建设单位违反前款规定提出的降低工程质量的要求,应当予以拒绝。

第五十五条 建筑工程实行总承包的,工程质量由工程总承包单位负责,总承包单位将建筑工程分包给其他单位的,应当对分包工程的质量与分包单位承担连带责任。分包单位应当接受总承包单位的质量管理。

第五十六条 建筑工程的勘察、设计单位必须对其勘察、设计的质量负责。勘察、设计文件应当符合有关法律、行政法规的规定和建筑工程质量、安全标准、建筑工程勘察、设计技术规范以及合同的约定。设计文件选用的建筑材料、建筑构配件和设备,应当注明其规格、型号、性能等技术指标,其质量要求必须符合国家规定的标准。

第五十七条 建筑设计单位对设计文件选用的建筑材料、建筑构配件和设备,不得指定生产厂、供应商。

第五十八条 建筑施工企业对工程的施工质量负责。

建筑施工企业必须按照工程设计图纸和施工技术标准施工,不得偷工减料。工程设计的修改由原设计单位负责,建筑施工企业不得擅自修改工程设计。

第五十九条 建筑施工企业必须按照工程设计要求、施工技术标准和合同的约定,对建筑材料、建筑构配件和设备进行检验,不合格的不得使用。

第六十条 建筑物在合理使用寿命内,必须确保地基基础工程和主体结构的质量。

建筑工程竣工时,屋顶、墙面不得留有渗漏、开裂等质量缺陷;对已发现的质量缺陷,建筑施工企业应当修复。

第六十一条 交付竣工验收的建筑工程,必须符合规定的建筑工程质量标准,有完整的工程技术经济资料和经签署的工程保修书,并具备国家规定的其他竣工条件。

建筑工程竣工经验收合格后,方可交付使用;未经验收或者验收不合格的,不得交付使用。

第六十二条　建筑工程实行质量保修制度。

建筑工程的保修范围应当包括地基基础工程、主体结构工程、屋面防水工程和其他土建工程,以及电气管线、上下水管线的安装工程,供热、供冷系统工程等项目;保修的期限应当按照保证建筑物合理寿命年限内正常使用,维护使用者合法权益的原则确定。具体的保修范围和最低保修期限由国务院规定。

第六十三条　任何单位和个人对建筑工程的质量事故、质量缺陷都有权向建设行政主管部门或者其他有关部门进行检举、控告、投诉。

第七章　法律责任

第六十四条　违反本法规定,未取得施工许可证或者开工报告未经批准擅自施工的,责令改正,对不符合开工条件的责令停止施工,可以处以罚款。

第六十五条　发包单位将工程发包给不具有相应资质条件的承包单位的,或者违反本法规定将建筑工程肢解发包的,责令改正,处以罚款。

超越本单位资质等级承揽工程的,责令停止违法行为,处以罚款,可以责令停业整顿,降低资质等级;情节严重的,吊销资质证书;有违法所得的,予以没收。

未取得资质证书承揽工程的,予以取缔,并处罚款;有违法所得的,予以没收。

以欺骗手段取得资质证书的,吊销资质证书,处以罚款;构成犯罪的,依法追究刑事责任。

第六十六条　建筑施工企业转让、出借资质证书或者以其他方式允许他人以本企业的名义承揽工程的,责令改正,没收违法所得,并处罚款,可以责令停业整顿,降低资质等级;情节严重的,吊销资质证书。对因该项承揽工程不符合规定的质量标准造成的损失,建筑施工企业与使用本企业名义的单位或者个人承担连带赔偿责任。

第六十七条　承包单位将承包的工程转包的,或者违反本法规定进行分包的,责令改正,没收违法所得,并处罚款,可以责令停业整顿,降低资质等级;情节严重的,吊销资质证书。

承包单位有前款规定的违法行为的,对因转包工程或者违法分包的工程不符合规定的质量标准造成的损失,与接受转包或者分包的单位承担连带赔偿责任。

第六十八条　在工程发包与承包中索贿、受贿、行贿,构成犯罪的,依法追究刑事责任;不构成犯罪的,分别处以罚款,没收贿赂的财物,对直接负责的主管人员和其他直接责任人员给予处分。

对在工程承包中行贿的承包单位,除依照前款规定处罚外,可以责令停业整顿,降低资质等级或者吊销资质证书。

第六十九条　工程监理单位与建设单位或者建筑施工企业串通,弄虚作假、降低工程质量的,责令改正,处以罚款,降低资质等级或者吊销资质证书;有违法所得的,予以没收;造成损失的,承担连带赔偿责任;构成犯罪的,依法追究刑事责任。

工程监理单位转让监理业务的,责令改正,没收违法所得,可以责令停业整顿,降低资质等级;情节严重的,吊销资质证书。

第七十条 违反本法规定,涉及建筑主体或者承重结构变动的装修工程擅自施工的,责令改正,处以罚款;造成损失的,承担赔偿责任;构成犯罪的,依法追究刑事责任。

第七十一条 建筑施工企业违反本法规定,对建筑安全事故隐患不采取措施予以消除的,责令改正,可以处以罚款;情节严重的,责令停业整顿,降低资质等级或者吊销资质证书;构成犯罪的,依法追究刑事责任。

建筑施工企业的管理人员违章指挥、强令职工冒险作业,因而发生重大伤亡事故或者造成其他严重后果的,依法追究刑事责任。

第七十二条 建设单位违反本法规定,要求建筑设计单位或者建筑施工企业违反建筑工程质量、安全标准,降低工程质量的,责令改正,可以处以罚款;构成犯罪的,依法追究刑事责任。

第七十三条 建筑设计单位不按照建筑工程质量、安全标准进行设计的,责令改正,处以罚款;造成工程质量事故的,责令停业整顿,降低资质等级或者吊销资质证书,没收违法所得,并处罚款;造成损失的,承担赔偿责任;构成犯罪的,依法追究刑事责任。

第七十四条 建筑施工企业在施工中偷工减料的,使用不合格的建筑材料、建筑构配件和设备的,或者有其他不按照工程设计图纸或者施工技术标准施工的行为的,责令改正,处以罚款;情节严重的,责令停业整顿,降低资质等级或者吊销资质证书;造成建筑工程质量不符合规定的质量标准的,负责返工、修理,并赔偿因此造成的损失;构成犯罪的,依法追究刑事责任。

第七十五条 建筑施工企业违反本法规定,不履行保修义务或者拖延履行保修义务的,责令改正,可以处以罚款,并对在保修期内因屋顶、墙面渗漏、开裂等质量缺陷造成的损失,承担赔偿责任。

第七十六条 本法规定的责令停业整顿、降低资质等级和吊销资质证书的行政处罚,由颁发资质证书的机关决定;其他行政处罚,由建设行政主管部门或者有关部门依照法律和国务院规定的职权范围决定。

依照本法规定被吊销资质证书的,由工商行政管理部门吊销其营业执照。

第七十七条 违反本法规定,对不具备相应资质等级条件的单位颁发该等级资质证书的,由其上级机关责令收回所发的资质证书,对直接负责的主管人员和其他直接责任人员给予行政处分;构成犯罪的,依法追究刑事责任。

第七十八条 政府及其所属部门的工作人员违反本法规定,限定发包单位将招标发包的工程发包给指定的承包单位的,由上级机关责令改正;构成犯罪的,依法追究刑事责任。

第七十九条 负责颁发建筑工程施工许可证的部门及其工作人员对不符合施工条件的建筑工程颁发施工许可证的,负责工程质量监督检查或者竣工验收的部门及其工作人员对不合格的建筑工程出具质量合格文件或者按合格工程验收的,由上级机关责令改止,对责任人员给予行政处分;构成犯罪的,依法追究刑事责任;造成损失的,由该部门承担相应的赔偿责任。

第八十条 在建筑物的合理使用寿命内,因建筑工程质量不合格受到损害的,有权向责任者要求赔偿。

第八章 附 则

第八十一条 本法关于施工许可、建筑施工企业资质审查和建筑工程发包、承包、禁止转包,以及建筑工程监理、建筑工程安全和质量管理的规定,适用于其他专业建筑工程的建筑活动,具体办法由国务院规定。

第八十二条 建设行政主管部门和其他有关部门在对建筑活动实施监督管理中,除按照国务院有关规定收取费用外,不得收取其他费用。

第八十三条 省、自治区、直辖市人民政府确定的小型房屋建筑工程的建筑活动,参照本法执行。

依法核定作为文物保护的纪念建筑物和古建筑等的修缮,依照文物保护的有关法律规定执行。

抢险救灾及其他临时性房屋建筑和农民自建低层住宅的建筑活动,不适用本法。

第八十四条 军用房屋建筑工程建筑活动的具体管理办法,由国务院、中央军事委员会依据本法制定。

第八十五条 本法自 1998 年 3 月 1 日起施行。

附录二　中华人民共和国民法典(2020节选)

(2020年5月28日第十三届全国人民代表大会第三次会议通过)

第一编　总则(节选)

第一章　基本规定

第一条　为了保护民事主体的合法权益,调整民事关系,维护社会和经济秩序,适应中国特色社会主义发展要求,弘扬社会主义核心价值观,根据宪法,制定本法。

第二条　民法调整平等主体的自然人、法人和非法人组织之间的人身关系和财产关系。

第三条　民事主体的人身权利、财产权利以及其他合法权益受法律保护,任何组织或者个人不得侵犯。

第四条　民事主体在民事活动中的法律地位一律平等。

第五条　民事主体从事民事活动,应当遵循自愿原则,按照自己的意思设立、变更、终止民事法律关系。

第六条　民事主体从事民事活动,应当遵循公平原则,合理确定各方的权利和义务。

第七条　民事主体从事民事活动,应当遵循诚信原则,秉持诚实,恪守承诺。

第八条　民事主体从事民事活动,不得违反法律,不得违背公序良俗。

第九条　民事主体从事民事活动,应当有利于节约资源、保护生态环境。

第十条　处理民事纠纷,应当依照法律;法律没有规定的,可以适用习惯,但是不得违背公序良俗。

第十一条　其他法律对民事关系有特别规定的,依照其规定。

第十二条　中华人民共和国领域内的民事活动,适用中华人民共和国法律。法律另有规定的,依照其规定。

第六章　民事法律行为

第一节　一般规定

第一百二十二条　民事法律行为是民事主体通过意思表示设立、变更、终止民事法律关系的行为。

第一百三十四条　民事法律行为可以基于双方或者多方的意思表示一致成立,也可以基于单方的意思表示成立。

法人、非法人组织依照法律或者章程规定的议事方式和表决程序作出决议的,该决议行为成立。

第一百三十五条　民事法律行为可以采用书面形式、口头形式或者其他形式；法律、行政法规规定或者当事人约定采用特定形式的，应当采用特定形式。

第一百三十六条　民事法律行为自成立时生效，但是法律另有规定或者当事人另有约定的除外。

行为人非依法律规定或者未经对方同意，不得擅自变更或者解除民事法律行为。

第二节　意思表示

第一百三十七条　以对话方式作出的意思表示，相对人知道其内容时生效。

以非对话方式作出的意思表示，到达相对人时生效。以非对话方式作出的采用数据电文形式的意思表示，相对人指定特定系统接收数据电文的，该数据电文进入该特定系统时生效；未指定特定系统的，相对人知道或者应当知道该数据电文进入其系统时生效。当事人对采用数据电文形式的意思表示的生效时间另有约定的，按照其约定。

第一百三十八条　无相对人的意思表示，表示完成时生效。法律另有规定的，依照其规定。

第一百三十九条　以公告方式作出的意思表示，公告发布时生效。

第一百四十条　行为人可以明示或者默示作出意思表示。

沉默只有在有法律规定、当事人约定或者符合当事人之间的交易习惯时，才可以视为意思表示。

第一百四十一条　行为人可以撤回意思表示。撤回意思表示的通知应当在意思表示到达相对人前或者与意思表示同时到达相对人。

第一百四十二条　有相对人的意思表示的解释，应当按照所使用的词句，结合相关条款、行为的性质和目的、习惯以及诚信原则，确定意思表示的含义。

无相对人的意思表示的解释，不能完全拘泥于所使用的词句，而应当结合相关条款、行为的性质和目的、习惯以及诚信原则，确定行为人的真实意思。

第三节　民事法律行为的效力

第一百四十三条　具备下列条件的民事法律行为有效：

（一）行为人具有相应的民事行为能力；

（二）意思表示真实；

（三）不违反法律、行政法规的强制性规定，不违背公序良俗。

第一百四十四条　无民事行为能力人实施的民事法律行为无效。

第一百四十五条　限制民事行为能力人实施的纯获利益的民事法律行为或者与其年龄、智力、精神健康状况相适应的民事法律行为有效；实施的其他民事法律行为经法定代理人同意或者追认后有效。

相对人可以催告法定代理人自收到通知之日起三十日内予以追认。法定代理人未作表示的，视为拒绝追认。民事法律行为被追认前，善意相对人有撤销的权利。撤销应当以通知的方式作出。

第一百四十六条　行为人与相对人以虚假的意思表示实施的民事法律行为无效。

以虚假的意思表示隐藏的民事法律行为的效力,依照有关法律规定处理。

第一百四十七条　基于重大误解实施的民事法律行为,行为人有权请求人民法院或者仲裁机构予以撤销。

第一百四十八条　一方以欺诈手段,使对方在违背真实意思的情况下实施的民事法律行为,受欺诈方有权请求人民法院或者仲裁机构予以撤销。

第一百四十九条　第三人实施欺诈行为,使一方在违背真实意思的情况下实施的民事法律行为,对方知道或者应当知道该欺诈行为的,受欺诈方有权请求人民法院或者仲裁机构予以撤销。

第一百五十条　一方或者第三人以胁迫手段,使对方在违背真实意思的情况下实施的民事法律行为,受胁迫方有权请求人民法院或者仲裁机构予以撤销。

第一百五十一条　一方利用对方处于危困状态、缺乏判断能力等情形,致使民事法律行为成立时显失公平的,受损害方有权请求人民法院或者仲裁机构予以撤销。

第一百五十二条　有下列情形之一的,撤销权消灭:

(一)当事人自知道或者应当知道撤销事由之日起一年内、重大误解的当事人自知道或者应当知道撤销事由之日起九十日内没有行使撤销权;

(二)当事人受胁迫,自胁迫行为终止之日起一年内没有行使撤销权;

(三)当事人知道撤销事由后明确表示或者以自己的行为表明放弃撤销权。

当事人自民事法律行为发生之日起五年内没有行使撤销权的,撤销权消灭。

第一百五十三条　违反法律、行政法规的强制性规定的民事法律行为无效。但是,该强制性规定不导致该民事法律行为无效的除外。

违背公序良俗的民事法律行为无效。

第一百五十四条　行为人与相对人恶意串通,损害他人合法权益的民事法律行为无效。

第一百五十五条　无效的或者被撤销的民事法律行为自始没有法律约束力。

第一百五十六条　民事法律行为部分无效,不影响其他部分效力的,其他部分仍然有效。

第一百五十七条　民事法律行为无效、被撤销或者确定不发生效力后,行为人因该行为取得的财产,应当予以返还;不能返还或者没有必要返还的,应当折价补偿。有过错的一方应当赔偿对方由此所受到的损失;各方都有过错的,应当各自承担相应的责任。法律另有规定的,依照其规定。

第四节　民事法律行为的附条件和附期限

第一百五十八条　民事法律行为可以附条件,但是根据其性质不得附条件的除外。附生效条件的民事法律行为,自条件成就时生效。附解除条件的民事法律行为,自条件成就时失效。

第一百五十九条　附条件的民事法律行为,当事人为自己的利益不正当地阻止条件成就的,视为条件已经成就;不正当地促成条件成就的,视为条件不成就。

第一百六十条　民事法律行为可以附期限,但是根据其性质不得附期限的除外。附生效期限的民事法律行为,自期限届至时生效。附终止期限的民事法律行为,自期限届满时失效。

第三编　合同（节选）

第一分编　通则

第一章　一般规定

第四百六十三条　本编调整因合同产生的民事关系。

第四百六十四条　合同是民事主体之间设立、变更、终止民事法律关系的协议。

婚姻、收养、监护等有关身份关系的协议，适用有关该身份关系的法律规定；没有规定的，可以根据其性质参照适用本编规定。

第四百六十五条　依法成立的合同，受法律保护。

依法成立的合同，仅对当事人具有法律约束力，但是法律另有规定的除外。

第四百六十六条　当事人对合同条款的理解有争议的，应当依据本法第一百四十二条第一款的规定，确定争议条款的含义。

合同文本采用两种以上文字订立并约定具有同等效力的，对各文本使用的词句推定具有相同含义。各文本使用的词句不一致的，应当根据合同的相关条款、性质、目的以及诚信原则等予以解释。

第四百六十七条　本法或者其他法律没有明文规定的合同，适用本编通则的规定，并可以参照适用本编或者其他法律最相类似合同的规定。

在中华人民共和国境内履行的中外合资经营企业合同、中外合作经营企业合同、中外合作勘探开发自然资源合同，适用中华人民共和国法律。

第四百六十八条　非因合同产生的债权债务关系，适用有关该债权债务关系的法律规定；没有规定的，适用本编通则的有关规定，但是根据其性质不能适用的除外。

第二章　合同的订立

第四百六十九条　当事人订立合同，可以采用书面形式、口头形式或者其他形式。

书面形式是合同书、信件、电报、电传、传真等可以有形地表现所载内容的形式。

以电子数据交换、电子邮件等方式能够有形地表现所载内容，并可以随时调取查用的数据电文，视为书面形式。

第四百七十条　合同的内容由当事人约定，一般包括下列条款：

（一）当事人的姓名或者名称和住所；

（二）标的；

（三）数量；

（四）质量；

（五）价款或者报酬；

（六）履行期限、地点和方式；
（七）违约责任；
（八）解决争议的方法。
当事人可以参照各类合同的示范文本订立合同。
第四百七十一条　当事人订立合同，可以采取要约、承诺方式或者其他方式。
第四百七十二条　要约是希望与他人订立合同的意思表示，该意思表示应当符合下列条件：
（一）内容具体确定；
（二）表明经受要约人承诺，要约人即受该意思表示约束。
第四百七十三条　要约邀请是希望他人向自己发出要约的表示。拍卖公告、招标公告、招股说明书、债券募集办法、基金招募说明书、商业广告和宣传、寄送的价目表等为要约邀请。
商业广告和宣传的内容符合要约条件的，构成要约。
第四百七十四条　要约生效的时间适用本法第一百三十七条的规定。
第四百七十五条　要约可以撤回。要约的撤回适用本法第一百四十一条的规定。
第四百七十六条　要约可以撤销，但是有下列情形之一的除外：
（一）要约人以确定承诺期限或者其他形式明示要约不可撤销；
（二）受要约人有理由认为要约是不可撤销的，并已经为履行合同做了合理准备工作。
第四百七十七条　撤销要约的意思表示以对话方式作出的，该意思表示的内容应当在受要约人作出承诺之前为受要约人所知道；撤销要约的意思表示以非对话方式作出的，应当在受要约人作出承诺之前到达受要约人。
第四百七十八条　有下列情形之一的，要约失效：
（一）要约被拒绝；
（二）要约被依法撤销；
（三）承诺期限届满，受要约人未作出承诺；
（四）受要约人对要约的内容作出实质性变更。
第四百七十九条　承诺是受要约人同意要约的意思表示。
第四百八十条　承诺应当以通知的方式作出；但是，根据交易习惯或者要约表明可以通过行为作出承诺的除外。
第四百八十一条　承诺应当在要约确定的期限内到达要约人。
要约没有确定承诺期限的，承诺应当依照下列规定到达：
（一）要约以对话方式作出的，应当即时作出承诺；
（二）要约以非对话方式作出的，承诺应当在合理期限内到达。
第四百八十二条　要约以信件或者电报作出的，承诺期限自信件载明的日期或者电报交发之日开始计算。信件未载明日期的，自投寄该信件的邮戳日期开始计算。要约以电话、传真、电子邮件等快速通讯方式作出的，承诺期限自要约到达受要约人时开始计算。
第四百八十三条　承诺生效时合同成立，但是法律另有规定或者当事人另有约定的除外。
第四百八十四条　以通知方式作出的承诺，生效的时间适用本法第一百三十七条的规定。

承诺不需要通知的,根据交易习惯或者要约的要求作出承诺的行为时生效。

第四百八十五条　承诺可以撤回。承诺的撤回适用本法第一百四十一条的规定。

第四百八十六条　受要约人超过承诺期限发出承诺,或者在承诺期限内发出承诺,按照通常情形不能及时到达要约人的,为新要约;但是,要约人及时通知受要约人该承诺有效的除外。

第四百八十七条　受要约人在承诺期限内发出承诺,按照通常情形能够及时到达要约人,但是因其他原因致使承诺到达要约人时超过承诺期限的,除要约人及时通知受要约人因承诺超过期限不接受该承诺外,该承诺有效。

第四百八十八条　承诺的内容应当与要约的内容一致。受要约人对要约的内容作出实质性变更的,为新要约。有关合同标的、数量、质量、价款或者报酬、履行期限、履行地点和方式、违约责任和解决争议方法等的变更,是对要约内容的实质性变更。

第四百八十九条　承诺对要约的内容作出非实质性变更的,除要约人及时表示反对或者要约表明承诺不得对要约的内容作出任何变更外,该承诺有效,合同的内容以承诺的内容为准。

第四百九十条　当事人采用合同书形式订立合同的,自当事人均签名、盖章或者按指印时合同成立。在签名、盖章或者按指印之前,当事人一方已经履行主要义务,对方接受时,该合同成立。

法律、行政法规规定或者当事人约定合同应当采用书面形式订立,当事人未采用书面形式但是一方已经履行主要义务,对方接受时,该合同成立。

第四百九十一条　当事人采用信件、数据电文等形式订立合同要求签订确认书的,签订确认书时合同成立。

当事人一方通过互联网等信息网络发布的商品或者服务信息符合要约条件的,对方选择该商品或者服务并提交订单成功时合同成立,但是当事人另有约定的除外。

第四百九十二条　承诺生效的地点为合同成立的地点。

采用数据电文形式订立合同的,收件人的主营业地为合同成立的地点;没有主营业地的,其住所地为合同成立的地点。当事人另有约定的,按照其约定。

第四百九十三条　当事人采用合同书形式订立合同的,最后签名、盖章或者按指印的地点为合同成立的地点,但是当事人另有约定的除外。

第四百九十四条　国家根据抢险救灾、疫情防控或者其他需要下达国家订货任务、指令性任务的,有关民事主体之间应当依照有关法律、行政法规规定的权利和义务订立合同。

依照法律、行政法规的规定负有发出要约义务的当事人,应当及时发出合理的要约。

依照法律、行政法规的规定负有作出承诺义务的当事人,不得拒绝对方合理的订立合同要求。

第四百九十五条　当事人约定在将来一定期限内订立合同的认购书、订购书、预订书等,构成预约合同。

当事人一方不履行预约合同约定的订立合同义务的,对方可以请求其承担预约合同的违约责任。

第四百九十六条　格式条款是当事人为了重复使用而预先拟定,并在订立合同时未与对方协商的条款。

采用格式条款订立合同的,提供格式条款的一方应当遵循公平原则确定当事人之间的权利和义务,并采取合理的方式提示对方注意免除或者减轻其责任等与对方有重大利害关系的条款,按照对方的要求,对该条款予以说明。提供格式条款的一方未履行提示或者说明义务,致使对方没有注意或者理解与其有重大利害关系的条款的,对方可以主张该条款不成为合同的内容。

第四百九十七条　有下列情形之一的,该格式条款无效:
(一)具有本法第一编第六章第三节和本法第五百零六条规定的无效情形;
(二)提供格式条款一方不合理地免除或者减轻其责任、加重对方责任、限制对方主要权利;
(三)提供格式条款一方排除对方主要权利。

第四百九十八条　对格式条款的理解发生争议的,应当按照通常理解予以解释。对格式条款有两种以上解释的,应当作出不利于提供格式条款一方的解释。格式条款和非格式条款不一致的,应当采用非格式条款。

第四百九十九条　悬赏人以公开方式声明对完成特定行为的人支付报酬的,完成该行为的人可以请求其支付。

第五百条　当事人在订立合同过程中有下列情形之一,造成对方损失的,应当承担赔偿责任:
(一)假借订立合同,恶意进行磋商;
(二)故意隐瞒与订立合同有关的重要事实或者提供虚假情况;
(三)有其他违背诚信原则的行为。

第五百零一条　当事人在订立合同过程中知悉的商业秘密或者其他应当保密的信息,无论合同是否成立,不得泄露或者不正当地使用;泄露、不正当地使用该商业秘密或者信息,造成对方损失的,应当承担赔偿责任。

第三章　合同的效力

第五百零二条　依法成立的合同,自成立时生效,但是法律另有规定或者当事人另有约定的除外。

依照法律、行政法规的规定,合同应当办理批准等手续的,依照其规定。未办理批准等手续影响合同生效的,不影响合同中履行报批等义务条款以及相关条款的效力。应当办理申请批准等手续的当事人未履行义务的,对方可以请求其承担违反该义务的责任。

依照法律、行政法规的规定,合同的变更、转让、解除等情形应当办理批准等手续的,适用前款规定。

第五百零三条　无权代理人以被代理人的名义订立合同,被代理人已经开始履行合同义务或者接受相对人履行的,视为对合同的追认。

第五百零四条　法人的法定代表人或者非法人组织的负责人超越权限订立的合同,除相对人知道或者应当知道其超越权限外,该代表行为有效,订立的合同对法人或者非法人组织发生效力。

第五百零五条 当事人超越经营范围订立的合同的效力,应当依照本法第一编第六章第三节和本编的有关规定确定,不得仅以超越经营范围确认合同无效。

第五百零六条 合同中的下列免责条款无效:
(一)造成对方人身损害的;
(二)因故意或者重大过失造成对方财产损失的。

第五百零七条 合同不生效、无效、被撤销或者终止的,不影响合同中有关解决争议方法的条款的效力。

第五百零八条 本编对合同的效力没有规定的,适用本法第一编第六章的有关规定。

第四章 合同的履行

第五百零九条 当事人应当按照约定全面履行自己的义务。

当事人应当遵循诚信原则,根据合同的性质、目的和交易习惯履行通知、协助、保密等义务。

当事人在履行合同过程中,应当避免浪费资源、污染环境和破坏生态。

第五百一十条 合同生效后,当事人就质量、价款或者报酬、履行地点等内容没有约定或者约定不明确的,可以协议补充;不能达成补充协议的,按照合同相关条款或者交易习惯确定。

第五百一十一条 当事人就有关合同内容约定不明确,依据前条规定仍不能确定的,适用下列规定:

(一)质量要求不明确的,按照强制性国家标准履行;没有强制性国家标准的,按照推荐性国家标准履行;没有推荐性国家标准的,按照行业标准履行;没有国家标准、行业标准的,按照通常标准或者符合合同目的的特定标准履行。

(二)价款或者报酬不明确的,按照订立合同时履行地的市场价格履行;依法应当执行政府定价或者政府指导价的,依照规定履行。

(三)履行地点不明确,给付货币的,在接受货币一方所在地履行;交付不动产的,在不动产所在地履行;其他标的,在履行义务一方所在地履行。

(四)履行期限不明确的,债务人可以随时履行,债权人也可以随时请求履行,但是应当给对方必要的准备时间。

(五)履行方式不明确的,按照有利于实现合同目的的方式履行。

(六)履行费用的负担不明确的,由履行义务一方负担;因债权人原因增加的履行费用,由债权人负担。

第五百一十二条 通过互联网等信息网络订立的电子合同的标的为交付商品并采用快递物流方式交付的,收货人的签收时间为交付时间。电子合同的标的为提供服务的,生成的电子凭证或者实物凭证中载明的时间为提供服务时间;前述凭证没有载明时间或者载明时间与实际提供服务时间不一致的,以实际提供服务的时间为准。

电子合同的标的物为采用在线传输方式交付的,合同标的物进入对方当事人指定的特定系统且能够检索识别的时间为交付时间。

电子合同当事人对交付商品或者提供服务的方式、时间另有约定的,按照其约定。

第五百一十三条　执行政府定价或者政府指导价的,在合同约定的交付期限内政府价格调整时,按照交付时的价格计价。逾期交付标的物的,遇价格上涨时,按照原价格执行;价格下降时,按照新价格执行。逾期提取标的物或者逾期付款的,遇价格上涨时,按照新价格执行;价格下降时,按照原价格执行。

第五百一十四条　以支付金钱为内容的债,除法律另有规定或者当事人另有约定外,债权人可以请求债务人以实际履行地的法定货币履行。

第五百一十五条　标的有多项而债务人只需履行其中一项的,债务人享有选择权;但是,法律另有规定、当事人另有约定或者另有交易习惯的除外。

享有选择权的当事人在约定期限内或者履行期限届满未作选择,经催告后在合理期限内仍未选择的,选择权转移至对方。

第五百一十六条　当事人行使选择权应当及时通知对方,通知到达对方时,标的确定。标的确定后不得变更,但是经对方同意的除外。

可选择的标的发生不能履行情形的,享有选择权的当事人不得选择不能履行的标的,但是该不能履行的情形是由对方造成的除外。

第五百一十七条　债权人为二人以上,标的可分,按照份额各自享有债权的,为按份债权;债务人为二人以上,标的可分,按照份额各自负担债务的,为按份债务。

按份债权人或者按份债务人的份额难以确定的,视为份额相同。

第五百一十八条　债权人为二人以上,部分或者全部债权人均可以请求债务人履行债务的,为连带债权;债务人为二人以上,债权人可以请求部分或者全部债务人履行全部债务的,为连带债务。

连带债权或者连带债务,由法律规定或者当事人约定。

第五百一十九条　连带债务人之间的份额难以确定的,视为份额相同。

实际承担债务超过自己份额的连带债务人,有权就超出部分在其他连带债务人未履行的份额范围内向其追偿,并相应地享有债权人的权利,但是不得损害债权人的利益。其他连带债务人对债权人的抗辩,可以向该债务人主张。

被追偿的连带债务人不能履行其应分担份额的,其他连带债务人应当在相应范围内按比例分担。

第五百二十条　部分连带债务人履行、抵销债务或者提存标的物的,其他债务人对债权人的债务在相应范围内消灭;该债务人可以依据前条规定向其他债务人追偿。

部分连带债务人的债务被债权人免除的,在该连带债务人应当承担的份额范围内,其他债务人对债权人的债务消灭。

部分连带债务人的债务与债权人的债权同归于一人的,在扣除该债务人应当承担的份额后,债权人对其他债务人的债权继续存在。

债权人对部分连带债务人的给付受领迟延的,对其他连带债务人发生效力。

第五百二十一条　连带债权人之间的份额难以确定的,视为份额相同。

实际受领债权的连带债权人,应当按比例向其他连带债权人返还。

连带债权参照适用本章连带债务的有关规定。

第五百二十二条　当事人约定由债务人向第三人履行债务,债务人未向第三人履行债务或者履行债务不符合约定的,应当向债权人承担违约责任。

法律规定或者当事人约定第三人可以直接请求债务人向其履行债务,第三人未在合理期限内明确拒绝,债务人未向第三人履行债务或者履行债务不符合约定的,第三人可以请求债务人承担违约责任;债务人对债权人的抗辩,可以向第三人主张。

第五百二十三条　当事人约定由第三人向债权人履行债务,第三人不履行债务或者履行债务不符合约定的,债务人应当向债权人承担违约责任。

第五百二十四条　债务人不履行债务,第三人对履行该债务具有合法利益的,第三人有权向债权人代为履行;但是,根据债务性质、按照当事人约定或者依照法律规定只能由债务人履行的除外。

债权人接受第三人履行后,其对债务人的债权转让给第三人,但是债务人和第三人另有约定的除外。

第五百二十五条　当事人互负债务,没有先后履行顺序的,应当同时履行。一方在对方履行之前有权拒绝其履行请求。一方在对方履行债务不符合约定时,有权拒绝其相应的履行请求。

第五百二十六条　当事人互负债务,有先后履行顺序,应当先履行债务一方未履行的,后履行一方有权拒绝其履行请求。先履行一方履行债务不符合约定的,后履行一方有权拒绝其相应的履行请求。

第五百二十七条　应当先履行债务的当事人,有确切证据证明对方有下列情形之一的,可以中止履行:

(一)经营状况严重恶化;
(二)转移财产、抽逃资金,以逃避债务;
(三)丧失商业信誉;
(四)有丧失或者可能丧失履行债务能力的其他情形。

当事人没有确切证据中止履行的,应当承担违约责任。

第五百二十八条　当事人依据前条规定中止履行的,应当及时通知对方。对方提供适当担保的,应当恢复履行。中止履行后,对方在合理期限内未恢复履行能力且未提供适当担保的,视为以自己的行为表明不履行主要债务,中止履行的一方可以解除合同并可以请求对方承担违约责任。

第五百二十九条　债权人分立、合并或者变更住所没有通知债务人,致使履行债务发生困难的,债务人可以中止履行或者将标的物提存。

第五百三十条　债权人可以拒绝债务人提前履行债务,但是提前履行不损害债权人利益的除外。

债务人提前履行债务给债权人增加的费用,由债务人负担。

第五百三十一条　债权人可以拒绝债务人部分履行债务,但是部分履行不损害债权人利益的除外。

债务人部分履行债务给债权人增加的费用,由债务人负担。

第五百三十二条　合同生效后,当事人不得因姓名、名称的变更或者法定代表人、负责人、承办人的变动而不履行合同义务。

第五百三十三条　合同成立后,合同的基础条件发生了当事人在订立合同时无法预见的、不属于商业风险的重大变化,继续履行合同对于当事人一方明显不公平的,受不利影响的当事人可以与对方重新协商;在合理期限内协商不成的,当事人可以请求人民法院或者仲裁机构变更或者解除合同。

人民法院或者仲裁机构应当结合案件的实际情况,根据公平原则变更或者解除合同。

第五百三十四条　对当事人利用合同实施危害国家利益、社会公共利益行为的,市场监督管理和其他有关行政主管部门依照法律、行政法规的规定负责监督处理。

第五章　合同的保全

第五百三十五条　因债务人怠于行使其债权或者与该债权有关的从权利,影响债权人的到期债权实现的,债权人可以向人民法院请求以自己的名义代位行使债务人对相对人的权利,但是该权利专属于债务人自身的除外。

代位权的行使范围以债权人的到期债权为限。债权人行使代位权的必要费用,由债务人负担。

相对人对债务人的抗辩,可以向债权人主张。

第五百三十六条　债权人的债权到期前,债务人的债权或者与该债权有关的从权利存在诉讼时效期间即将届满或者未及时申报破产债权等情形,影响债权人的债权实现的,债权人可以代位向债务人的相对人请求其向债务人履行、向破产管理人申报或者作出其他必要的行为。

第五百三十七条　人民法院认定代位权成立的,由债务人的相对人向债权人履行义务,债权人接受履行后,债权人与债务人、债务人与相对人之间相应的权利义务终止。债务人对相对人的债权或者与该债权有关的从权利被采取保全、执行措施,或者债务人破产的,依照相关法律的规定处理。

第五百三十八条　债务人以放弃其债权、放弃债权担保、无偿转让财产等方式无偿处分财产权益,或者恶意延长其到期债权的履行期限,影响债权人的债权实现的,债权人可以请求人民法院撤销债务人的行为。

第五百三十九条　债务人以明显不合理的低价转让财产、以明显不合理的高价受让他人财产或者为他人的债务提供担保,影响债权人的债权实现,债务人的相对人知道或者应当知道该情形的,债权人可以请求人民法院撤销债务人的行为。

第五百四十条　撤销权的行使范围以债权人的债权为限。债权人行使撤销权的必要费用,由债务人负担。

第五百四十一条　撤销权自债权人知道或者应当知道撤销事由之日起一年内行使。自债务人的行为发生之日起五年内没有行使撤销权的,该撤销权消灭。

第五百四十二条　债务人影响债权人的债权实现的行为被撤销的,自始没有法律约束力。

第六章　合同的变更和转让

第五百四十三条　当事人协商一致,可以变更合同。

第五百四十四条　当事人对合同变更的内容约定不明确的,推定为未变更。

第五百四十五条　债权人可以将债权的全部或者部分转让给第三人,但是有下列情形之一的除外:

(一)根据债权性质不得转让;

(二)按照当事人约定不得转让;

(三)依照法律规定不得转让。

当事人约定非金钱债权不得转让的,不得对抗善意第三人。当事人约定金钱债权不得转让的,不得对抗第三人。

第五百四十六条　债权人转让债权,未通知债务人的,该转让对债务人不发生效力。

债权转让的通知不得撤销,但是经受让人同意的除外。

第五百四十七条　债权人转让债权的,受让人取得与债权有关的从权利,但是该从权利专属于债权人自身的除外。

受让人取得从权利不因该从权利未办理转移登记手续或者未转移占有而受到影响。

第五百四十八条　债务人接到债权转让通知后,债务人对让与人的抗辩,可以向受让人主张。

第五百四十九条　有下列情形之一的,债务人可以向受让人主张抵销:

(一)债务人接到债权转让通知时,债务人对让与人享有债权,且债务人的债权先于转让的债权到期或者同时到期;

(二)债务人的债权与转让的债权是基于同一合同产生。

第五百五十条　因债权转让增加的履行费用,由让与人负担。

第五百五十一条　债务人将债务的全部或者部分转移给第三人的,应当经债权人同意。

债务人或者第三人可以催告债权人在合理期限内予以同意,债权人未作表示的,视为不同意。

第五百五十二条　第三人与债务人约定加入债务并通知债权人,或者第三人向债权人表示愿意加入债务,债权人未在合理期限内明确拒绝的,债权人可以请求第三人在其愿意承担的债务范围内和债务人承担连带债务。

第五百五十三条　债务人转移债务的,新债务人可以主张原债务人对债权人的抗辩;原债务人对债权人享有债权的,新债务人不得向债权人主张抵销。

第五百五十四条　债务人转移债务的,新债务人应当承担与主债务有关的从债务,但是该从债务专属于原债务人自身的除外。

第五百五十五条　当事人一方经对方同意,可以将自己在合同中的权利和义务一并转让给第三人。

第五百五十六条　合同的权利和义务一并转让的,适用债权转让、债务转移的有关规定。

第七章　合同的权利义务终止

第五百五十七条　有下列情形之一的,债权债务终止:

(一)债务已经履行;

(二)债务相互抵销;

（三）债务人依法将标的物提存；
（四）债权人免除债务；
（五）债权债务同归于一人；
（六）法律规定或者当事人约定终止的其他情形。

合同解除的，该合同的权利义务关系终止。

第五百五十八条　债权债务终止后，当事人应当遵循诚信等原则，根据交易习惯履行通知、协助、保密、旧物回收等义务。

第五百五十九条　债权债务终止时，债权的从权利同时消灭，但是法律另有规定或者当事人另有约定的除外。

第五百六十条　债务人对同一债权人负担的数项债务种类相同，债务人的给付不足以清偿全部债务的，除当事人另有约定外，由债务人在清偿时指定其履行的债务。

债务人未作指定的，应当优先履行已经到期的债务；数项债务均到期的，优先履行对债权人缺乏担保或者担保最少的债务；均无担保或者担保相等的，优先履行债务人负担较重的债务；负担相同的，按照债务到期的先后顺序履行；到期时间相同的，按照债务比例履行。

第五百六十一条　债务人在履行主债务外还应当支付利息和实现债权的有关费用，其给付不足以清偿全部债务的，除当事人另有约定外，应当按照下列顺序履行：
（一）实现债权的有关费用；
（二）利息；
（三）主债务。

第五百六十二条　当事人协商一致，可以解除合同。

当事人可以约定一方解除合同的事由。解除合同的事由发生时，解除权人可以解除合同。

第五百六十三条　有下列情形之一的，当事人可以解除合同：
（一）因不可抗力致使不能实现合同目的；
（二）在履行期限届满前，当事人一方明确表示或者以自己的行为表明不履行主要债务；
（三）当事人一方迟延履行主要债务，经催告后在合理期限内仍未履行；
（四）当事人一方迟延履行债务或者有其他违约行为致使不能实现合同目的；
（五）法律规定的其他情形。

以持续履行的债务为内容的不定期合同，当事人可以随时解除合同，但是应当在合理期限之前通知对方。

第五百六十四条　法律规定或者当事人约定解除权行使期限，期限届满当事人不行使的，该权利消灭。

法律没有规定或者当事人没有约定解除权行使期限，自解除权人知道或者应当知道解除事由之日起一年内不行使，或者经对方催告后在合理期限内不行使的，该权利消灭。

第五百六十五条　当事人一方依法主张解除合同的，应当通知对方。合同自通知到达对方时解除；通知载明债务人在一定期限内不履行债务则合同自动解除，债务人在该期限内未履行债务的，合同自通知载明的期限届满时解除。对方对解除合同有异议的，任何一方当事人均可以请求人民法院或者仲裁机构确认解除行为的效力。

当事人一方未通知对方,直接以提起诉讼或者申请仲裁的方式依法主张解除合同,人民法院或者仲裁机构确认该主张的,合同自起诉状副本或者仲裁申请书副本送达对方时解除。

第五百六十六条 合同解除后,尚未履行的,终止履行;已经履行的,根据履行情况和合同性质,当事人可以请求恢复原状或者采取其他补救措施,并有权请求赔偿损失。

合同因违约解除的,解除权人可以请求违约方承担违约责任,但是当事人另有约定的除外。

主合同解除后,担保人对债务人应当承担的民事责任仍应当承担担保责任,但是担保合同另有约定的除外。

第五百六十七条 合同的权利义务关系终止,不影响合同中结算和清理条款的效力。

第五百六十八条 当事人互负债务,该债务的标的物种类、品质相同的,任何一方可以将自己的债务与对方的到期债务抵销;但是,根据债务性质、按照当事人约定或者依照法律规定不得抵销的除外。

当事人主张抵销的,应当通知对方。通知自到达对方时生效。抵销不得附条件或者附期限。

第五百六十九条 当事人互负债务,标的物种类、品质不相同的,经协商一致,也可以抵销。

第五百七十条 有下列情形之一,难以履行债务的,债务人可以将标的物提存:

(一)债权人无正当理由拒绝受领;

(二)债权人下落不明;

(三)债权人死亡未确定继承人、遗产管理人,或者丧失民事行为能力未确定监护人;

(四)法律规定的其他情形。

标的物不适于提存或者提存费用过高的,债务人依法可以拍卖或者变卖标的物,提存所得的价款。

第五百七十一条 债务人将标的物或者将标的物依法拍卖、变卖所得价款交付提存部门时,提存成立。

提存成立的,视为债务人在其提存范围内已经交付标的物。

第五百七十二条 标的物提存后,债务人应当及时通知债权人或者债权人的继承人、遗产管理人、监护人、财产代管人。

第五百七十三条 标的物提存后,毁损、灭失的风险由债权人承担。提存期间,标的物的孳息归债权人所有。提存费用由债权人负担。

第五百七十四条 债权人可以随时领取提存物。但是,债权人对债务人负有到期债务的,在债权人未履行债务或者提供担保之前,提存部门根据债务人的要求应当拒绝其领取提存物。

债权人领取提存物的权利,自提存之日起五年内不行使而消灭,提存物扣除提存费用后归国家所有。但是,债权人未履行对债务人的到期债务,或者债权人向提存部门书面表示放弃领取提存物权利的,债务人负担提存费用后有权取回提存物。

第五百七十五条 债权人免除债务人部分或者全部债务的,债权债务部分或者全部终止,但是债务人在合理期限内拒绝的除外。

第五百七十六条 债权和债务同归于一人的,债权债务终止,但是损害第三人利益的除外。

第八章　违约责任

第五百七十七条　当事人一方不履行合同义务或者履行合同义务不符合约定的，应当承担继续履行、采取补救措施或者赔偿损失等违约责任。

第五百七十八条　当事人一方明确表示或者以自己的行为表明不履行合同义务的，对方可以在履行期限届满前请求其承担违约责任。

第五百七十九条　当事人一方未支付价款、报酬、租金、利息，或者不履行其他金钱债务的，对方可以请求其支付。

第五百八十条　当事人一方不履行非金钱债务或者履行非金钱债务不符合约定的，对方可以请求履行，但是有下列情形之一的除外：

（一）法律上或者事实上不能履行；
（二）债务的标的不适于强制履行或者履行费用过高；
（三）债权人在合理期限内未请求履行。

有前款规定的除外情形之一，致使不能实现合同目的的，人民法院或者仲裁机构可以根据当事人的请求终止合同权利义务关系，但是不影响违约责任的承担。

第五百八十一条　当事人一方不履行债务或者履行债务不符合约定，根据债务的性质不得强制履行的，对方可以请求其负担由第三人替代履行的费用。

第五百八十二条　履行不符合约定的，应当按照当事人的约定承担违约责任。对违约责任没有约定或者约定不明确，依据本法第五百一十条的规定仍不能确定的，受损害方根据标的的性质以及损失的大小，可以合理选择请求对方承担修理、重作、更换、退货、减少价款或者报酬等违约责任。

第五百八十三条　当事人一方不履行合同义务或者履行合同义务不符合约定的，在履行义务或者采取补救措施后，对方还有其他损失的，应当赔偿损失。

第五百八十四条　当事人一方不履行合同义务或者履行合同义务不符合约定，造成对方损失的，损失赔偿额应当相当于因违约所造成的损失，包括合同履行后可以获得的利益；但是，不得超过违约一方订立合同时预见到或者应当预见到的因违约可能造成的损失。

第五百八十五条　当事人可以约定一方违约时应当根据违约情况向对方支付一定数额的违约金，也可以约定因违约产生的损失赔偿额的计算方法。

约定的违约金低于造成的损失的，人民法院或者仲裁机构可以根据当事人的请求予以增加；约定的违约金过分高于造成的损失的，人民法院或者仲裁机构可以根据当事人的请求予以适当减少。

当事人就迟延履行约定违约金的，违约方支付违约金后，还应当履行债务。

第五百八十六条　当事人可以约定一方向对方给付定金作为债权的担保。定金合同自实际交付定金时成立。

定金的数额由当事人约定；但是，不得超过主合同标的额的百分之二十，超过部分不产生定金的效力。实际交付的定金数额多于或者少于约定数额的，视为变更约定的定金数额。

第五百八十七条　债务人履行债务的，定金应当抵作价款或者收回。给付定金的一方不履行债务或者履行债务不符合约定,致使不能实现合同目的的,无权请求返还定金;收受定金的一方不履行债务或者履行债务不符合约定,致使不能实现合同目的的,应当双倍返还定金。

第五百八十八条　当事人既约定违约金,又约定定金的,一方违约时,对方可以选择适用违约金或者定金条款。

定金不足以弥补一方违约造成的损失的,对方可以请求赔偿超过定金数额的损失。

第五百八十九条　债务人按照约定履行债务,债权人无正当理由拒绝受领的,债务人可以请求债权人赔偿增加的费用。

在债权人受领迟延期间,债务人无须支付利息。

第五百九十条　当事人一方因不可抗力不能履行合同的,根据不可抗力的影响,部分或者全部免除责任,但是法律另有规定的除外。因不可抗力不能履行合同的,应当及时通知对方,以减轻可能给对方造成的损失,并应当在合理期限内提供证明。

当事人迟延履行后发生不可抗力的,不免除其违约责任。

第五百九十一条　当事人一方违约后,对方应当采取适当措施防止损失的扩大;没有采取适当措施致使损失扩大的,不得就扩大的损失请求赔偿。

当事人因防止损失扩大而支出的合理费用,由违约方负担。

第五百九十二条　当事人都违反合同的,应当各自承担相应的责任。

当事人一方违约造成对方损失,对方对损失的发生有过错的,可以减少相应的损失赔偿额。

第五百九十三条　当事人一方因第三人的原因造成违约的,应当依法向对方承担违约责任。当事人一方和第三人之间的纠纷,依照法律规定或者按照约定处理。

第五百九十四条　因国际货物买卖合同和技术进出口合同争议提起诉讼或者申请仲裁的时效期间为四年。

第二分编　典型合同(节选)

第十八章　建设工程合同

第七百八十八条　建设工程合同是承包人进行工程建设,发包人支付价款的合同。

建设工程合同包括工程勘察、设计、施工合同。

第七百八十九条　建设工程合同应当采用书面形式。

第七百九十条　建设工程的招标投标活动,应当依照有关法律的规定公开、公平、公正进行。

第七百九十一条　发包人可以与总承包人订立建设工程合同,也可以分别与勘察人、设计人、施工人订立勘察、设计、施工承包合同。发包人不得将应当由一个承包人完成的建设工程支解成若干部分发包给数个承包人。

总承包人或者勘察、设计、施工承包人经发包人同意,可以将自己承包的部分工作交由第三人完成。第三人就其完成的工作成果与总承包人或者勘察、设计、施工承包人向发包人承担连带责任。承包人不得将其承包的全部建设工程转包给第三人或者将其承包的全部建设工程支解以后以分包的名义分别转包给第三人。

禁止承包人将工程分包给不具备相应资质条件的单位。禁止分包单位将其承包的工程再分包。建设工程主体结构的施工必须由承包人自行完成。

第七百九十二条　国家重大建设工程合同,应当按照国家规定的程序和国家批准的投资计划、可行性研究报告等文件订立。

第七百九十三条　建设工程施工合同无效,但是建设工程经验收合格的,可以参照合同关于工程价款的约定折价补偿承包人。

建设工程施工合同无效,且建设工程经验收不合格的,按照以下情形处理:

(一) 修复后的建设工程经验收合格的,发包人可以请求承包人承担修复费用;

(二) 修复后的建设工程经验收不合格的,承包人无权请求参照合同关于工程价款的约定折价补偿。

发包人对因建设工程不合格造成的损失有过错的,应当承担相应的责任。

第七百九十四条　勘察、设计合同的内容一般包括提交有关基础资料和概预算等文件的期限、质量要求、费用以及其他协作条件等条款。

第七百九十五条　施工合同的内容一般包括工程范围、建设工期、中间交工工程的开工和竣工时间、工程质量、工程造价、技术资料交付时间、材料和设备供应责任、拨款和结算、竣工验收、质量保修范围和质量保证期、相互协作等条款。

第七百九十六条　建设工程实行监理的,发包人应当与监理人采用书面形式订立委托监理合同。发包人与监理人的权利和义务以及法律责任,应当依照本编委托合同以及其他有关法律、行政法规的规定。

第七百九十七条　发包人在不妨碍承包人正常作业的情况下,可以随时对作业进度、质量进行检查。

第七百九十八条　隐蔽工程在隐蔽以前,承包人应当通知发包人检查。发包人没有及时检查的,承包人可以顺延工程日期,并有权请求赔偿停工、窝工等损失。

第七百九十九条　建设工程竣工后,发包人应当根据施工图纸及说明书、国家颁发的施工验收规范和质量检验标准及时进行验收。验收合格的,发包人应当按照约定支付价款,并接收该建设工程。

建设工程竣工经验收合格后,方可交付使用;未经验收或者验收不合格的,不得交付使用。

第八百条　勘察、设计的质量不符合要求或者未按照期限提交勘察、设计文件拖延工期,造成发包人损失的,勘察人、设计人应当继续完善勘察、设计,减收或者免收勘察、设计费并赔偿损失。

第八百零一条　因施工人的原因致使建设工程质量不符合约定的,发包人有权请求施工人在合理期限内无偿修理或者返工、改建。经过修理或者返工、改建后,造成逾期交付的,施工人应当承担违约责任。

第八百零二条　因承包人的原因致使建设工程在合理使用期限内造成人身损害和财产损失的,承包人应当承担赔偿责任。

第八百零三条　发包人未按照约定的时间和要求提供原材料、设备、场地、资金、技术资料的,承包人可以顺延工程日期,并有权请求赔偿停工、窝工等损失。

第八百零四条　因发包人的原因致使工程中途停建、缓建的,发包人应当采取措施弥补或者减少损失,赔偿承包人因此造成的停工、窝工、倒运、机械设备调迁、材料和构件积压等损失和实际费用。

第八百零五条　因发包人变更计划,提供的资料不准确,或者未按照期限提供必需的勘察、设计工作条件而造成勘察、设计的返工、停工或者修改设计,发包人应当按照勘察人、设计人实际消耗的工作量增付费用。

第八百零六条　承包人将建设工程转包、违法分包的,发包人可以解除合同。

发包人提供的主要建筑材料、建筑构配件和设备不符合强制性标准或者不履行协助义务,致使承包人无法施工,经催告后在合理期限内仍未履行相应义务的,承包人可以解除合同。

合同解除后,已经完成的建设工程质量合格的,发包人应当按照约定支付相应的工程价款;已经完成的建设工程质量不合格的,参照本法第七百九十三条的规定处理。

第八百零七条　发包人未按照约定支付价款的,承包人可以催告发包人在合理期限内支付价款。发包人逾期不支付的,除根据建设工程的性质不宜折价、拍卖外,承包人可以与发包人协议将该工程折价,也可以请求人民法院将该工程依法拍卖。建设工程的价款就该工程折价或者拍卖的价款优先受偿。

第八百零八条　本章没有规定的,适用承揽合同的有关规定。

附录三　中华人民共和国招标投标法（2017 修正）

法律修订

（1999 年 8 月 30 日第九届全国人民代表大会常务委员会第十一次会议通过，根据 2017 年 12 月 28 日第十二届全国人民代表大会常务委员会第三十一次会议《关于修改〈中华人民共和国招标投标法〉、〈中华人民共和国计量法〉的决定》修正。）

正文

第一章　总　则

第一条　为了规范招标投标活动，保护国家利益、社会公共利益和招标投标活动当事人的合法权益，提高经济效益，保证项目质量，制定本法。

第二条　在中华人民共和国境内进行招标投标活动，适用本法。

第三条　在中华人民共和国境内进行下列工程建设项目包括项目的勘察、设计、施工、监理以及与工程建设有关的重要设备、材料等的采购，必须进行招标：

（一）大型基础设施、公用事业等关系社会公共利益、公众安全的项目；

（二）全部或者部分使用国有资金投资或者国家融资的项目；

（三）使用国际组织或者外国政府贷款、援助资金的项目。

前款所列项目的具体范围和规模标准，由国务院发展计划部门会同国务院有关部门制订，报国务院批准。

法律或者国务院对必须进行招标的其他项目的范围有规定的，依照其规定。

第四条　任何单位和个人不得将依法必须进行招标的项目化整为零或者以其他任何方式规避招标。

第五条　招标投标活动应当遵循公开、公平、公正和诚实信用的原则。

第六条　依法必须进行招标的项目，其招标投标活动不受地区或者部门的限制。任何单位和个人不得违法限制或者排斥本地区、本系统以外的法人或者其他组织参加投标，不得以任何方式非法干涉招标投标活动。

第七条　招标投标活动及其当事人应当接受依法实施的监督。

有关行政监督部门依法对招标投标活动实施监督，依法查处招标投标活动中的违法行为。

对招标投标活动的行政监督及有关部门的具体职权划分，由国务院规定。

第二章 招 标

第八条 招标人是依照本法规定提出招标项目、进行招标的法人或者其他组织。

第九条 招标项目按照国家有关规定需要履行项目审批手续的,应当先履行审批手续,取得批准。

招标人应当有进行招标项目的相应资金或者资金来源已经落实,并应当在招标文件中如实载明。

第十条 招标分为公开招标和邀请招标。

公开招标,是指招标人以招标公告的方式邀请不特定的法人或者其他组织投标。

邀请招标,是指招标人以投标邀请书的方式邀请特定的法人或者其他组织投标。

第十一条 国务院发展计划部门确定的国家重点项目和省、自治区、直辖市人民政府确定的地方重点项目不适宜公开招标的,经国务院发展计划部门或者省、自治区、直辖市人民政府批准,可以进行邀请招标。

第十二条 招标人有权自行选择招标代理机构,委托其办理招标事宜。任何单位和个人不得以任何方式为招标人指定招标代理机构。

招标人具有编制招标文件和组织评标能力的,可以自行办理招标事宜。任何单位和个人不得强制其委托招标代理机构办理招标事宜。

依法必须进行招标的项目,招标人自行办理招标事宜的,应当向有关行政监督部门备案。

第十三条 招标代理机构是依法设立、从事招标代理业务并提供相关服务的社会中介组织。

招标代理机构应当具备下列条件:

(一) 有从事招标代理业务的营业场所和相应资金;

(二) 有能够编制招标文件和组织评标的相应专业力量;

(三) 有符合本法第三十七条第三款规定条件、可以作为评标委员会成员人选的技术、经济等方面的专家库。

第十四条 从事工程建设项目招标代理业务的招标代理机构,其资格由国务院或者省、自治区、直辖市人民政府的建设行政主管部门认定。具体办法由国务院建设行政主管部门会同国务院有关部门制定。从事其他招标代理业务的招标代理机构,其资格认定的主管部门由国务院规定。

招标代理机构与行政机关和其他国家机关不得存在隶属关系或者其他利益关系。

第十五条 招标代理机构应当在招标人委托的范围内办理招标事宜,并遵守本法关于招标人的规定。

第十六条 招标人采用公开招标方式的,应当发布招标公告。依法必须进行招标的项目的招标公告,应当通过国家指定的报刊、信息网络或者其他媒介发布。

招标公告应当载明招标人的名称和地址、招标项目的性质、数量、实施地点和时间以及获取招标文件的办法等事项。

第十七条 招标人采用邀请招标方式的,应当向三个以上具备承担招标项目的能力、资信良好的特定的法人或者其他组织发出投标邀请书。

投标邀请书应当载明本法第十六条第二款规定的事项。

第十八条　招标人可以根据招标项目本身的要求,在招标公告或者投标邀请书中,要求潜在投标人提供有关资质证明文件和业绩情况,并对潜在投标人进行资格审查;国家对投标人的资格条件有规定的,依照其规定。

招标人不得以不合理的条件限制或者排斥潜在投标人,不得对潜在投标人实行歧视待遇。

第十九条　招标人应当根据招标项目的特点和需要编制招标文件。招标文件应当包括招标项目的技术要求、对投标人资格审查的标准、投标报价要求和评标标准等所有实质性要求和条件以及拟签订合同的主要条款。

国家对招标项目的技术、标准有规定的,招标人应当按照其规定在招标文件中提出相应要求。

招标项目需要划分标段、确定工期的,招标人应当合理划分标段、确定工期,并在招标文件中载明。

第二十条　招标文件不得要求或者标明特定的生产供应者以及含有倾向或者排斥潜在投标人的其他内容。

第二十一条　招标人根据招标项目的具体情况,可以组织潜在投标人踏勘项目现场。

第二十二条　招标人不得向他人透露已获取招标文件的潜在投标人的名称、数量以及可能影响公平竞争的有关招标投标的其他情况。

招标人设有标底的,标底必须保密。

第二十三条　招标人对已发出的招标文件进行必要的澄清或者修改的,应当在招标文件要求提交投标文件截止时间至少十五日前,以书面形式通知所有招标文件收受人。该澄清或者修改的内容为招标文件的组成部分。

第二十四条　招标人应当确定投标人编制投标文件所需要的合理时间;但是,依法必须进行招标的项目,自招标文件开始发出之日起至投标人提交投标文件截止之日止,最短不得少于二十日。

第三章　投　　标

第二十五条　投标人是响应招标、参加投标竞争的法人或者其他组织。

依法招标的科研项目允许个人参加投标的,投标的个人适用本法有关投标人的规定。

第二十六条　投标人应当具备承担招标项目的能力;国家有关规定对投标人资格条件或者招标文件对投标人资格条件有规定的,投标人应当具备规定的资格条件。

第二十七条　投标人应当按照招标文件的要求编制投标文件。投标文件应当对招标文件提出的实质性要求和条件作出响应。

招标项目属于建设施工的,投标文件的内容应当包括拟派出的项目负责人与主要技术人员的简历、业绩和拟用于完成招标项目的机械设备等。

第二十八条　投标人应当在招标文件要求提交投标文件的截止时间前,将投标文件送达投标地点。招标人收到投标文件后,应当签收保存,不得开启。投标人少于三个的,招标人应当依照本法重新招标。

在招标文件要求提交投标文件的截止时间后送达的投标文件,招标人应当拒收。

第二十九条　投标人在招标文件要求提交投标文件的截止时间前,可以补充、修改或者撤回已提交的投标文件,并书面通知招标人。补充、修改的内容为投标文件的组成部分。

第三十条　投标人根据招标文件载明的项目实际情况,拟在中标后将中标项目的部分非主体、非关键性工作进行分包的,应当在投标文件中载明。

第三十一条　两个以上法人或者其他组织可以组成一个联合体,以一个投标人的身份共同投标。

联合体各方均应当具备承担招标项目的相应能力;国家有关规定或者招标文件对投标人资格条件有规定的,联合体各方均应当具备规定的相应资格条件。由同一专业的单位组成的联合体,按照资质等级较低的单位确定资质等级。

联合体各方应当签订共同投标协议,明确约定各方拟承担的工作和责任,并将共同投标协议连同投标文件一并提交招标人。联合体中标的,联合体各方应当共同与招标人签订合同,就中标项目向招标人承担连带责任。

招标人不得强制投标人组成联合体共同投标,不得限制投标人之间的竞争。

第三十二条　投标人不得相互串通投标报价,不得排挤其他投标人的公平竞争,损害招标人或者其他投标人的合法权益。

投标人不得与招标人串通投标,损害国家利益、社会公共利益或者他人的合法权益。

禁止投标人以向招标人或者评标委员会成员行贿的手段谋取中标。

第三十三条　投标人不得以低于成本的报价竞标,也不得以他人名义投标或者以其他方式弄虚作假,骗取中标。

第四章　开标、评标和中标

第三十四条　开标应当在招标文件确定的提交投标文件截止时间的同一时间公开进行;开标地点应当为招标文件中预先确定的地点。

第三十五条　开标由招标人主持,邀请所有投标人参加。

第三十六条　开标时,由投标人或者其推选的代表检查投标文件的密封情况,也可以由招标人委托的公证机构检查并公证;经确认无误后,由工作人员当众拆封,宣读投标人名称、投标价格和投标文件的其他主要内容。

招标人在招标文件要求提交投标文件的截止时间前收到的所有投标文件,开标时都应当当众予以拆封、宣读。

开标过程应当记录,并存档备查。

第三十七条　评标由招标人依法组建的评标委员会负责。

依法必须进行招标的项目,其评标委员会由招标人的代表和有关技术、经济等方面的专家组成,成员人数为五人以上单数,其中技术、经济等方面的专家不得少于成员总数的三分之二。

前款专家应当从事相关领域工作满八年并具有高级职称或者具有同等专业水平,由招标人从国务院有关部门或者省、自治区、直辖市人民政府有关部门提供的专家名册或者招标代理机构的专家库内的相关专业的专家名单中确定;一般招标项目可以采取随机抽取方式,特殊招标项目可以由招标人直接确定。

与投标人有利害关系的人不得进入相关项目的评标委员会;已经进入的应当更换。

评标委员会成员的名单在中标结果确定前应当保密。

第三十八条　招标人应当采取必要的措施,保证评标在严格保密的情况下进行。

任何单位和个人不得非法干预、影响评标的过程和结果。

第三十九条　评标委员会可以要求投标人对投标文件中含义不明确的内容作必要的澄清或者说明,但是澄清或者说明不得超出投标文件的范围或者改变投标文件的实质性内容。

第四十条　评标委员会应当按照招标文件确定的评标标准和方法,对投标文件进行评审和比较;设有标底的,应当参考标底。评标委员会完成评标后,应当向招标人提出书面评标报告,并推荐合格的中标候选人。

招标人根据评标委员会提出的书面评标报告和推荐的中标候选人确定中标人。招标人也可以授权评标委员会直接确定中标人。

国务院对特定招标项目的评标有特别规定的,从其规定。

第四十一条　中标人的投标应当符合下列条件之一:

(一)能够最大限度地满足招标文件中规定的各项综合评价标准;

(二)能够满足招标文件的实质性要求,并且经评审的投标价格最低;但是投标价格低于成本的除外。

第四十二条　评标委员会经评审,认为所有投标都不符合招标文件要求的,可以否决所有投标。

依法必须进行招标的项目的所有投标被否决的,招标人应当依照本法重新招标。

第四十三条　在确定中标人前,招标人不得与投标人就投标价格、投标方案等实质性内容进行谈判。

第四十四条　评标委员会成员应当客观、公正地履行职务,遵守职业道德,对所提出的评审意见承担个人责任。

评标委员会成员不得私下接触投标人,不得收受投标人的财物或者其他好处。

评标委员会成员和参与评标的有关工作人员不得透露对投标文件的评审和比较、中标候选人的推荐情况以及与评标有关的其他情况。

第四十五条　中标人确定后,招标人应当向中标人发出中标通知书,并同时将中标结果通知所有未中标的投标人。

中标通知书对招标人和中标人具有法律效力。中标通知书发出后,招标人改变中标结果的,或者中标人放弃中标项目的,应当依法承担法律责任。

第四十六条　招标人和中标人应当自中标通知书发出之日起三十日内,按照招标文件和中标人的投标文件订立书面合同。招标人和中标人不得再行订立背离合同实质性内容的其他协议。

招标文件要求中标人提交履约保证金的,中标人应当提交。

第四十七条　依法必须进行招标的项目,招标人应当自确定中标人之日起十五日内,向有关行政监督部门提交招标投标情况的书面报告。

第四十八条　中标人应当按照合同约定履行义务,完成中标项目。中标人不得向他人转让中标项目，也不得将中标项目肢解后分别向他人转让。

中标人按照合同约定或者经招标人同意，可以将中标项目的部分非主体、非关键性工作分包给他人完成。接受分包的人应当具备相应的资格条件，并不得再次分包。

中标人应当就分包项目向招标人负责，接受分包的人就分包项目承担连带责任。

第五章　法律责任

第四十九条　违反本法规定，必须进行招标的项目而不招标的，将必须进行招标的项目化整为零或者以其他任何方式规避招标的，责令限期改正，可以处项目合同金额千分之五以上千分之十以下的罚款；对全部或者部分使用国有资金的项目，可以暂停项目执行或者暂停资金拨付；对单位直接负责的主管人员和其他直接责任人员依法给予处分。

第五十条　招标代理机构违反本法规定，泄露应当保密的与招标投标活动有关的情况和资料的，或者与招标人、投标人串通损害国家利益、社会公共利益或者他人合法权益的，处五万元以上二十五万元以下的罚款，对单位直接负责的主管人员和其他直接责任人员处单位罚款数额百分之五以上百分之十以下的罚款；有违法所得的，并处没收违法所得；情节严重的，暂停直至取消招标代理资格；构成犯罪的，依法追究刑事责任。给他人造成损失的，依法承担赔偿责任。

前款所列行为影响中标结果的，中标无效。

第五十一条　招标人以不合理的条件限制或者排斥潜在投标人的，对潜在投标人实行歧视待遇的，强制要求投标人组成联合体共同投标的，或者限制投标人之间竞争的，责令改正，可以处一万元以上五万元以下的罚款。

第五十二条　依法必须进行招标的项目的招标人向他人透露已获取招标文件的潜在投标人的名称、数量或者可能影响公平竞争的有关招标投标的其他情况的，或者泄露标底的，给予警告，可以并处一万元以上十万元以下的罚款；对单位直接负责的主管人员和其他直接责任人员依法给予处分；构成犯罪的，依法追究刑事责任。

前款所列行为影响中标结果的，中标无效。

第五十三条　投标人相互串通投标或者与招标人串通投标的，投标人以向招标人或者评标委员会成员行贿的手段谋取中标的，中标无效，处中标项目金额千分之五以上千分之十以下的罚款，对单位直接负责的主管人员和其他直接责任人员处单位罚款数额百分之五以上百分之十以下的罚款；有违法所得的，并处没收违法所得；情节严重的，取消其一年至二年内参加依法必须进行招标的项目的投标资格并予以公告，直至由工商行政管理机关吊销营业执照；构成犯罪的，依法追究刑事责任。给他人造成损失的，依法承担赔偿责任。

第五十四条　投标人以他人名义投标或者以其他方式弄虚作假，骗取中标的，中标无效，给招标人造成损失的，依法承担赔偿责任；构成犯罪的，依法追究刑事责任。

依法必须进行招标的项目的投标人有前款所列行为尚未构成犯罪的，处中标项目金额千分之五以上千分之十以下的罚款，对单位直接负责的主管人员和其他直接责任人员处单位罚款数额百分之五以上百分之十以下的罚款；有违法所得的，并处没收违法所得；情节严重的，取消其一年至三年内参加依法必须进行招标的项目的投标资格并予以公告，直至由工商行政管理机关吊销营业执照。

第五十五条　依法必须进行招标的项目,招标人违反本法规定,与投标人就投标价格、投标方案等实质性内容进行谈判的,给予警告,对单位直接负责的主管人员和其他直接责任人员依法给予处分。

前款所列行为影响中标结果的,中标无效。

第五十六条　评标委员会成员收受投标人的财物或者其他好处的,评标委员会成员或者参加评标的有关工作人员向他人透露对投标文件的评审和比较、中标候选人的推荐以及与评标有关的其他情况的,给予警告,没收收受的财物,可以并处三千元以上五万元以下的罚款,对有所列违法行为的评标委员会成员取消担任评标委员会成员的资格,不得再参加任何依法必须进行招标的项目的评标;构成犯罪的,依法追究刑事责任。

第五十七条　招标人在评标委员会依法推荐的中标候选人以外确定中标人的,依法必须进行招标的项目在所有投标被评标委员会否决后自行确定中标人的,中标无效。责令改正,可以处中标项目金额千分之五以上千分之十以下的罚款;对单位直接负责的主管人员和其他直接责任人员依法给予处分。

第五十八条　中标人将中标项目转让给他人的,将中标项目肢解后分别转让给他人的,违反本法规定将中标项目的部分主体、关键性工作分包给他人的,或者分包人再次分包的,转让、分包无效,处转让、分包项目金额千分之五以上千分之十以下的罚款;有违法所得的,并处没收违法所得;可以责令停业整顿;情节严重的,由工商行政管理机关吊销营业执照。

第五十九条　招标人与中标人不按照招标文件和中标人的投标文件订立合同的,或者招标人、中标人订立背离合同实质性内容的协议的,责令改正;可以处中标项目金额千分之五以上千分之十以下的罚款。

第六十条　中标人不履行与招标人订立的合同的,履约保证金不予退还,给招标人造成的损失超过履约保证金数额的,还应当对超过部分予以赔偿;没有提交履约保证金的,应当对招标人的损失承担赔偿责任。

中标人不按照与招标人订立的合同履行义务,情节严重的,取消其二年至五年内参加依法必须进行招标的项目的投标资格并予以公告,直至由工商行政管理机关吊销营业执照。

因不可抗力不能履行合同的,不适用前两款规定。

第六十一条　本章规定的行政处罚,由国务院规定的有关行政监督部门决定。本法已对实施行政处罚的机关作出规定的除外。

第六十二条　任何单位违反本法规定,限制或者排斥本地区、本系统以外的法人或者其他组织参加投标的,为招标人指定招标代理机构的,强制招标人委托招标代理机构办理招标事宜的,或者以其他方式干涉招标投标活动的,责令改正;对单位直接负责的主管人员和其他直接责任人员依法给予警告、记过、记大过的处分,情节较重的,依法给予降级、撤职、开除的处分。

个人利用职权进行前款违法行为的,依照前款规定追究责任。

第六十三条　对招标投标活动依法负有行政监督职责的国家机关工作人员徇私舞弊、滥用职权或者玩忽职守,构成犯罪的,依法追究刑事责任;不构成犯罪的,依法给予行政处分。

第六十四条　依法必须进行招标的项目违反本法规定,中标无效的,应当依照本法规定的中标条件从其余投标人中重新确定中标人或者依照本法重新进行招标。

参 考 文 献

[1] 全国一级建筑师执业资格考试用书编写委员会.建设工程法规及相关知识[M].北京:中国建筑工业出版社,2019.

[2] 全国二级建筑师执业资格考试用书编写委员会.建设工程法规及相关知识[M].北京:中国建筑工业出版社,2019.

[3] 全国一级建筑师执业资格考试用书编写委员会.建设工程法规及相关知识复习题集[M].北京:中国建筑工业出版社,2019.

[3] 杨树峰.招投标与合同管理[M].4版.重庆:重庆大学出版社,2019.

[4] 葛宁.建设法规与案例分析[M].广州:华南理工大学出版社,2016.

[5] 徐雷.建设法规与案例分析[M].北京:科学出版社有限责任公司,2017.

[6] 尤晓琰,苏鹏.建设工程法规[M].成都:西南交通大学出版社,2016.

[7] 徐广舒.建设法规[M].北京:机械工业出版社,2017.

[8] 俞洪良,毛义华,宋坚达.建设法规与工程合同管理[M].杭州:浙江大学出版社,2017.

[9] 高玉兰.建设工程法规[M].2版.北京:北京大学出版社,2015.

[10] 宁先平.工程建设法规与合同管理[M].北京:人民交通出版社,2010.